Südafrika

Zeit für das Beste!

W0233511

HIGHLIGHTS | GEHEIMTIPPS | WOHLFÜHLADRESSEN

»Ich bin Afrikaner. Mein Dasein verdanke ich
den Hügeln und Tälern, den Bergen
und weiten Ebenen, den Flüssen,
den Wüsten, den Bäumen, den Blumen,
den Meeren und den ewig wechselnden
Jahreszeiten, die unser Geburtsland prägen.«

Thabo Mbeki, Nachfolger Nelson Mandelas im
Präsidentenamt, vor dem Nationalkongress, Kapstadt, 1996

BRUCKMANN

Südafrika

Zeit für das Beste!

Roland F. Karl
Nicolas van Ryk

BRUCKMANN

INHALT

Eines der farbigsten Architektur-Spots Kapstadts: das Bokap-Viertel

Seite 1: Szene im Township Khayelitsha, Kapstadt
Seite 2/3: Bergbahn auf den Tafelberg

Millionen Kapstädter leben in Townships wie diese Frau in Cape Towns Khayelitsha.

MEHR WISSEN

Überraschung in der Rechtskurve: Traumpanorama Long Beach, der Strand von Kommetjie

MEHR ERLEBEN

MPUMALANGA UND LIMPOPO

Rechte Seite: Elefanten vermehren sich prächtig im beliebtesten Schutzgebiet Südafrikas, dem Krüger-Park.
Seite 8: Kurz vor dem Abpfiff: Südafrikas exklusiver Blue Train rollt im nächsten Moment durch Wüsten und Savannen.

NORTHERN CAPE UND KALAHARI

KWAZULU-NATAL

Die Region um Tzaneen bringt Südfrüchte und erntefrisches Obst an die Verkaufsstände.

REISEINFOS

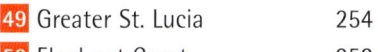
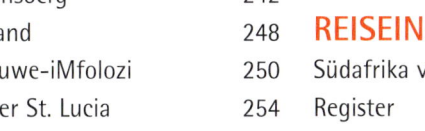

DAS SOLLTEN SIE SICH NICHT ENTGEHEN LASSEN

❶ Südliche Drakensberge (S. 246)
An der Grenze zu Lesotho befindet sich für Kletterer, Bergsteiger und Bergwanderer ein Terrain erster Klasse mit einer Reihe von über 3000 Meter hohen Bergriesen und einem UNESCO-Weltkulturerbeschatz: an die 25 000 steinzeitliche Felsmalereien der San in über 500 Höhlen und Felsüberhängen! Zahllose »Bushman Paintings« erzählen aus dem Leben der Jäger und Sammler, die hier schon vor rund 8000 Jahren mit Blick auf den Dreitausender Giant's Castle lebten (www.drakensberg.za.org).

❷ Nördliche Drakensberge und Panorama-Route (S. 204)
Liebhaber großartiger Landschaftsdramatik kommen zwischen den netten Städtchen Sabie, Graskop und Pilgrim's Rest schnell auf Hochtouren. Wem dort die Zeit für eine Übernachtung im viktorianischen Holzbau des »Royal Hotel« nicht bleibt, sollte einen Drink an der »Church Bar« nehmen, wo sich am Tresen die alten Pionier- und Goldgräberzeiten locker herbeiträumen lassen (www.mpumalanga.com).

❸ Nostalgie auf Schienen (S. 174)
Der Service in den berühmten Luxuszügen von Rovos Rail, Shongololo und Blue Train lässt kaum Wünsche offen und auch das Ambiente stimmt: Als filmische Endlosschleife zieht ein *Out of Africa*-Kino vom Allerfeinsten vor den Zugfenstern vorbei, während drinnen stilvolles Kolonialinterieur ultimative Lust auf den Schienengenuss macht (www.rovos.co.za, www.shongololo.com, www.bluetrain.co.za).

❹ Sun City, Lost City und Pilanesberg (S. 170)
Wem der Begriff »Vergnügungspark« Bauchschmerzen bereitet, der sollte sich die südafrikanische Variante anschauen: Millionen lassen sich jährlich durch dieses Panoptikum der Verrücktheiten schleusen und sind begeistert – so falsch kann keine Statistik sein! Wer zwischen Black Jack und Roulette schnell noch die »Big Five« besichtigen will, kann das im benachbarten Pilanesberg National Park gleich mit erledigen (www.tourism-

Eldorado für Gebirgs-Freaks und richtige Bergsteiger: nördliche Drakensberge bei Cathedral Peak

northwest.co.za und www.suninternational.com).

⑤ Kruger National Park (S. 190)

Als »Arche Noah« wird der Krüger-Park häufig bezeichnet. Jedenfalls ist er neben Grzimeks Serengeti das bekannteste Tierparadies der Welt, und noch dazu für Selbstfahrer zugänglich! Der staatliche Nationalpark ist mit Übernachtungsmöglichkeiten aller Kategorien ausgestattet: Von luxuriösen privaten Lodges auf Konzessionsgebieten über recht komfortable und erschwingliche Rest Camps bis hin zum einfachen Campingplatz reicht das Angebot (www.sanparks.org).

⑥ Johannesburg (S. 154)

Arts on Main, Braamfontein, Apartheid Museum, Constitution Hill, Market Theatre, Johannesburg Art Gallery, Oriental Plaza, Sandton und Rosebank, Melville und Origins Centre heißen die Stationen, die das wirtschaftliche und kulturelle Zugpferd Südafrikas für Besucher unter sachkundiger Führung zum absoluten

Wie die Zukunft dieser Südafrikanerinnen aussieht, hängt von der Mehrheitspartei, dem ANC, ab.

Erlebnis machen! Auch ein Seitensprung zur benachbarten Schwesterstadt Pretoria ist zu empfehlen (www.joburgtourism.com).

⑦ Grahamstown und Addo Elephant Park (S. 114)

Eine trendige Künstlerszene und eine Menge Kirchen bietet das viktorianische Architekturwunder zwischen Port Elizabeth und East London und gibt sich als feines Stück England auch »very british«. Im Addo Elephant Park gleich nebenan gibt es über 200 Vogelarten zu besichtigen, darunter Strauße, Sekretäre und Trappen, und sogar die »Big Five« (www.grahamstown.co.za & www.sanparks.org).

⑧ Birdwatching an der Westküste (S. 63)

Sixteen Mile Beach heißt die schmale Landzunge der Langebaan-Lagune, die das Herzstück des West Coast National Park ist. Massen von Kaptölpeln, Kormoranen, Brillenpinguinen und Flamingos geben sich in den Feuchtgebieten ein Stelldichein, manchmal bis zu 60 000 Vögel auf einen Schlag! Liebhaber naturbelassener, friesisch anmutender Küstenlandschaften sowie einer hervorragenden Fisch- und Seafoodküche finden zwischen Langebaan und Lamberts Bay ihren Traum am Atlantik (www.capewestcoast.org & www.capewestcoastpeninsula.co.za).

⑨ Garden Route und Route 62 (S. 82, 124)

Südafrikas Garden Route bietet unwirkliche Landschaftsszenarien aus Wäldern,

»Rhinos« sind nach wie vor durch Wilderei gefährdet, auch dieses stolze Exemplar im Krüger-Park.

Seen und Flüssen, malerischen Buchten, einsamen Strände und steilen Felswänden. Die beliebtesten Wander-Tracks sind hier der Otter und der Tsitsikamma Trail; die Schluchten des Storms River locken Aktivsportler, die vom Blackwater Tubing und vom höchsten Bungee-Jump der Welt schwärmen: 216 Meter tief von der Bloukrans-Brücke. Parallel zum Küstenparadies durchquert Südafrikas spektakulärster Road-Trip »Route 62« die Karoo (www.visiteasterncape.co.za).

🔟 **Cape Town und Winelands (S. 32)**
Kapstadts Highlights Cape Point, Chapman's Peak Drive, Hout Bay, Camps Bay sowie Victoria & Alfred Waterfront sprechen für sich. Zu den Winelands nur so viel: Zwischen 1699 und 1712 residierte Hollands Gouverneur Simon van der Stel auf Groot Constantia, das mit dem Jahr-

gang 1685 das älteste Weingut Südafrikas ist! Hier wurden schon so frühzeitig gute Weine ausgebaut, dass sie an den Tafeln europäischer Fürstenhäuser gern verkostet wurden. Das historische Gutshaus ist heute ein Museum (www.capetown.travel).

⓫ **Elephant Coast und St. Lucia (S. 254, 258)**
Von Cape St. Lucia bis an die Grenze zu Mosambik zieht sich die naturbelassene Küste des Indischen Ozeans, die als ungeschliffener Diamant in der Schatzküste Südafrikas liegt. Gehoben wird das Juwel nördlich St. Lucias beinahe ausschließlich von Südafrikanern, die um die seltenen Naturschönheiten – und den Weg dorthin – wissen: Kosi Bay, Rocktail Bay, Sodwana Bay und Lake Sibaya stehen auf der kostbaren Inventarliste (www.isimangaliso.com).

Seit der Fußballweltmeisterschaft in Südafrika 2010 hat es die »Rainbow Nation« geschafft, sich noch besser zu positionieren. In den weltweiten Fokus rückten auch traumhafte Landschaften, hitzeflirrende Wüsten, endlose Strände, liebliche Rebgärten und exotische Insel- und Seglerparadiese. Es ist diese Vielfalt, die das Land am Kap zum »schönsten Ende der Welt« macht, untrennbar verbunden mit der Herzlichkeit der Menschen und dem Artenreichtum seiner »wilden Exoten«.

Um sich auf Südafrika einlassen zu können, braucht es ein wenig Geschichte. Die erzählt kaum jemand so eindrucksvoll wie James A. Michener in seinem Epos *Verheißene Erde*, das im 15. Jahrhundert beginnt, als Vasco da Gama und Bartolomeu Dias um die strömungsreichen Kapfelsen navigierten. Anfang des 16. Jahrhunderts ankerte ihr portugiesischer Landsmann António de Saldanha in der Bucht, wurde beim Anblick des monumentalen Tafelbergs gleich neugierig und bestieg als erster Europäer den über dem Meer thronenden Sandsteinklotz.

Kap der Stürme

Auch der englische Admiral Sir Francis Drake äußerte sich 1577 begeistert, und ab 1605 lagen die ersten Schiffe der

Enklave der Ruhe, Stille und der Abgeschiedenheit: Prince Albert in der Karoo

Vereenigde Oostindische Compagnie vor der beeindruckenden Kulisse. Aber erst ein halbes Jahrhundert später, 1652, ging es richtig los, als der Holländer Jan van Riebeeck mit dem Auftrag eintraf, hier eine Versorgungsstation für Schiffe anzulegen. Auf den monatelangen Törns zwischen Europa, Indien und Batavia (Jakarta im heutigen Indonesien) brauchten die durch Skorbut geplagten Seeleute neben Frischwasser und Fleisch vitaminhaltiges Obst und Gemüse, damit ihnen die gesunden Zähne nicht aus dem faulenden Zahnfleisch fielen, und natürlich auch Wein, Weib und Gesang für die seemännische Seele.

Arbeitssklaven mussten her, die aus Indien, Südostasien und Afrika verschleppt wurden, sowie wagemutige Siedler, ja – sogar weibliche Waisen wurden aus Holland ans Kap transportiert, um die hellhäutige Population »aufzustocken«. Und erste Weinreben. Zum Glück kamen auch ein paar Hugenotten mit, religiös verfolgte Protestanten aus Frankreich, die wussten, wie mit den Rebstöcken zu verfahren war, und schnell entwickelte sich aus der provisorischen Station eine gut funktionierende kapholländische Siedlung. Dann kamen die auf allen Weltmeeren segelnden Engländer und machten Kapstadt 1795 zur britischen Kolonie. Die entwickelte sich rasant und knapp 100 Jahre später brannte die erste

Auch wenn Cricket Nationalsport ist: Fußballfans im Ellies Park Stadion, Johannesburg

elektrische Glühbirne, früher als mancherorts in Europa. Aber holländische Buren als Gründer der Kapkolonie unter britischen Befehlshabern, das konnte nicht lange gut gehen, und so machten sich in den 1830er-Jahren die ersten Burentracks mit Ochsenwagen auf der Suche nach neuen Siedlungsgebieten von der Küste ins Innere Südafrikas auf.

Demokratischer Wandel

Eine Zeitenwende begann, als Nelson Mandela 1990 nach 27 Jahren Haft entlassen und nach der unsäglichen Epoche der Apartheid als erster Schwarzafrikaner ins Präsidentenamt Südafrikas gewählt wurde. Mit dem demokratischen Wandel wuchs auch das touristische Interesse am Kapland. Eine hervorragende Infrastruktur aus Straßen, Flug- und Zugverbindungen sowie ein modernes

13

Weinanbau und Landwirtschaft finden selbst hier statt: Wasserpumpe in der Großen Karoo.

Kommunikationsnetz bieten heute gute Voraussetzungen für ein breites Wirtschaftswachstum. Immer noch spielen Bodenschätze eine bedeutende Rolle, aber auch Industrieproduktion und Handel laufen rund – und Südafrikas Reisemarkt, der Safarigäste aus aller Welt in zahlreiche private und staatliche Tierreservate zieht, was den Tourismussektor zu einem der stärksten Märkte des Landes macht.

Zerstückelte Farmgebiete wurden zusammengelegt und renaturiert, also wieder zu ursprünglicher Wildnis gemacht, bereits bestehende Nationalparks mit jenen der Nachbarländer zusammengelegt und so grenzenlose Transfrontier Parks geschaffen. Das ist gut für den Tierschutz, dient aber nicht ausschließlich der Ökologie, denn vor allem Arbeitsplätze sind wichtig. In allen Nationalparks zusammen grasen rund 100 000 Impala-Antilopen als Löwen- und Leopardenfutter, vor den Küsten kreuzen Blauwale, die bis zu 33 Meter lang werden, 850 Vogelspezies kreisen durch die Luft, 100 Schlangenarten und riesige Krokodile sind am Boden und zu Wasser auf Beutefang. Unüberschaubar bleiben die Mengen an Zebras, Giraffen, Gnus, Flusspferden und den vielen anderen aus der Gruppe der Säugetiere, die über 200 Arten auflistet. Auch deshalb ist Südafrika eines der gefragtesten Reiseziele der Welt, was jährlich an die zehn Millionen Besucher ins exotische Paradies der Wildtiere einfliegen lässt, eine Viertelmillion davon kommt allein aus Deutschland.

Landschaft verrückt!

Wer heute mit dem Zug von Kapstadt nach Johannesburg fährt, kann sich ein Bild davon machen, was die Pioniere beim Überqueren der Küstengebirge zu sehen bekamen. Die Eisenbahnlinie durchquert zunächst das weitläufigste Ökosystem des Landes, die Große Karoo, und der Reisende bekommt einen Vorgeschmack auf die Wüste. Vorher zeigt sich die Kaplandschaft beim Aufstieg auf das bis zu 900 Meter hohe Karoo-Plateau noch einmal von ihrer lieblichsten Seite: Nicht weit entfernt von den Weinorten Stellenbosch, Franschhoek und Paarl gibt sich das historische Worcester mit seinen 1820 gegründeten KWV-Kellern als letzter Vorposten der Reben, bevor es über den Hex River Pass richtig hinaufgeht. Oben breitet sich op-

tisch die Endlosigkeit aus, Vegetation sprießt nur spärlich in diesem steinwüstenähnlichen Gebiet, das fast ein Drittel der Gesamtfläche Südafrikas ausmacht und im Norden in die riesige Kalahari-Wüste übergeht.

Temperaturunterschiede und geringe Niederschläge haben auf den weitläufigen Hochebenen einzigartige Landschaftsbilder zustande gebracht, aus deren Leere sich bizarr die typischen kleinen Tafelberg-Brüder, die »Koppies«, erheben. Welcherart landschaftlicher Vielfalt in Südafrika steckt, ließe sich im direkten Vergleich bei einer Fahrt von Kapstadt aus die Westküste hinauf demonstrieren: Bis ins Hafen- und Fischereistädtchen Lamberts Bay und noch weiter hinauf erstrecken sich Küstenlandschaften, die an Schleswig-Holstein erinnern, mit lieblichen Ortschaften und Häfen, in denen fangfrischer Fisch und die begehrten atlantischen Frutti di Mare direkt vom Deck der Fischerkutter weg verkauft werden.

Das Wetter

Wenn ein Airbus beim Landeanflug in die Wolkendecke Kapstadts eintaucht, ist wenig von dem zu sehen, was als das schönste Ende der Welt gilt. Windböen schütteln die Maschine, Regen peitscht über das Rollfeld, bei solchem Wetter bleibt die Drahtseilbahn zum Tafelberg, dem Wahrzeichen der Stadt, außer Betrieb. Und in Camps Bay, Cape Towns beliebtestem Küstenvorort, verschwimmt alles, was ein Panorama sein könnte:

Rainbow Nation: Schwarzafrikaner machen über 80 Prozent der Gesamtbevölkerung aus.

Die Millionenmetropole Johannesburg ist das wirtschaftliche und kulturelle Zentrum Südafrikas.

15 Meter hohe Wellen stampfen da draußen, weißschäumend klatscht Gischt gegen die Aussichtsscheiben der Boulevard-Cafés, wobei außer den wütenden Wellenbergen von der herrlichen Bucht nichts sonst zu erkennen ist. Kein Wunder, es ist Winter am Kap, aber im nächsten Moment kann schon wieder die Sonne scheinen, und dann es ist warm genug, um im Freien zu sitzen.

Kapstadt liegt im Bereich der mediterranen Subtropen und ist im jahreszeitenverkehrten Winter (unserem Sommer) frostfrei. Es regnet aber viel, und der Atlantik kann ordentliche Windstärken und Brecher an Land bringen. Johannesburg ist klimatisch wesentlich besser aufgestellt: Die riesige Metropole, die als wirtschaftliches Zentrum des Landes auf

1752 Metern pulsiert, besitzt ein ausgezeichnetes, trockenes Höhenklima. Im Sommer sind die Temperaturen angenehm moderat, mit kühlen Nächten, und gehen nur selten bis 30° Celsius. Im südafrikanischen Winter kann es bitterkalt werden in Jo'burg mit kräftigen Unter-Null-Graden. Zur gleichen Zeit sind die sportiven Metropoliten Durbans mit ihren Surfbrettern unterwegs zu den feinen, palmenbesetzten Stränden am Indischen Ozean, der immer warm ist und ein lockeres, tropisches Lebensgefühl produziert, denn im Ostteil Südafrikas herrschen volle zwölf Monate im Jahr 29° Celsius.

Und auch sonst findet man allerlei Aufregendes zwischen den endlosen Küsten rings ums Kap: tropischen Regenwald,

Steppen- und Wüstengebiete, wild blühende Hochebenen, berauschend grünende Flusslandschaften sowie maritime Paradiese, verteilt auf Tausende Küstenkilometer. Und dazwischen präsentiert sich die afrikanische Tierwelt, als sei sie gerade der Arche Noah entstiegen. Vielleicht setzt unweit von Johannesburg, Südafrikas »City of Gold«, gerade eine Löwin zum Sprung an, während an der bildschönen Garden Route in Port Elizabeth ein brandneuer Volkswagen vom Band läuft und sich zur selben Stunde Abenteurer in Allradfahrzeugen durch die dramatische Felslandschaft des Richtersveld mühen – bei brutzelnden 50 Grad. Nelson Mandelas »Rainbow Nation« hat tatsächlich beinahe alles zu bieten – selbst Skifahren ist nicht unmöglich!

Eine Lanze für den Tierschutz

Nirgendwo lässt sich die Schöpfung intensiver erleben als im weltberühmten Krüger-Park, dem ältesten Tierreservat der Welt. Die Existenz des Parks ist seinem deutschstämmigen Namensspender Paul Krüger zu verdanken. Der verlangte als Präsident der Suid-Afrikaanse Republiek schon 1884 vom Volksraad, für die immer weniger werdenden Wildtiere streng überwachte Schutzzonen zu schaffen. 14 Jahre später machte man zwischen dem Crocodile und dem Sabie River auf 4600 Quadratkilometern einen Anfang, der aber im Krieg zwischen Engländern und Krügers Buren beinahe schon wieder untergegangen wäre, hätte nicht ein britischer Offizier namens Major James Stevenson-Hamilton das Kommando über den Tierpark übernommen.

Der Major ging gnadenlos gegen marodierende Soldaten vor, wildernde Schwarze und Weiße, gierige Bergwerksgesellschaften und landhungrige Großfarmer, setzte sich erfolgreich durch und stellte frühzeitig die Weichen für das, was heute als eines der bekanntesten Tierparadiese der Welt gilt. Allein der Kruger National Park, der als Großunternehmen der Sparte »Wildlife Management« wie jeder andere Wirtschaftsbetrieb arbeiten muss, zählt 15 000 Elefanten, 20 000 Büffel und 3000 Weiße Nashörner. Insgesamt teilt sich der Schutzraum in 600 Wildlife-Gebiete, davon sind über 21 unermesslich große Areale staatliche Nationalparks, mehr als 400 Wild-, Marine- und Naturschutzgebiete sowie rund 500 Private Game Reserves.

Tagsüber ist Relaxen angesagt, nachts lässt der König der Tiere seine Frauen auf Beutejagd gehen.

Auf privatem Konzessionsgebiet: Ranger der luxuriösen »Singita Lebombo Lodge« im südöstlichen Krüger-Park

Highlight Safari

Kaum ein Besucher kann sich dem Zauber der Wildnis entziehen, und den hat Jonathan jeden Tag: Er arbeitet als Game Driver in einem der privaten Game Reserves drei Fahrstunden von Johannesburg entfernt. Schon das koloniale Ambiente der ehemaligen Farm, erbaut 1907 inmitten einer bildschönen Savannenlandschaft, versprüht den historischen Charme alter Zeiten. Es ist später Nachmittag, die Sonne neigt sich zum Horizont und er drängt, weil dies die beste Zeit für Tierbeobachtungen ist. Als er nach der Safari seinen offenen Landcruiser auf einen Hügel mit Aussicht hinaufsteuert, hüllt sich die Savanne in zarte Pastelltöne. Jonathan zaubert Gläser und eiskalten Champagner aus einer Kühlbox und lächelt, einen Ausdruck ausgeglichener Ruhe im tiefschwarzen Gesicht.

Wie sein Leben inmitten der Wildnis sei? »Aufregend«, antwortet der Vater von vier Kindern, der seit 40 Jahren im Wildreservat lebt, weil er immer noch das mache, was er damals am allerliebsten getan habe, als er ein kleiner Junge war, nämlich mit den wilden Tieren leben. Dann reicht er vorsichtig die vollen Gläser an seine Safarigäste weiter: Er liebe die Savanne und ihre wilden Exoten, und hier sei er ganz nahe dran! Heute konnte er neben Zebras, Giraffen, Antilopen und Gnus auch Büffel, Löwen und Elefanten vorführen. Und Bäume! Südafrikas Baumbestand listet gewaltige Affenbrot-, Mopane-, Ebenholz- und Mahagonibäume sowie Akazien, Feigenbäume, Palmen, Stinkwood und Yellowwood auf. Zu den Riesen gesellt sich eine überschwängliche Blütenpracht: in den Wüsten die Wildblumen- und Sukkulentenwunder, in der Kapregion die einzigartige Fynbos-Vegetation. Mit über 200 Pflanzenfamilien versammelt Südafrika die Hälfte der gesamten Weltflora auf seinem Gebiet und kann mit 22 000 Blüten tragenden Arten nur so protzen. Als Nationalblume ist die unter strengem Naturschutz stehende Königs-Protea zur wunderschönen Berühmtheit geworden, die nicht nur in den botanischen Gärten Südafrikas ein beschütztes Dasein führt.

Jagdtrophäen: The Big Five

Ganz oben auf der Wunschliste aller Südafrika-Besucher befinden sich die »Big Five«, die begehrtesten Trophäentiere der Großwildjäger, Löwe, Nashorn,

Elefant, Büffel und Leopard. Die »großen Fünf«, sagt Jonathan, trügen eine irreführende Bezeichnung – als gäbe es außer ihnen nur Wildhasen und Baumhörnchen! Er lacht. Für jene, die im dichten Busch zufällig vor eine Giraffe gerieten, würde das Adjektiv »groß« blitzschnell zu einer aussagekräftigen Dimension werden: Der Kopf des Blätter zupfenden Huftiers schwebt in einer Höhe von bis zu sechs Metern! Und was sei übrigens mit Flusspferden, die ebenso aggressiv seien wie Büffel, dabei aber viermal so schwer? Gerade die gemütlich auftretenden Hippos würden äußerst wachsam in ihrem Territorium herrschen und schon bei geringsten Anzeichen von Eindringlingen nervös reagieren. Wer nicht sofort verschwinde, werde gnadenlos attackiert. Das kann mehr als

peinlich werden, wenn das Ziel eines solchen Angriffs in einem Boot sitzt, das nicht schnell genug fortkommt. Wer dabei herausfällt, kriegt eine schnaubende Tollwut und scharfe Hippopotamus-Reißzähne zu spüren. Allerdings sollten Geparden, die mit 100 Stundenkilometern noch schneller als Leoparden sind, schon zu den »Big Five« zählen, und Krokodile erst recht. Schließlich würden Letztere bis zu sechs Meter lang werden und seien noch gefräßiger als Löwen.

Schlangen, Krokodile und Wale

Mit Walen hat Jonathan hier draußen nichts im Sinn. Fort von seiner geliebten Savanne war er noch nie, und schon gar nicht an der Küste. Dann folgt noch bei-

Zupfen was das Grünzeug hält: Akazienblätter sind trotz Dornen die Leibspeise der Giraffen.

Nichts für Vegetarier, aber typisch kapholländisch: Braai-Fleisch mit Straußensteak und Boerewors

läufig ein Kapitel zu den südafrikani-schen Reptilien. Zu den größeren zählen rund 3000 Krokodilarten, von denen die meisten riesige Nilechsen sind, die bis zu sechs Meter lang werden und hier im Busch glücklicherweise nicht vertreten sind. Kleinere Reptilien sind kaum weni-ger erschreckend, weil sich Schlangen in der südafrikanischen Wildnis zuhauf fin-den. 40 Arten der wechselwarmen Tiere sind im südlichen Afrika vertreten, unter ihnen giftige wie Kobras, Mambas und Vipern. Manche haben sich aufs Spucken spezialisiert, beispielsweise die gefährli-che Speikobra, und bringen ihr Gift, das schnell auf Nerven, Herz und Gewebe wirkt, aus maximal zwei Metern Entfer-nung sicher ins Ziel. Allerdings nur im Notfall, normalerweise flüchten die sehr

scheuen Tiere, bevor es dazu kommt. Mit Ausnahme der Puffotter, die dafür war-nende, merkwürdige Geräusche (engl. »puffs«) ausstößt. Die meisten Südafrika-besucher werden diese Spezies wohl nur in Schlangenparks zu Gesicht bekom-men, was sicher niemand bedauert.

Geschmack & Cuisine

Ziemlich aufregend ist die südafrikani-sche Küche. Beim Ausprobieren muss es sich ja nicht unbedingt um Gerichte handeln, die im Land als rustikale Spe-zialitäten gelten wie Schafsköpfe, gebra-tene Raupen oder Steaks vom Krokodil (wobei Letzteres so zart schmeckt wie Hühnchen). Aber wie wäre es mit Car-paccio vom Strauß, Ochsenschwanzravioli, Kudu-Gulasch, Impala- oder Warzenschweinsteaks? Die südafrikanische Küche generiert eine unüberschaubare Vielfalt, die Chinesen, Malaien und Inder, Marokkaner, Portugiesen, Franzosen, Japaner, Brasilianer, Schweizer, Kongolesen und Kochwütige anderer Nationen an diesem Kulminationspunkt gourmettechnisch zusammengetragen haben.

Kapstadt wartet hauptsächlich mit fangfrischem Seafood auf, mit Hummer, Kabeljau, Butterfisch und Muscheln, während Durban auf exotische Genüsse indischen Zuschnitts spezialisiert ist und sich Johannesburg noch am alleerafrikanischsten verhält. Dafür, dass es sich um prinzipiell Schmackhaftes handelt, verbürgt sich wiederum die Geschichte: Die europäischen Seefahrer, die aus Indien und Asien kommend das Kap der Guten Hoffnung umsegelten und in der Tafelbucht ankern mussten, brachten Schiffsladungen voller Gewürze mit, und die Schiffsköche hatten viel Zeit, um in Ruhe zu experimentieren.

Wein »made in South Africa«

Auf der südafrikanischen Liste der unglaublichen Kontraste stehen Hautfarben aller Schattierungen, vibrierende Metropolen unterschiedlichsten Charakters, traditionsreiche Kulturen, ein Sprachengemisch unvorstellbaren Ausmaßes. Und der Wein. Der gedeiht nicht nur im goldenen Dreieck zwischen Stellenbosch, Paarl und Franschhoek, wo die Rebstöcke am Fuß der Hottentotsholland

Mountain Range sauber in Reih und Glied gesteckt sind, so weit das Auge reicht! Dort leuchten zwischen den Weinbergen kapholländische Gutshäuser im milden Sonnenschein, echt friesisch mit Sprossenfenstern, Reetdächern und rustikalen Holzbalkendecken, so wie es die burischen Siedler von ihrer Heimat Holland her kannten. Wobei solcherlei süße Landschaftsromantik nicht darüber hinwegtäuschen sollte, dass der Weinanbau in Südafrika ein nach modernsten Gesichtspunkten geführter Markt ist, der international mit hochwertigen Produkten in Konkurrenz steht. Auf über 100 000 Hektar Anbaufläche werden am Kap von zahlreichen Kleinbauern, Kooperativen und Großweingütern rund 3000 verschiedene Weine produziert. Die Lese beginnt Anfang Januar, der Ernteertrag liegt mit durchschnittlich zehn Millionen Hektolitern so hoch wie der bundesdeutsche. Zu den beliebtesten

Vor einer Weinprobe in den Cape Winelands sollten Selbstfahrer die Übernachtung vorab klären.

Die Region um die historische Universitäts- und Weinstadt Stellenbosch präsentiert Rebstöcke ohne Ende.

ben und Formen als ureigener Bestandteil südafrikanischer Identität auftritt, wie das Beispiel der berühmten Ndebele-Artistinnen beweist. Als wandelnde Grazien der Kunst stehen die Erfinderinnen der verrückten geometrischen Muster weltweit und unverkennbar im Rampenlicht mit ihrer Technik, die ursprünglich dazu diente, spezifische Bildbotschaften zu versenden, und erzielen internationale Preise. Auf halber Strecke zwischen Johannesburg und Krüger-Park liegt Botshabelo, eines der Ndebele-Museumsdörfer. Die ehemalige Niederlassung der 1865 von den deutschen Missionaren Heinrich Grützner und Alexander Merensky gegründeten Berliner Missionsgesellschaft stellt fantastische Exponate artistisch bemalter Häuser und Ndebele-Kunstobjekte aus.

Rebsorten zählen Sauvignon Blanc, Chenin Blanc, Chardonnay, Colombar und Cabernet Sauvignon.

Architektur, Kunst und Kultur

Südafrika ist eine Schatzkiste vielfältigster Architektur; in seinen Metropolen spiegeln sich prachtvolle Kolonialbauten in ultramodernen Fassaden, selbst in der entlegensten Wildnis stellen nicht wenige Safari-Lodges europäische Wohnkunst und -kultur in den Schatten, gewagtes Design, Ideenreichtum, Stil, Geschmack und Ambiente sowie exotische Baumaterialien produzieren in den abgelegensten Winkeln ein »Schöner Wohnen« der besonderen Art. Wobei der Sinn für Far-

Südafrikas Sound

Seit frühen Kolonialzeiten haben sich Südafrikas Klangfarben aus lokalen Erscheinungsformen zusammengemischt und dabei begierig Elemente aufgenommen, die mit den Einwanderern aus Übersee und aus anderen afrikanischen Ländern ans Kap kamen. Während der Apartheid gaben westlich orientierte Musikrichtungen offiziell den Ton an, aber schwarzafrikanische Musiker hatten natürlich einen anderen Sound im Kopf. Für sie waren die Klänge der Xhosa und der Zulu nicht fortzudenken, auch die traditionellen Stammesgesänge mit ihrer seltsamen Melancholie nicht. Spielerisch ließen sich solche Substanzen mit allem vermischen, was sich nach Rhythmus und Musik anhörte: mit Fragmenten aus religiösen Hymnen und Chorälen, aus Jazz, Rock, Blues und Pop, wobei es Afrikaner sowieso spielend schaffen, Körper und Seele zum Schwingen zu bringen – mit nur einer Trommel. Oder sogar a cappella ganz ohne Instrumente.

Wegen der Rassentrennung entwickelte sich die schwarze südafrikanische Musik im Untergrund weiter, vor allem aber im Exil. Wer kennt sie nicht, südafrikanische Stars wie die Sängerin Miriam Makeba, den Trompeter Hugh Masekela oder den Pianisten von »Dollar Brand«, Abdullah Ibrahim? Diejenigen, die trotz Apartheid weiterhin vor Ort die Stellung hielten, spielten ihren Cape Jazz eben hinter dem Vorhang, während ihre weißen Kollegen auf der Bühne standen – es war verboten, gemischtrassig aufzutreten.

Natürlich mussten unter solchen Umständen Musik wie Literatur zur politischen Brechstange werden. Paul Simon war mit seinem Graceland-Projekt, das der Welt den Reichtum der afrikanischen Klangwelt auf moderne Weise nahebrachte und dabei demonstrativ schwarze Südafrikaner wie Ladysmith Black Mambazo musikalisch präsentierte, am neuen Aufbruch nicht unbeteiligt.

Von Cape Jazz bis Symphonie

Bald verbreiteten auch Radiostationen an den Universitäten den gemeinsamen musikalischen Protest aller Rassen; Johnny Clegg, der weiße Zulu, ein Meister im Verschmelzen westlicher und schwarzafrikanischer Musik, gründete schon während der Rassentrennung

In Kapstadt spielt die Musik, wie das jährlich stattfindende Cape Town Jazz Festival klar macht.

Seit der WM 2010 ist die südafrikanische Fußballbegeisterung nicht zu toppen: Jo'burgs Ellis Park

Bands mit weißen und schwarzen Musikern und half so, eine multikulturelle Musikszene zu prägen. Südafrikanische Musicals wie *Sarafina*, *Township Fever* und *Maria Maria* von Mbongeni Ngema entlockten den Zuschauern in Amerika und Europa ekstatischen Beifall. Erstgenanntes spielte gar ein Jahr lang am Broadway und wurde anschließend mit Whoopi Goldberg verfilmt.

Für Musikliebhaber ist das Südafrika der Gegenwart eine Schatzkiste: Vom Township Groove bis zur traditionellen afrikanischen Musik reicht die Palette, vom Jazz über Ethnopop bis zu Klassik. Marimba oder Rohrflötenmusik, Kwela oder Township-Jive, selbst Symphonie, Oper und Kammermusik aus Südafrika gelten heute als Belege einer großartigen musikalischen Breite, die nicht sinnfälliger zum Ausdruck gebracht werden kann als durch das Soweto String Quartett, das große Erfolge verzeichnet. Bei all diesen musikalischen Erscheinungsformen ist Südafrika aber vor allem eine Welt des Jazz, und zweifelsfrei gehört Kapstadt zu den bedeutendsten Jazz-Zentren des Schwarzen Kontinents. Von hier aus emigrierten Koryphäen wie »Dollar Brand« ins Ausland, und das größte Jazzevent des Landes, das Cape Town International Jazz Festival, findet alljährlich im Februar statt und zieht Enthusiasten aus Afrika und aller Welt an. Kapstadts zahllose Jazz-Kneipen wie »Blue Note«, »Kennedy's« oder »The Drive« sprechen für sich.

Südafrika ist sportverrückt

Rugby und Cricket sind immer noch Top Sports, allerdings mehrheitlich der weißen Minderheit. Nachdem der Südafrikaner Josiah Thugwane 1996 eine Goldmedaille holte, bringen Marathon- und Ultramarathonläufe Tausende an den Start. Der berühmteste, der Two Oceans Marathon, führt über 56 Kilometer rund um die Kap-Halbinsel. Und na klar ist das »neue« Südafrika, das schwarze, komplett fußballverrückt, was sich sowohl auf zahllosen Bolzplätzen der Townships zeigt als auch in Johannesburgs ultramoderner Soccer City, dem Hauptstadion der Weltmeisterschaft 2010. Als adrenalinstarke Mannschaften sind hier die Kaizer Chiefs, die Orlando Pirates und die Mamelodi Sundowns bekannt. Was für die frühen Pioniere mühsamer Alltag war (Klettern, Abseilen, Reiten, Wandern, Wildwasser), suchen sportliche Abenteurer heute als Freizeitvergnügen – und werden in Südafrikas bizarrer Natur fast überall fündig. Landesweit bieten zahlreiche Adrenalin-Veranstalter Extremsportarten wie Bungee und Swings an, Fallschirmspringen, Abseiling, Mountainbiking, Drachenfliegen oder den Kick mit dem Motorrad-Beiwagengespann durch den Busch – auf der Menükarte der südafrikanischen Abenteuer-Gourmets gibt es nichts, was es nicht gibt!

Ziemlich groß ist das sportverrückte Land auch beim Golfen. Mit circa 600 Golfplätzen und Koryphäen wie David Frost, Bobby Lock und Leon Els bringt

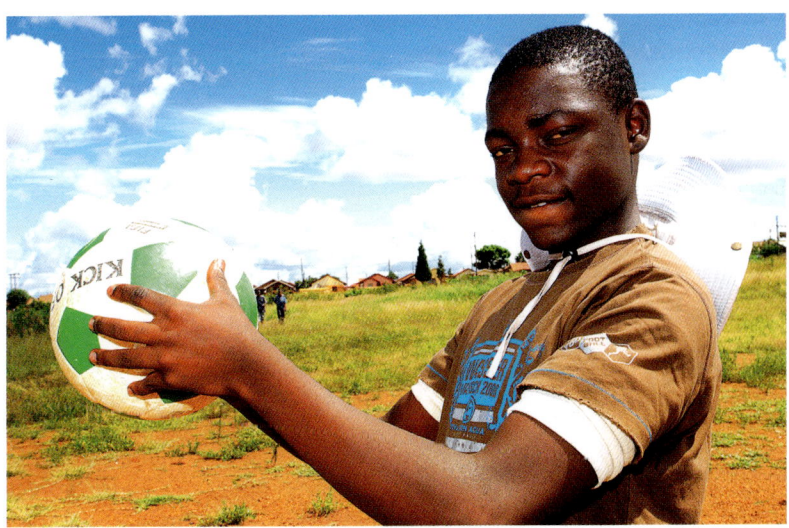

Kids und Jugendliche der Townships können nicht nur Bayern-München-Fußballer aus dem FF aufsagen.

Kapstadts atlantisches Camps Bay bietet teure Wohnadressen und Boulevard-Life vom Feinsten.

und offenherzigen Menschen, mit weiten Landschaften überwältigender Schönheit. Saftige Obstplantagen gedeihen neben trockenen Wüsten, exotische Lagunen und traumhafte Buchten mit ankernden Jachten fehlen ebenso wenig wie rot-weiß gekringelte Leuchttürme. Die Vielfalt ist es, die das Land am Kap zum »schönsten Ende der Welt« macht: hier die atemberaubende Bergwelt am Blyde River Canyon, dort Johannesburgs Glamour, Kunst und Kultur, in der Surferhauptstadt Durban sommerliches Hawaii-Feeling und in Kapstadt die Boote der Krabbenfischer, die feinsten Gourmet-Restaurants des Landes und sauber gesteckte Rebstöcke bis zum Horizont!

Südafrika Top-Class-Golfen auf die Beine. Zu den historischen Greens der ersten Stunde zählt nördlich von Kapstadt The Royal Cape, gegründet 1882, sowie Johannesburgs Royal Golf Club, gegründet 1890. Seither haben Spielwiesen auf Meisterschaftsniveau ganz Südafrika überzogen. Weltbekannt ist der Gary Player Country Club in Sun City durch sein alljährlich stattfindendes Turnier »Million Dollar Challenge«. Genügend Greens gibt es auch mitten im Busch von KwaZulu-Natal, wo beim Abschlagen und Einputten Antilopen, Paviane und Krokodile manchmal zu einer Herausforderung werden.

Ein Toast auf die Vielfalt

Südafrika ist bunt und vielschichtig, mit modernen, lebensquirligen Metropolen

Kunst der Ndebele-Frauen im Botshabelo Ndebele Village bei Middleburg in Mpumalanga

Steckbrief Südafrika

Lage: Südliche Spitze des afrikanischen Kontinents

Name: Republik of South Africa – Republiek van Suid-Afrika

Fläche: 1 219 912 km²

Einwohner: 55 Millionen

Bevölkerung: Schwarze 79,8 %, Coloureds 9,1 %, Weiße 8,7 %, Asiaten 2,6 %

Hauptstadt: Pretoria (Parlamentssitz: Kapstadt, Sitz des Oberen Gerichtshofs: Bloemfontein)

Flagge:

Sprache: Elf offizielle Sprachen, darunter Afrikaans, Zulu, Xhosa und weitere Stammessprachen, die Handelssprache ist Englisch.

Währung: Südafrikanischer Rand (ZAR)

Zeitzonen: MEZ + 1 Stunde, Sommerzeit (MESZ) = keine Zeitverschiebung

Landesvorwahl: 0027

Geografie: Inlandsplateau mit beeindruckenden Bergketten wie den über 3000 Meter hohen Drakensbergen, ringsum liegt ein schmaler Küstensaum, der vom Atlantischen und vom Indischen Ozean begrenzt wird.

Staat und Verwaltung: Parlamentarische Demokratie, Mitglied im Commonwealth, seit 1997 mit neuer Verfassung. Das Staatsoberhaupt wird alle fünf Jah-re von der Nationalversammlung gewählt, Wahlrecht haben alle Bürger ab 18 Jahren.

Wirtschaft und Tourismus: Südafrika ist die stärkste Wirtschaftskraft auf dem Kontinent. Der Produktionssektor umfasst Textilien, chemische Erzeugnisse, Nahrungsmittel, Maschinen- und Autobau (VW und Mercedes lassen in Port Elizabeth und East London produzieren). Exportiert werden zahlreiche mineralische Rohstoffe sowie Edelsteine, Diamanten und Gold (das immer noch den größten Devisenbringer des Landes stellt). Südafrika besitzt eine moderne Infrastruktur sowie einen gut funktionierenden Finanz- und Industriesektor; der Tourismus hat sich zu einer der stärksten wirtschaftlichen Säulen entwickelt.

Religion: 75,5 % Christen, traditionelle Religionsgemeinschaften ca. 17,5 % (darunter Hindus 1,4 %, Muslime 1,4 %, Juden 0,2 %)

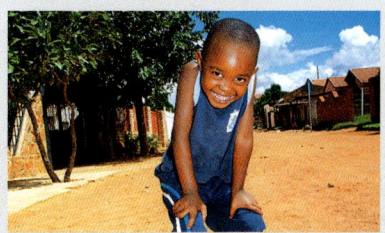

Junge im Township Soshanguve bei Pretoria

Geschichte im Überblick

Funde des *Australopithecus africanus* aus dem Zeitraum zwischen drei Millionen und einer Million Jahren beweisen, dass sich die Wiege der Menschheit auf dem afrikanischen Kontinent befindet. Aus einer Zeit vor ca. 500 000 Jahren stammen erste Funde von Steinwerkzeugen, Felszeichnungen von Buschmännern, den San, gehen auf 30 000 v. Chr. zurück. Als sicher gilt, dass um 300 v. Chr. San-Gruppen aus Botswana südwärts ins Kapland einwanderten, wo sie sich Khoikhoi nennen. Um 1400 n. Chr. sind die Volksgruppen der San und Khoi die einzigen am Kap lebenden Menschen.

1487 Der Portugiese Bartolomeu Dias umsegelt das strömungsreiche »Kap der Stürme«.

1503 Dias' Landsmann António de Saldanha läuft in die Tafelbucht ein und besteigt als erster Europäer den Tafelberg.

1577 Der englische Admiral Sir Francis Drake äußert sich begeistert über die Schönheit des Kaps.

1605–1652 Erste Schiffe der East India Company ankern hier, am 6. April 1652 segelt der Holländer Jan van Riebeeck mit drei Schiffen in die Kapstädter Tafelbucht ein.

1779–1791 Erste kriegerische Auseinandersetzungen mit weißen Siedlern und dem Stamm der Xhosa, bis 1878 folgen noch 8 sogenannte Kaffernkriege.

1795 Die Briten übernehmen die Macht am Kap.

1814 Die ehemalige Niederlassung der Ostindischen Kompanie wird zur britischen Kronkolonie.

1835 Holländischstämmige Buren verlassen zahlreich auf großen Ochsenwagentracks die britische Herrschaft am Kap.

1838 Die Zulu, die sich der Landnahme in KwaZulu-Natal mutig entgegenstemmen, werden am Blood River vernichtend geschlagen.

1867 Im Norden der Kappprovinz werden Diamanten gefunden.

1877 Es kommt zum Krieg zwischen Buren und Briten, die Buren gewinnen und gründen unter Ohm Kruger die Burenrepublik.

1886 Erste Goldfunde beschleunigen die Besiedlung des Inlandes.

1899–1902 Es kommt erneut zum Krieg, den die Buren verlieren.

1910 Gründung der Südafrikanischen Union; Schwarze dürfen per Gesetz kein Land außerhalb von Reservaten erwerben.

1912 Gründung des ANC

1939 Südafrika tritt gegen Deutschland in den Zweiten Weltkrieg ein, nach Kriegsende wird das Bewusstsein der Apartheid ausgebaut.

1948 Die Afrikaaner-Nationalisten machen die Apartheid zur Staatspolitik.

1960 Massaker von Sharpeville. Nach einem Aufstand der Widerstandsbewegung Verbot des ANC

1962 Nelson Mandela wird als ANC-Führer festgenommen und zu lebenslanger Haft verurteilt.

1976 Die Polizei erschießt zahlreiche Schulkinder bei einer Demonstration in Soweto – Gründung von »Homelands« unter Selbstverwaltung.

1977 Ermordung des Studentenführers Steve Biko

1986 Nach zahllosen Aufständen und Boykottaufrufen seitens der Schwarzen verhängt der weiße Präsident Pieter Willem Botha den Ausnahmezustand – die Gewalt eskaliert.

1989 Bothas Nachfolger Frederik de Klerk muss die Apartheid auf internationalen Druck beenden und entlässt Nelson Mandela aus der Haft auf Robben Island.

1993 Frederik de Klerk und Nelson Mandela erhalten den Friedensnobelpreis. Der ANC gewinnt die ersten freien Wahlen, Nelson Mandela wird der erste schwarze Präsident Südafrikas.

1999 Der ANC gewinnt erneut die Wahlen mit großer Mehrheit, Thabo Mbeki wird Präsident.

2004 Mit einer Zweidrittelmehrheit gewinnt der ANC die Wahlen zum dritten Mal, Südafrika erhält den Zuschlag für die Austragung der WM im Jahr 2010.

2007 Jacob Zuma wird Präsident des ANC.

2008 Thabo Mbeki muss zurücktreten, um den Weg für Jacob Zuma zu ebnen.

2009 Erneut gewinnt der ANC, Jacob Zuma wird trotz umstrittener Vorwürfe wegen Vergewaltigung zum dritten schwarzen Präsidenten gewählt.

2010 In Südafrika findet die Fußballweltmeisterschaft statt.

2012 Am 8. Januar feiert der ANC seinen 100. Geburtstag, sieht sich aber zunehmend Vorwürfen wegen Korruption und Inkompetenz aus der eigenen Wählerschaft ausgesetzt.

2013 Im Dezember stirbt der schwerkranke Friedensnobelpreisträger Nelson Mandela unter weltweiter Anteilnahme.

2014 Jacob Zumas Regierungszeit ist durch Vorwürfe wegen Korruption und Geldverschwendung belastet.

2016 Die drastische Abwertung des Rand gegenüber Euro und Dollar stärkt den Export und damit einen preiswerten Reisemarkt. Was Südafrika zu einem boomenden Top-Ziel macht.

WESTERN CAPE

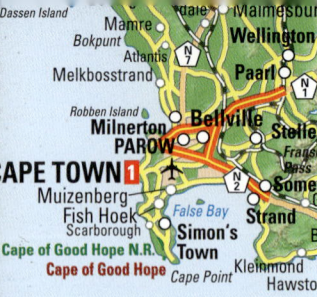

1 Kapstadt
Am besten Ende der Welt

Auf der Liste der schönsten Städte befindet sich Kapstadt nicht ohne Grund recht weit oben: Umwerfend wirkt die Kap-Metropole nachts, wenn sich der Tafelberg hoch über dem urbanen Lichtermeer flutlichtbestrahlt aus dem Dunkel erhebt, tagsüber ist vor allem die Zeit das verflixte Problem: für Besucher. Wer hier nur ein paar Stunden eingeplant hat, wird die Kunst der Verführung von Cape Town schon bald verfluchen!

Sie muss schon ziemlich genusssüchtig sein, diese schicke und hippe City of Cape Town, mit ihrer »City Bowl«, die so avantgardistisch cool, vibrant und modern und zugleich so historisch und sehr edel daherkommt. Um sich die Dimension des besonderen Lebensgefühls der Capetonians überhaupt vorstellen zu können, braucht es drei Beispiele aus Sport und Musik: Beinahe zwei ganze Tage sind jedes Jahr Teile der Kap-Halbinsel und der Innenstadt für den Verkehr komplett gesperrt, weil zum x-ten Male das Cape Town Cycle Race »Argus« mit Zehntausenden Teilnehmern aus aller Welt stattfindet, rund 600 fliegen dazu mit ihren Bikes extra aus Deutschland ein. Schon seit 1970 findet Kapstadts Two Oceans Marathon statt, einer der legendärsten Läufe der Welt. Und natürlich reisen zum Cape Town Jazz Festival begeisterte Musikfans aus allen Winkeln der Welt an, um 48 Stunden lang nonstop ihr Musikgenre zu feiern.

Cape Town Vibrations

Wer in Kapstadts City Bowl fährt und einen Parkplatz ergattert, in der Long Street zum Beispiel,

Seite 30/31: Eines der meistfotografierten Motive Südafrikas: die bunten Strandhäuschen in Fishhoek auf der Kaphalbinsel
Mitte: Die City Bowl Kapstadts mit Tafelberg
Unten: Familie im malaiisch-farbigen Bokaap-Viertel in Kapstadt

Cape Town im nächtlichen Lichterglanz

Einfach gut!

merkt gleich nach dem Aussteigen: Hier will ich so schnell nicht wieder weg! Und im nächsten Moment wird schon klar: Relaxte Capetonians haben ihre »Schöne« ja jeden Tag, was fix einen Neidfaktor aufkommen lässt, vor allem bei denen, die auf roten Londoner Doppeldecker-Sightseeing-Bussen versuchen, die Stadt im Schnelldurchlauf zu genießen. Graduell besser haben es jene, die »Kapstadt zu Fuß« buchen und geführte zwei Stunden mit ihr unterwegs sind, aber am besten macht man sich individuell auf den Weg, die Highlights des Zentrums liegen eng beieinander.

Kunst, Kultur und buntes Leben brummen an jeder Ecke, für historisch Interessierte stehen ein Dutzend Museen auf der Liste, darunter das South African Museum, das Bertram House, das Jewish Museum, die South African National Gallery sowie das Cultural History Museum. Adderley Street, die Haupteinkaufsstraße und Kapstadts Long Street mit ihren viktorianischen Gebäuden, in denen sich eine Welt aus Antiquariaten, Szenekneipen, Musik- und Coffeeshops ausbreitet, dürfen bei einem Stadtrundgang ebenso wenig fehlen wie das farbenprächtige Viertel Bo-Kaap gleich nebenan. Das muslimisch geprägte Malaienviertel am Fuß des

DADDY COOL
Luxus-Campen mitten in Cape Town? Der älteste funktionierende Fahrstuhl (1895) führt zur Dachplattform des »Grand Daddy Hotel«. Im einzigen Roof Top Trailor Park der Welt parken sieben aluminiumglänzende Airstream-Camper, die in den USA gekauft, per Schiffsfracht nach Kapstadt transportiert und dann mit schwerem Krangerät auf die Dachplattform gehievt wurden. Jeder der exklusiven Mobildomizile ist mit Kingsize-Bett, Badezimmer und einer individuellen Themenausstattung ein Übernachtungstraum. Wer vor Aufregung nicht schlafen kann, sitzt bis früh in der »Sky Bar« mit Blick auf die Skyline. Für Nicht-Camper stehen auch 33 normale Zimmer sowie die »Daddy Cool Bar« und das Bistro-Restaurant »Thirty Ate«, Ground Floor, zur Verfügung.

The Grand Daddy Hotel.
Cape Town City Centre, 38 Long St.,
Tel. 021/424 72 47,
www.granddaddy.co.za

LAST NOT LEAST: NEW!

Geheimtipp

In rasantem Tempo wächst Kapstadt als eine der schönsten Metropolen der Welt, jedes Jahr kommen neue Einfälle und kreative Verrückt-heiten dazu:

The Zeitz MOCCA Museum of Con-temporary Art Africa. Im neuen Silo District, V & A Waterfront (ab 2017).

The Silo Hotel. Design-Luxushotel über dem MOCCA Museum, V & A Waterfront (ab 2017).

POPLA (Pop Up Langa). Dinner im Township! Feines Zehn-Gänge-Dining-Experiment.

Township Choral Music. Geführte Tour in Privathäuser inklusive Dinner und Chorvortrag (Coffeebeans Routes).

Container-Restaurant Naturalis. Küchenchef Luke Dale-Robberts experimentiert mit gourmettechnischer Nachhaltigkeit, The Old Biscuit Mill, Woodstock.

Konkurrenz Bree Street. Läuft als hippste und trendigste Meile mit immer neuen »Bars und Cafés wie »Arcade«, »Dapper Coffee Co.« und »Club 9« Kapstadts Long Street den Rang ab.

Die roten Doppeldeckerbusse gehören zum Stadtbild.

Signal Hill ist mit seinen bunten Häusern und Moscheen einer der fotogensten Stopps. Die besondere Atmosphäre Kapstadts lässt sich auch in seiner Fußgängerzone St. George's Mall aufspüren, lebhaft geht es auf Green Market Square zu, ringsherum zeigen sich fantastische Art-déco-Fassaden. Längst hat sich die Kapstädter City nach ihrem Niedergang durch den Fall der Apartheid regeneriert und bietet seinen Besuchern internationales Flair und feine Stadtviertel.

Am tollsten geht es downtown in der ersten Januarhälfte zu, wenn der Cape Minstrels Carnival (auch Coon Carnival genannt) farbenfroh durch die Straßen zieht. Als beste Sightseeing-Pause ist Kapstadts bildschöner Stadtpark The Company's Gardens zu empfehlen, den Stadtgründer Jan van Riebeeck (1619–1677) einst als Plantage für Gemüse und Obst anlegen ließ. Zur Fotopflicht gehören das Old Town House (1755), das Präsidentenpalais De Tuynhys (1680) sowie die Houses of Parliament (1885). Sehenswert ist auch das legendäre »Mount Nelson Hotel« (1743).

Kapstadts »City Bowl«

Von oben betrachtet liegt Kapstadts Zentrum zwischen Signal Hill, Lion's Head und dem Tafelberg wie eine Insel im weit gespannten Häusermeer der Metropole. Auch wenn 1798 eine Feuersbrunst den größten Teil der alten Hafenstadt niedergewalzt hat, wird die städtebauliche Perle wegen ihres historischen Erbes, ihrer Lage und der traumhaften Umgebung mit Sydney, Rio de Janeiro und San Francisco in einem Atemzug genannt.

Nicht verbrannt ist damals Kapstadts ältestes Gebäude, die Festung Castle of Good Hope (1666 bis 1679). Sie war einst Sitz des Gouverneurs sowie

Mit dem Doppeldeckerbus durch Cape Town

Die Sehenswürdigkeiten im Zentrum liegen dicht genug beieinander, um sich durch einen gemütlichen Spaziergang entdecken zu lassen. Wer nicht individuell unterwegs ist, bucht die geführte zweistündige Tour **»Kapstadt zu Fuß«**, die das Tourist Office vermittelt.

Oder die **roten Doppeldeckerbusse** der Bus-Company CitySightseeing Cape Town, die zum allgegenwärtigen Straßenbild gehören. Eine Rundfahrt ist die schnellste, bequemste und informativste Art, sich einen Überblick zu verschaffen.

Wie funktioniert's? CitySightseeing Offices liegen an der V & A Waterfront sowie downtown 81 Longstreet. Bei allen Haltepunkten kann man aussteigen, nach Belieben verweilen und dann den nächsten vorbeifahrenden Doppeldecker nehmen

oder an sich überschneidenden Haltepunkten auf eine andere Tour wechseln. Das alles gibt's mit Audio-Info in 15 Sprachen sowie einem Spezialkanal »just for kids«.

Es gibt die **Red City Tour (Kapstadt)** mit elf Haltepunkten inklusive Talstation der Table-Mountain-Drahtseilbahn. Start und Ende der Tour ist die Victoria & Alfred Waterfront. Bei der **Yellow Downtown Tour (Zentrum)** führen sieben Haltepunkte an Kapstadts schönste historische Highlights sowie zwei Museen. Die Tour startet beim Tour-Office in der 81 Long Street. Weitere Touren umfassen zum Beispiel die Kirstenbosch Botanical Gardens, das Constantia Weintal, Victoria & Alfred Waterfront mit Hafenrundfahrt, Signal Hill zum Sonnenuntergang mit einem Traumblick über die Stadt, LaGuGu Township Tour, Imizamo Yethu Township Walk.

Militärstützpunkt. Hinter ihren Mauern dokumentieren Ausstellungen Kapstadts Vergangenheit: die William Fehr Collection mit Möbeln, Gemälden und Porzellan aus dem 17. bis 19. Jahrhundert, das Military Museum mit alten Waffen und Uniformen und die Good Hope Gallery mit zeitgenössischer südafrikanischer Kunst. Auch residiert hier das Armeekommando der westlichen Kap-Provinz, deren Wachablösung täglich zu sehen ist. Vor der imposanten Kulisse des Tafelbergs ragt Kapstadts City Hall auf, ein Mix aus Kolonialarchitektur und italienischer Renaissance (1905).

Auf der Grand Parade, ihrem Vorplatz, wurde Nelson Mandela nach seiner Freilassung begeistert von der Bevölkerung empfangen. Eine Parallelstraße weiter steht die Groote Kerk, das älteste erhaltene Gotteshaus des Landes; ihre Rokokokanzel schnitzte 1766 der deutsche Bildhauer Anton Anreith. Beim nächsten Kirchturm werden historische Bischofsgräber und prachtvolle Altäre von der südafrikanischen Neuzeit überholt: In der St. George's Cathedral trat Friedensnobelpreisträger Desmond Tutu mutig gegen Rassismus und Apartheid ein, als das noch sehr gefährlich war.

GUT ZU WISSEN

RUSHHOUR

Selbstfahrer sollten die Verkehrsströme rund um Kapstadt im Blick haben; auch wenn die Infrastruktur erstklassig und gut ausgeschildert ist, verursachen Baustellen und teils massives Verkehrsaufkommen immer wieder Staus. Aus Stellenbosch ins Zentrum (oder zum Flughafen!) von Kapstadt zu kommen, kann zur Rushhour eine gute Stunde zusätzlich kosten, freitags machen sich die Metropoliten an ihre Strände auf, sonntagabends geht es zurück – da ist manches Nadelöhr dicht!

Oben: Stellt eine der tollsten Shopping-Meilen Kapstadts: die Victoria & Alfred Waterfront.
Mitte: Grandioses Panorama mit Kapstadts 325 Meter hohem Stadtberg Lions Head
Unten: Traumarchitektur: Kapstadts Town Hall, Baujahr 1905

Table Mountain

Bei schönem Wetter steht der Tafelberg auf der Liste der Must-Does! Wenn der berüchtigte »Cape Doctor« weht, die strenge Brise aus Südost, wird es allerdings nichts mit den grandiosen Aussichten auf das schönste Ende der Welt. Weil dann der kräftige Southeaster den Smog aus der Stadt in Richtung Berge bläst, was ihm den therapeutischen Spitznamen verpasst und dem Tafelberg seine Wolkentischdecke auflegt – die jeden Ausblick verhüllt. Hinauf lässt es sich auf zahlreichen gut beschilderten Routen wandern oder schnell und bequem mit der Drahtseilbahn schweben.

Die 1929 installierte Kabinenbahn dreht beim Auf und Ab ihre Made-in-Switzerland-Gondeln zur 360-Grad-Perspektive und schafft in sieben Minuten bis zu 70 Personen auf einen Schlag. »Hoeri 'kwaggo« nannten die Khoi, die Ureinwohner des Kaps, ihren Meeresberg, diesen mächtigen, abgeflachten, 6000 Hektar großen und 1087 Meter hohen Sandsteinfelsen, Kapstadts Wahrzeichen. Bei klarer Sicht ist das Panorama sensationell: Weite Wasserflächen liegen wie glitzernde Spiegel um das Häusermeer, im Blau des Atlantiks zeigt sich in der Ferne die Gefängnisinsel Nelson Mandelas, Robben Island.

Shop till you drop!

Und natürlich ist Kapstadt ein Shoppingparadies, mit seinen zahlreichen Malls rangiert es auf der Liste der begehrtesten Einkaufs-Mekkas der Welt ziemlich weit oben. Eine eigene Dimension hat die Victoria & Alfred Waterfront: Der quirlige Publikumsmagnet rund um die beiden Hafenbecken ist Kapstadts größtes Shopping- und Vergnügungsrevier. Das Problem sind die zusätzlichen Kilos beim Heimflug.

Nicht verpassen

ROBBEN ISLAND

Das Mahnmal gegen die Apartheid ist als National Monument ein Besuchermagnet und steht seit 1999 auf der UNESCO-Liste des Weltkulturerbes – wie auch die Zelle Nelson Mandelas, der auf der legendären Gefängnisinsel über ein Vierteljahrhundert seines Lebens (10 000 Tage, wie der Nobelpreisträger in seiner Autobiografie *Der lange Weg zur Freiheit* schrieb) verbrachte, bevor er als erster Schwarzafrikaner ins Präsidentenamt Südafrikas gewählt wurde.

45 Minuten ab Victoria & Alfred Waterfront dauert die Überfahrt zum früheren State Prison, das täglich Besucher aller Kontinente und Hautfarben anzieht. Während sich draußen Springböcke, Antilopen, Seevögel und Robben tummeln, mag man sich den Nobelpreisträger in der Zelle vorstellen: mit Blick auf die blaue See und auf Kapstadt, das majestätisch der Tafelberg krönt.

Robben Island.
www.robben-island.org.za

Infos und Adressen

Meet the people: »The Africa Cafe and Restaurant« in Buitengracht Straat, Kapstadt

ESSEN UND TRINKEN

aMadoda. Ausgeflippte DJ-Kneipe, Restaurant & Take-aways. 1–4 Strand St., Woodstock, Tel. 021/447 21 33, www.amadoda.co.za

Bombay Bicycle Club. »Drunken Camembert« ist nur eine Menüverrücktheit von vielen. 158 Kloof St., Gardens, Tel. 021/423 68 05, www.thebombay.co.za

Chef's Warehouse & Canteen. Angesagteste Snack- und Tapas-Kantine. 92 Bree St., Tel. 021/422 01 28, www.chefswarehouse.co.za

Company's Garden Restaurant. Entspannende Oase am Pulsschlag der City Bowl. 19 Queen Victoria St., Tel. 021/423 29 19, www.thecompanysgarden.com

Mother's Ruin Gin Bar. Treffpunkt des neuen Gin Movement. 219 Bree St., Tel. 082/681 66 01, www.mothersruin.co.za

Outrage of Modesty. Coole kleine Bar, bekannt für exotische Cocktails. 88 Shortmarket St., Cape Town City Centre, Tel. 021/422 29 02, www.anoutrage.com

Pot Luck Club. Hippes Restaurant/Bar im Silo, Old Biscuit Mill. 373–375 Albert Rd., Woodstock, Tel. 021/447 08 04, www.thepotluckclub.co.za

The Dog's Bollocks at YARD. Kreativstes Burger-Outlet. 6 Roodehek St., Gardens, Tel. 082/885 57 19

ÜBERNACHTEN

Cape Grace Hotel. Im Stil des alten Kapstadt an der V & A Waterfront. West Quay Rd., Tel. 021/410 71 00, www.capegrace.com

Daddy Long Leg. Kreativ- und Art-Hotel. 134 Long St., Tel. 021/422 30 74, www. daddylonglegs.co.za/arthotel

Mount Nelson Hotel. Klassiker unter den altehrwürdigen Luxusherbergen. 76 Orange St., Gardens, Tel. 021/483 10 00, www.belmond.com

Protea Hotel Fire & Ice. Cape Town's hottest place to chill – ziemlich cooler Design-Hotspot. New Church St., Tamboerskloof, Tel. 021/488 25 55, www.proteahotels.com

91 Loop Hos. Mischung aus Jugendherberge und Backpacker-Hotel. 91 Loop St., City Bowl, Tel. 021/286 14 69, www.91loop.co.za

Dutch Manor Antique Hotel. Weniger das Baujahr (1812) als das Interieur verströmt das Flair vergangener Zeiten. 158 Buitengracht, Bo-Kaap, Tel. 021/422 47 67, www.dutchmanor.co.za

Once in Cape Town. Modernes preiswertes Cityhotel. 73 Kloof St., Tel. 021/424 61 69, www.onceincapetown.co.za

AUSGEHEN

Cape Town Magazine. Den besten Überblick in Sachen Nightlife und aktuelle Veranstaltungen aller Art bietet die Web-Plattform www.capetownmagazine.com

Cape Town Travel Blogs. Infos rund um Kapstadt, www.capetown.travel/blog

EINKAUFEN

Canal Walk. Shopping-Erlebnis in der größten Mall der südlichen Halbkugel mit 400 Geschäften in einer spektakulären Architektur. Century City, Century Boulevard, Tel. 021/529 96 99-8, www.canalwalk.co.za

Buchhandlung Ulrich Naumann. Deutsche Buchhandlung. 91 Kloof Nek Rd., Tamboerskloof, Tel. 021/423 78 32, www.buchhandlungnaumann.co.za

Victoria & Alfred Waterfront. Riesige Auswahl an Geschäften und Boutiquen aller Art, Souvenirs. Tel. 021/408 76 00, www.waterfront.co.za

AKTIVITÄTEN

Two Oceans Aquarium. 1000 Meeresbewohner auf 4000 Quadratmetern: ein überwältigendes Erlebnis. Dock Rd., V & A Waterfront, Tel. 021/418 38 23, www.aquarium.co.za

Township per Fahrrad. Geführte Bike-Tour durch Kapstadts älteste Township Langa. Ubizo Events & Tours, Ground Floor, Upper East Side, Unit 9B, 31 Brickfield Rd., Woodstock, Tel. 021/447 71 97, www.ubizoeventsandtours.wordpress.com

City Walk Coffee Route. Geführte Tour. Start Company's Gardens mit Stopps in netten Cafés mit Qualitätstest! MapMyWay, Montebello Design Centre, 31 Newlands Ave., Newlands, Tel. 021/685 42 60, www.mapmyway.co.za

City Walk Interfaith Route. Entdeckungstour zu den Wurzeln verschiedener Religionen und Kulturen. Stopps: St. Andrews Church, South African Slave Church Museum, Auwal Mosque, Groote Kerk, South African Jewish Museum und District Six Museum. MapMyWay, Montebello Design Centre, 31 Newlands Ave., Newlands, Tel. 021/685 42 60, www.mapmyway.co.za

INFORMATION

Cape Town Tourism. The Pinnacle Building, Cnr Burg & Castle Streets, Tel. 021/487 68 00, www.capetown.travel

Unbedingt besuchen: das Two Oceans Aquarium an der Victoria & Alfred Waterfront in Kapstadt.

VOM BESONDEREN
Glück, in Südafrika zu leben

Was Einheimische über das Glück, in Südafrika zu leben, denken, bezeugt vor allem eine große Liebe zu diesem schönen Land, ungeachtet der Hautfarbe, der Herkunft und des sozialen Standards der Befragten.

Daniel Lourens (oben), 61, geb. in Bredarsdorp, Familienvater, selbstständiger Handwerker: »Angeln ist wie Meditation. An diesem abgelegenen, bildschönen Strand hörst du nur das Rauschen der Brandung und die Schreie von Seevögeln. Hier ist tiefer Frieden!«

Dr. Rolf Schumacher, 64, geb. in Wiesbaden, Zahnarzt und Winzer, seit 1991 am Kap: »Südafrika lebt, was Deutschland verloren hat: eine gelassene Gesellschaft, die mehr ›smiles on the road‹ als anderswo bietet! Und Weite: Je weiter du von einer deutschen Stadt wegfährst, desto näher kommst du an die nächste dran!«

Lusanda Mketsu (rechts unten), 28, geb. in Cape Town, verh., 1 Kind, lebt bei Gansbaai und arbeitet im Service einer Luxuslodge: »Ich bin stolz auf mein Land und seine Kulturen, die alle friedlich zusammenleben. Immer mehr Besucher kommen, weil Südafrika so schön ist, was uns Jobs und ein besseres Leben bringt.«

Michael Lutzeyer, 64, geb. in Kapstadt, Lodge-Unternehmer: »Dass wir mit Mandela den friedlichen Übergang zur Demokratie geschafft haben, ist ein großes Glück. Sicher gibt es Probleme, aber wie ist es anderswo, zum Beispiel in Europa? Südafrika schafft das!«

Andy Fermor, 54, geb. in Cape Town, stud. Bauingenieur, lebt und arbeitet bei Plettenberg: »Ich glaube an dieses Südafrika und sein riesiges Potenzial, an die freundlichen Menschen, egal, welcher Hautfarbe, es ist mein Land. Ich bin stolz, Südafrikaner zu sein!«

Marlize Visser, 29, geb. in Springbok, Namaqualand, aufgewachsen in Swellendam, arbeitet in einer Krippe für behinderte Kinder in der Township: »Die Freundlichkeit und die kulturelle Vielfalt der Menschen, die Natur, diese Stille, das traumhafte Klima – meine alltägliche ›comfortzone‹!«

Maureen Fowie (rechts oben), 68, geb. in Napier, arbeitet im Tourist Office des Cape Agulhas-Leuchtturmes: »Als Reisende ist Afrika für mich die Nummer eins, ganz

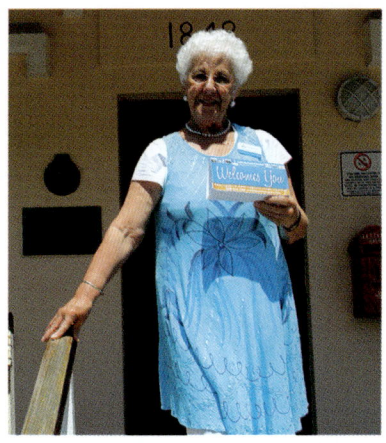

besonders Südafrika und Cape L'Agulhas! Warum? Weil's hier so friedlich, vielfältig und naturnah ist!«

Sandra Hörbst, 25, geb. in Österreich, arbeitet in Kleinbaai: »Ich kam 2013 für sechs Wochen Freiwilligenarbeit und arbeite jetzt als Biologin mit Walen und mache den forschungsbasierten Master-Abschluss als Meeresbiologin! In Südafrika ist alles viel ruhiger, freundlicher und Hektik ein Fremdwort!«

Neil Van der Nest, 23, geb. in Prince Albert, jobbt im Caféhaus: »Ich fühle mich wie eine Pflanze, die zur Karoo gehört, und gehe niemals von hier fort! Auch wenn dies die Mitte des Nirgendwo ist: Für mich ist es das Paradies!«

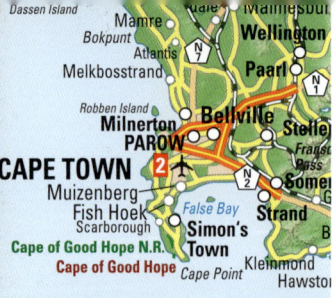

2 Atlantic Seaboard
Kapstadts luxuriöse Riviera

»The Atlantic Seaboard«, wie die Capetonians ihre Riviera nennen, beginnt an der Victoria & Alfred Waterfront und zieht sich über Mouille Point, Green Point Lighthouse und Sea Point die Promenadenstrecke der morgendlichen City-Jogger entlang bis zu den feinen Küstenvorstädten Clifton, Camps Bay, Llandudno und Hout Bay. Die teuersten Adressen der Kap-Metropole halten die besten Wohnlagen mit Seeblick besetzt.

Westlich der Victoria & Alfred Waterfront führt die Beach Road samt Promenade vom Green Point Lighthouse, dem ältesten Leuchtturm Südafrikas, im Stadtteil Green Point an der atlantischen Küste und den teuren Wohnquartieren Three Anchor Bay und Sea Point entlang bis Saunders Rock und weiter als Victoria Road an Bantry Bay vorbei bis nach Clifton und Camps Bay. Am Boulevard von Camps Bay parken schwere Harley-Davidson-Maschinen neben feinen, offenen Oldtimern vor noch feineren Cafés, Bars und Restaurants. Hier beginnt Kapstadts Palm Beach oder, wenn man so will, seine Copacabana. Dahinter steigen als beeindruckende Kulisse die Twelve Apostles und der Tafelberg auf – keine Frage, dass hier, an der Westseite des Kaps, die Gutbetuchten unter den Kapstädtern residieren.

Whale Watching im Straßencafé

Besonders von der abendlichen Kulisse von Camps Bay lässt es sich nicht so leicht losreißen, derart entspannt ist die Atmosphäre, und weil downtown Cape Town nur eine Viertelstunde entfernt

Mitte: Blick auf den Strand von Clifton mit dem imposanten Bergzug der Twelve Apostles bei Kapstadt
Unten: Highlife abends und am Wochenende: Strandleben in Camps Bay

Einfach gut!

ist, kann man ab dem frühen Nachmittag kaum einen Sitzplatz ergattern: In sanfter Brise mit Blick aufs Meer unter raschelnden Palmen in Camps Bays Victoria Road den Tag ausklingen zu lassen, gehört zu den Erlebnissen, die Kapstadt zu einer der schönsten Metropolen der Welt machen. Wenn der sonnige Nachmittag dem Zwielicht weicht, ist Camps Bays Anziehungskraft am größten: Jenseits der Leuchtreklamen ragt die zackige Bergkette der Twelve Apostles in den blau-schwarzen Himmel, und die Strandperle präsentiert sich im Kunstlicht beinahe noch schöner!

Atlantik-Seaboard-Rundfahrt

Auf einer Atlantik-Seaboard-Rundfahrt wird das Millionärsparadies Llandudno zum nachgefragten Kamerastopp: So wohnen sie also, die Schönen und Reichen, wird es so manchem durch den Kopf gehen, der sein Objektiv auf die luxuriösen Anwesen oberhalb von Llandudnos Superstrand fokussiert. Am Hout Bay Neck geht es an den fast 800 Meter hohen Felsklippen Judas Peak und Little Lion's Head vorbei ins Zentrum der Langustenfischerflotte.

Mit seinen bunten Fischerbooten verbreitet Hout Bay eine Atmosphäre wie Tromsø im norwegischen Sommer: Im Halbkreis umragen pittoreske Bergspitzen die tiefblaue Atlantikbucht, farbenfroh leuchten die Trawler der Fangflotte sowie zahlreiche kleinere Fischerboote in der Sonne, Robben tummeln sich im Hafenbecken, Möwen durchkreuzen die friedliche Szene. Klar, dass hier während der Hochsaison kaum ein Parkplatz zu kriegen ist und die pittoreske Idylle von Besuchern geradezu überrannt wird. Nirgendwo sonst, heißt es, sei der Fisch besser, als in Hout Bays Mariner's Wharf, die mit fangfrischen Austern, Mu-

ZUM SHOPPEN MIT DEM HELI

Die vielfach ausgezeichnete Fünf-Sterne-Seaside-Herberge »The Twelve Apostles« an der Uferstraße zwischen Camps Bay und Hout Bay ist ein herrliches Panoramadomizil zwischen Atlantik und Table Mountain National Park. Zum Shoppen an der Victoria & Alfred Waterfront ließe sich der Hubschrauber vom hoteleigenen Helipad nehmen, vom Pool aus zeigt sich die Bergkulisse der Zwölf Apostel, die dem Luxushotel sein Branding verpasste. Der wirkliche Hit aber ist die Lage zwischen den Seaboard-Perlen, denn die tollsten Bars sind in Camps Bay gleich um die Ecke, und das hippe »Dunes« wartet am Sandstrand von Hout Bay mit frischem Fassbier auf.

The Twelve Apostles. Victoria Rd., Camps Bay, Tel. 021/437 92 55, www.12apostleshotel.com;
The Dunes. 1 Beach Rd., Hout Bay, Tel. 021/790 18 76, www.dunesrestaurant.co.za

Grandiose Lage am Atlantik zwischen Camps Bay und Hout Bay: das »Twelve Apostles«-Hotel

scheln, Langusten, Tintenfischen oder Hummer am Fischimbiss auf die Schnelle aufwartet.

Panorama Drive zur Kap-Halbinsel

Niemand hätte diese Trasse bautechnisch für möglich gehalten, als die Straßenbauer 1915 mit den Arbeiten der elf Kilometer langen Strecke zwischen Hout Bay und Noordhoek begannen. Nach sieben Jahren war das Wunderwerk fertig und wurde als Chapman's Peak Drive zu einer der spektakulärsten Panorama-Routen ganz Afrikas! Das Kurven- und Aussichtswunder verbindet Hout Bay mit den Strandorten Noordhoek und Kommetjie und hat sensationelle Ausblicke zu bieten: Hunderte Meter fallen steile Klippen von der engen Serpentinenstraße schroff ab ins Meer, was den Lenkern hinter dem Steuer eiserne Disziplin abverlangt, während die Mitfahrer unbesorgt die traumhaftesten Einblicke ins Küstenparadies genießen können. Einer der markantesten Haltepunkte ist Chapman's Point mit spektakulärer Sicht auf die Chapman's Bay. Allerdings sind die hier ansässigen Paviane ein Problem, weil die flinken und mit scharfen Zähnen bestückten Affen arglosen Touristen ihre Aufwartung machen.

GUT ZU WISSEN

PARTY-BUZZ

Wem normales Feiern zu wenig multitasking ist, reserviert sich bei Piggys Promotions im Party-Bus einen Platz. Der kurvt im Rhythmus wackelnd und im Disco-Sound tönend um kapstädtische Kurven auf verschiedenen Routen, zum Beispiel auf der Peninsula-Tour zwischen V & A Waterfront, Seapoint, Clifton, Camps Bay, Hout Bay und Constantia (Tel. 021/559 61 83, mobil 083/234 82 54, www.piggyspartybus.co.za).

Oben: Ein absolutes Muss ist diese »Winding Road« mit bester Aussicht: Cheapman's Peak Drive.
Unten: Die sich dem Chapman's Peak Drive anschließende Kap-Halbinsel bietet Traumbilder und unzählige Strände.

Infos und Adressen

ESSEN UND TRINKEN

La Mouette. Exzellentes Essen und gute Weine. 78 Regent Rd., Sea Point, Tel. 021/433 08 56, www.lamouette-restaurant.co.za

Massimo's Pizza. Pizza-Outlet und Restaurant. Oakhurst Farm Park, Main Rd., Hout Bay, Tel. 021/790 56 48, www.pizzaclub.co.za

The Codfather. Meeresfrüchterestaurant, 37 The Drive, Camps Bay, Tel. 021/438 07 82-3, www.codfather.co.za

Fish on the Rocks. Qualitätsstarker Fischhallen-imbiss. Harbour Rd., Hout Bay, Tel. 021/790 00 01, www.fishontherocks.com

ÜBERNACHTEN

Tintswalo Atlantic. Traum-Lodge. 1 Chapmans Peak Drive, Hout Bay, Tel. 021/201 00 25, www.tintswalo.com/atlantic

Ellerman House. Stylisches Atlantikanwesen. 180 Kloof Rd., Bantry Bay, Tel. 021/430 32 00, www.ellerman.co.za

Camps Bay Retreat. Boutiquehotel im Privatpark mit Atlantikblick. 7 Chilworth Rd., Camps Bay, Tel. 021/437 83 00, www.campsbayretreat.com

Pod Camps Bay. »Cool beyond question«. 3 Argyle Rd., Camps Bay, Tel. 021/438 85 50, www.pod.co.za

The Marly. Feine Herberge in Traumlage. 201 The Promenade, Victoria Rd., Camps Bay, Tel. 021/437 12 87, www.themarly.co.za

VERANSTALTUNGEN

Theatre on the Bay. Konzerte, Cabaret-Café, Theater und Filme. Camps Bay, www.pietertoerien.co.za/venues

AKTIVITÄTEN

Cape Town Travel Blogs. Infos rund um Hout Bay, Camps Bay und Clifton, www.capetown.travel/blog

INFORMATION

Cape Town Tourism. The Pinnacle Building, Cnr Burg & Castle St., Cape Town, Tel. 021/487 68 00, www.capetown.travel

Freibad am schönsten Ende der Welt: Lifeguards im Sea Point Pool, Beach Road, Kapstadt

3 Die Kap-Halbinsel
Paradiese vom Feinsten

Jenseits von Hout Bay beginnt das Abenteuer Kap-Halbinsel. Große Teile stehen wegen ihrer einzigartigen Flora sowie landschaftlichen Schönheit als Teil des Table Mountain National Park unter Naturschutz, die südlichste Spitze besetzt komplett die Cape of Good Hope Nature Reserve. Ringsum bieten ihre Küsten traumhafte Strände, grandiose Wohnlagen, attraktive Strandstädtchen sowie Haie, Pinguine, Robben und Wale!

Wer den Chapman's Peak Drive geschafft hat, steht schnell wieder auf der Bremse: Das bezaubernde Nordhoek besticht mit seinem acht Kilometer langen Long Beach, der es mit der nächstfolgenden Strandperle Kommetjie verbindet. Weshalb die Parkbuchten am Straßenrand beinahe immer besetzt sind, so berauschend ist das Bildpanorama dort unten! Mancher Besucher mag sich wünschen, in einer der Häuser in Hanglage zu sitzen, um ohne Zeitlimit auf diesen unwirklich schönen Traumstrand zu blicken.

Auf der Weiterfahrt nach Kommetjie kommt mit dem Slangkop Point Lighthouse (33 m, Baujahr 1919) der höchste gusseiserne Leuchtturm der südafrikanischen Küste in Sicht. Wer sich Zeit für eine Besichtigung nimmt, wird oben durch eine fantastische Aussicht auf Hout Bay und Cape Point belohnt. Die Strecke nach Scarborough führt an der Witsand- und der Schuster's Bay sowie dem kleinen Örtchen Misty Cliffs vorbei, das ein Eldorado für Surfer ist. Bei hohen Windgeschwindigkeiten lässt sich professionelle Akrobatik vorführen, aber auch Reiter nutzen die weiten

Mitte: Cape Towns Kap-Halbinsel bietet Strände ohne Ende: Badefreuden in Fishhoek bei Kapstadt.
Unten: Spannend und deshalb vielbesucht ist die Pinguinkolonie am Boulders Beach.

Die Protea ist Nationalblume Südafrikas

Sandflächen zum Strandgalopp durch
schäumende Gischt zwischen der hier
beinahe immer tosenden Brandung und
opulenten Dünen.

Strände vor der Haustür

Badefreuden sind auf der anderen, östlichen Seite
der Kap-Halbinsel an der False Bay anzuraten, wo
nicht der kalte, antarktische Benguelastrom die
Wassertemperaturen bestimmt, sondern der Indische Ozean, dessen wärmere Schichten die Passat-
winde in die Bucht hineintreiben. Wobei die kuriose Bezeichnung »false« auf Fehlnavigationen
der frühen Seefahrer zurückgeht, die nach ihren
beschwerlichen Rückfahrten aus Indien dachten,
dies sei nun endlich die Tafelbucht, aber irrtümlich in der falschen ankerten.

Hier ist Muizenberg Beach das beliebteste Strand-
bad für Schwimmer und Surfer; andere wie Buffelsbaai, Boulders, Fish Hoek oder Seaforth produzieren je nach Gusto ihre eigenen Paradiese.
Boulders heißt so wegen seiner auffällig rundge-
schliffenen Felsbrocken im Wasser, die von frei lebenden Brillenpinguinen als Standort ihrer Kolonie genutzt werden. Seaforth Beach liegt ebenso

Nicht verpassen

DAS BLÜTEN-
PARADIES AM KAP

Die weitläufigen Areale an
den Osthängen des Tafel-
bergs vermachte der Diamanten-
magnat Cecil Rhodes 1902 dem
Staat – heute zählt Kirstenbosch mit
mehr als 6000 Pflanzenarten zu den
schönsten Botanischen Gärten weltweit! Wobei es vor allem um die üp-
pige Vegetation der Kapflora geht,
die aus dem Fynbos (feiner Busch),
dem Grootbos (großer Wald) und den
blühenden Gattungen Erica und Protea besteht – Letztere ist das nationale Symbol Südafrikas. Ein Stück
der historischen Hecke, die Jan van
Riebeeck im Jahr 1660 zum Schutz
gegen die Ureinwohner um die Stadt
ziehen ließ, ist hier noch erhalten.
Zwischen Dezember und März zieht
Kirstenbosch mit seinen Sommer
Sunset Concerts musikvernarrte Capetonians an.

**Kirstenbosch National
Botanical Garden.**
Rhodes Drive, Newlands,
Tel. 021/799 87 83,
www.sanbi.org

wie Boulders auf der dem Atlantik abgewandten und deshalb windgeschützten Seite. Der schöne Strand eignet sich hervorragend für Familien mit Kindern, manchmal statten Pinguine auch hier einen Besuch ab. Auch Fish Hoek Beach zählt mit einem feinen Sandstrand und Felsenpools zu den familienfreundlichen und deshalb nachgefragten Badestränden.

Einer der umtriebigsten Orte auf der Kap-Halbinsel ist das 10 000 Einwohner zählende Seefahrerstädtchen Simon's Town. Benannt nach dem ersten Kapgouverneur Simon van der Stel (1639 bis 1712) verströmt das historische Kleinod seit 1741 ein recht hübsches viktorianisches Ambiente. Im Hafenbecken ankern Kriegsschiffe der südafrikanischen Marine einträchtig neben luxuriösen Segeljachten, in Sichtweite des nicht selten sturmumtosten Leuchtturms Roman Rock, der seit 1861 den an der False Bay vorbeifahrenden Schiffen den Weg weist.

Viel Fisch frisch auf den Tisch

Nicht weit von Simon's Town wartet mit Kalk Bay ein pittoresker Fischereihafen auf Besucher, die

GUT ZU WISSEN

BOTANISCHE GÄRTEN
Südafrika bietet eine außergewöhnliche Fülle an Flora und mit seiner Fynbos-Vegetation ein Blütenparadies erster Güte. Die schönsten Gärten des Landes sind Kirstenbosch National Botanical Garden, Karoo Botanical Garden, Natal National Botanical Garden, Free State National Botanical Garden, National Botanical Garden Pretoria, Witwatersrand Botanical Garden, Lowveld National Botanical Garden und Harold Porter National Botanical Garden (www.sanbi.org).

Oben: Fishhoeks meistfotografiertes Motiv: Die Strandhäuschen dienten früher als Umkleide.
Mitte: Capetonians können sich über zahllose Bademöglichkeiten freuen wie hier in Muizenberg.
Unten: Die viktorianischen Fassaden von Simonstown

Die Anfahrt zum exklusiven Steenberg Wine Estate

Geheimtipp

mittags, wenn die Fangflotte zurück-
kehrt, ihre Frutti di Mare direkt von der
Mole wegkaufen. Durchreisende Fein-
schmecker genießen maritime Spezialitäten,
was dem Küstenstädtchen erlesene Antiquitäten-
geschäfte, kunterbunte Trödelläden und Boutiquen mit Kunsthandwerk, Töpferwaren und
Schmuck aller Art sowie eine lebhafte Künstlerszene beschert hat. Im Hafen starten Bootsaus-
flüge nach Seal Island hinüber, wo eine Seehund-
kolonie empfindliche Nasen verschreckt und
Ornithologen eine überbordende Seevogelwelt
vorfinden.

St. James, nächste Station auf der Perlenschnur,
hat in vielerlei Hinsicht Geschichte geschrieben
und ist vornehmlich bekannt durch seine farben-
frohen Badeumkleidehäuschen, die in keiner Wer-
bebroschüre Südafrikas fehlen. Berühmte Persönlichkeiten sind in Sichtweite der katholischen Saint
James Church (1858) mit Blick auf schöne viktorianische und edwardianische Fassaden hier schon
ins Wasser gestiegen, wie der erste Premier der
Kapkolonie Cecil Rhodes, der Dschungelbuch-
Autor Rudyard Kipling und Agatha Christie, die

**STEENBERG
WINE ESTATE**
Wo es gute Tropfen gibt,
sind Sterneköche nicht weit:
Der Gourmettempel »Catharina's
Restaurant«, der zum über 300 Jahre
alten, eleganten »Steenberg Hotel«
im Constantia Valley gehört, wurde
mit fünf Sternen ausgezeichnet. Der
Name geht auf die deutsche Erst-
besitzerin des Anwesens zurück, Catharina Ustings, die 1662 als 22-jäh-
rige Witwe aus Lübeck nach Südafrika kam. Nach drei weiteren Ehen
und abhanden gekommenen Gatten
(der erste wurde in der Hochzeits-
nacht erstochen, der zweite von Einheimischen getötet, der dritte von
Elefanten zu Tode getrampelt) avan-
cierte sie zur Geliebten des Kap-
Gouverneurs Simon van der Stel,
durch den sie in den Besitz des
Steenbergs am Fuße des Tafelbergs
gelangte.

Steenberg Vineyards. Steenberg
Rd., Cape Town, Tel. 021/713 22 11,
www.steenberg-vineyards.co.za

Grande Dame des Kriminalromans. Auch Muizenberg Beach ist wie St. James seit dem 19. Jahrhundert ein Paradies für Schwimmer und stellt den letzten Stopp auf der Traumstraße rund um die Halbinsel. Auf dem Weg liegt Cecil Rhodes Cottage, ein eher bescheidenes Häuschen an der Main Road nach Muizenberg, heute das Rhodes Cottage Museum. Hier verbrachte einer der reichsten Männer der damaligen Welt seine letzten Tage.

Historisch: Constantia Valley

Auf dem Rückweg von der Kap-Halbinsel Richtung Kapstadt liegt das Constantia Valley, Cape Towns urbaner Rebgarten. Zwischen 1679 und 1712 residierte Hollands Gouverneur Simon van der Stel auf Groot Constantia, das mit Baujahr 1685 das zweitälteste Weingut Südafrikas ist. Das Gutshaus ist heute ein sehenswertes Weinmuseum, zwei Restaurants warten mit erstklassiger Gastronomie auf, das kapholländische Herrenhaus zählt zu den meistfotografierten Motiven am Kap. Hier wurden schon sehr erstklassige Weine ausgebaut, sogar nach Europa transportiert und an den Tafeln europäischer Fürstenhäuser verkostet, weshalb Groot Constantia als Wiege der Winelands gilt.

Per Fahrrad durch die romantisch anmutenden Weingebiete der Kapregion zu radeln, befördert ein sehr besonderes Reisegefühl: Auf der einen Seite steigt Table Mountain bis auf 1088 Meter in die Höhe, auf der anderen ragt der Constantia Berg mit 928 Metern auf, und in Reichweite liegt eine Reihe weiterer historischer Weingüter mit bekannten Namen wie Buitenverwachting, Klein Constantia, Contanti Uitsig und Steenberg. Wer die gesamte Constantia-Wynroute inklusive Verkostung hinter sich hat, wird es zum nächsten Highlight, zu dem Botanischen Garten Kirstenbosch, wohl nicht mehr mit dem Radl schaffen.

Oben: Ziemlich edel: Weingut Groot Constantia
Mitte: Feilschen ist angesagt!
Unten: Der Kontrast zum Strandleben könnte nicht größer sein: Rebstöcke im Constantia Valley gleich nebenan.

Infos und Adressen

ESSEN UND TRINKEN

The Foodbarn. Restaurant und Tapas-Bar. Village Lane/Main Rd., Noordhoek, Tel. 021/789 13 90, www.thefoodbarn.co.za

Café Roux. Café & Treffpunkt mit Livemusik. Village Lane/Main Rd., Noordhoek, Tel. 021/789 25 38, www.caferoux.co.za

Café Olympia. Relaxtes Café und Bäckerei. 134 Windsor/Main Rd., Kalk Bay, Tel. 021/788 63 96, www.facebook.com/OlympiaCafeKalkBay

Tiger's Milk. Restaurant und Bar mit Livemusik. 44 Long St., Muizenberg, Tel. 021/422 07 00, www.tigersmilk.co.za

ÜBERNACHTEN

The Last Word Long Beach. Traumlage an Kommetjies Long Beach. 1 Kirsten Rd., Tel. 021/783 41 83, www.thelastword.co.za

St. James. Drei bildschöne Guesthouses. 108, 96 und 94 Main Rd., St. James, Tel. 021/788 45 43, www.stjamesguesthouses.com

The Inn at Castle Hill. Edwardianische Villa mit Blick auf Kalk Bay. 37 Gatesville Rd., Tel. 021/788 25 54, www.innatcastlehill.co.za

Ausgefallenes Kunstwerk: Sonnenuhr am Strand von Muizenberg auf der Kap-Halbinsel

Edel angerichtet zum Dinner im Weingut Buiten-verwachting im Constantia Valley

De Noordhoek Hotel. Seaside-Hotel. Noordhoek Farm Village, Village Lane, Tel. 021/789 27 60, www.denoordhoek.co.za

Monkey Valley Resort. Romantisch im Noord-hoeker Milkwood-Wald gelegen. Mountain Rd., Noordhoek, Tel. 021/789 80 00, www.monkeyvalleyresort.com

Quayside Hotel. Direkt am Strand. Saint Georges & Wharf St., Simon's Town, Tel. 021/786 38 38, www.aha.co.za/quayside

AKTIVITÄTEN

Groot Constantia. Weingut mit Verkostung, Keller-führungen und zwei Restaurants. Groot Constantia Rd., Constantia, Cape Town, Tel. 021/794 51 28, www.grootconstantia.co.za

Cape Town Travel Blogs. Infos zu Aktivitäten rund um die Kap-Halbinsel. www.capetown.travel/blog

INFORMATION

Cape Town Tourism. The Pinnacle Building, Cnr Burg & Castle Streets, Cape Town, Tel. 021/487 68 00, www.capetown.travel

4 Cape Point
Das Kap der Guten Hoffnung

Wer es auf der Kap-Halbinsel bis zum letzten Zipfel geschafft hat, der kann geografische Extremitäten wie das Nordkap oder Kap Hoorn getrost vergessen. So berauschend wie hier, mit Blick auf den Leuchtturm und fototechnisch vor dem »Cape of Good Hope«-Beweisschild positioniert, wird es nirgends mehr sein. Cape Point ist spirituelle Energie pur und als Southernmost Point die schönste Lüge der Welt.

Vom Kapfelsen auf die größte zusammenhängende Wassermasse der Welt zu blicken, hier, wo die Ozeane sich treffen, das ruft schon ergreifende Gefühle hervor. 7000 Kilometer jenseits des Atlantiks liegt Südamerika, 10 000 Kilometer in die andere Richtung, im Pazifik, Australien. Und 5000 Kilometer geradeaus die Antarktis. Mit etwas Glück begeistert herrliches Fotolicht Hunderte Besucher aus aller Welt, die frühmorgens schon mit der Zahnradbahn »Flying Dutchman« zur Aussichtsplattform und zum Leuchtturm hinauffahren oder bei guter Sicht den Cape Point Lighthouse Walk über unendliche Treppenstufen hinaufsteigen.

Leuchtturm im Nebel

Der alte Cape-Point-Leuchtturm, 1860 auf dem Diaz Point 268 Meter über dem Meeresspiegel erbaut, war mit seinen 2000 Kerzen, die bis zu 70 Kilometer weit hinaus auf die See leuchteten, für die Schiffe da draußen ein Segen. Allerdings nicht immer, weil er viel zu hoch und deshalb häufig im Wolkendunst stand und dann gar nicht zu sehen war, was zahlreiche Schiffe in Havarie brachte. Nachdem 1911 der portugiesische Dampfer »Lusi-

Mitte: Selten so einsam wie auf diesem Bild: der von Heerscharen besuchte Leuchtturm am Cape Point
Unten: Endstation Sehnsucht: Ziemlich umwerfend ist der Blick auf das Kap der Guten Hoffnung.

tania« am Kap zerschellt war, reichte der bloße Kerzenschein des alten Leuchtturms nicht mehr, und ein neuer, der auch bei Nebel besser zu sehen war, wurde bei 87 Metern in die Felsen gesetzt. Die 774 Passagiere der »Lusitania« wurden bis auf acht alle gerettet, weil der beherzte Leuchtturmwärter die felsige Steilküste hinuntergeklettert war und die Rettungsboote mit einer Laterne an Land lotste.

Endstation Sehnsucht

Wer auf der Aussichtsplattform des Diaz Point sein Leuchtturmfoto geschossen hat, muss noch weiter. Zum eigentlichen Kap, wo die berühmte Texttafel »Kaap die Goeie Hoop/Cape of Good Hope – Die mees suidwestelike Punt van die Vasteland van Afrika« für die Gruppenaufnahmen ganzer Busladungen steht. Möglicherweise ist es das meistfotografierte Schild der Welt, im Bewusstsein, an der äußersten Südspitze des afrikanischen Kontinents zu stehen! Was sich bei all den bewegenden Gefühlen als geografische Täuschung entpuppt, denn erst 140 Kilometer südöstlich von hier treffen am Cape Agulhas der Atlantische und der Indische Ozean aufeinander, am geografisch korrekten Southernmost Tip of Africa.

Seit 1939 gehört ein großer Teil der Kap-Halbinsel wegen seiner einzigartigen Fynbos-Vegetation mit Orchideen, Proteen und Dutzender Arten von Erika zum Table Mountain National Park. Auch die Fauna hat einiges zu bieten: Neben 250 Vogelarten sind hier Antilopen, Zebras, Echsen, Strauße und diverse Bockarten zu Hause, ebenso wie die giftige Puffotter und die Kobra. Allerdings werden eher die hier ansässigen Paviane zum Problem, die arglosen Touristen ihre unerwünschte Aufwartung machen und Sonnenbrillen, Handtaschen oder Autoschlüssel entwenden.

ESSEN UND TRINKEN

Two Oceans. Aussichtsrestaurant am Cape Point unterhalb des alten Leuchtturms. Tel. 021/780 92 00, www.two-oceans.co.za

ÜBERNACHTEN

Olifantsbos Cottage. Ruhige und direkt am Strand gelegene Herberge in einem alten Farmhaus. Eland & Duiker Cottages, Buchung für alle drei staatlichen Domizile im Table Mountain National Park im Buffelsfontein Visitors Centre, Tel. 021/780 92 04, www.tmnp.co.za

AKTIVITÄTEN

Wandern. Zahlreiche gut beschilderte Wanderwege führen durch die Reserve wie der Cape of Good Hope Hiking Trail (mehrtägig, 40 km), der Shipwreck Trail, (zweistündig) sowie Kurzwanderwege. Infos und Karten im Buffelsfontein Visitors Centre, Tel. 021/780 92 04, www.tmnp.co.za

INFORMATION

Buffelsfontein Visitors Centre. Am Parkeingang der Cape of Good Hope Nature Reserve, die Teil des Table Mountain National Park ist. Cape Point, Peninsula, Tel. 021/780 92 04, www.tmnp.co.za eun, www.capepoint.co.za

Obligatorisches Gruppenfoto am »Schönsten Ende der Welt«

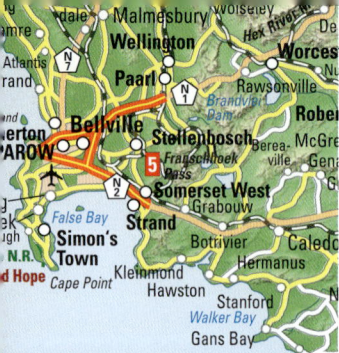

5 Stellenbosch & Co.
Die Weinperlen am Kap

Zwischen Stellenbosch, Paarl, Franschhoek und Wellington sind die Rebstockreihen wie mit dem Lineal gezogen. Im späten Sonnenschein leuchten kapholländische Gutshäuser zwischen den Weinbergen in friesischem Stil mit Sprossenfenstern, Reetdächern und rustikalen Holzbalken-decken. Hier regieren die Perlen der Winelands als kulturelle Herzstücke eine einzigartige Landschaftsromantik.

Von den Vieren schießt die historische Universi-tätsstadt Stellenbosch (200 000 Einwohner) den Vogel ab: 1697 von Simon van der Stel gegründet, ist sie Südafrikas zweitälteste Stadt und »everybo-dys darling«, wovon schon die Fülle gut besetzter Restaurants und Boulevard-Cafés zeugt. Was ei-nem angenehm mediterranen Klima, einem vor-züglichen Weinausschank und zuletzt ganz sicher auch dem vielen Jungvolk geschuldet ist, das in vorlesungsfreien Zeiten die City bevölkert. Die bei Studenten sehr beliebte Universität geht auf das Stellenbosch-Gymnasium zurück, das am 2. April 1918 seine Pforten öffnete. Ihr moderner Ableger The University of Stellenbosch Business School (USB) liegt im internationalen Ranking auf Platz 39 von 100 der weltweit führenden Institute.

Hauptstadt des Weins

Ganz klar gilt van der Stels Stadt mit über 60 Weingütern als die kapholländische Weinbaume-tropole, die 1971 die erste »Wynroete« nach dem Vorbild der deutschen Weinstraßen und der fran-zösischen Routes du Vin ins Leben rief. Zwischen Dorp Street und Braak, dem Marktplatz des at-

Mitte: Der Wein ist Exportschlager ebenso wie die südafrikanische Landschaft.
Unten: Französische Siedler haben den Rebsaft verstanden: Hugenot-ten-Denkmal in der Weinbauperle Franschhoek.

Stellenbosch & Co.

traktiven historischen Zentrums, begegnet man kapholländischen und viktorianischen Architekturperlen auf Schritt und Tritt: Rhenisch Church, Burgerhuis, St. Mary on the Braak, das Pfarrhaus der Rheinischen Mission, Leipoldt House und Moederkerk sind nur einige der Attraktionen. Nicht zu verpassen sind die Trödelboutique Oom Samie se Winkel in der Dorpstraat, das Burgerhuis und das Stellenbosch Village Museum, das Wohnhäuser mit Originaleinrichtungen aus Zeiten der East India Company ausstellt. Rund 200 Weinsorten kann man allein auf der Stellenbosch-Weinroute in über 110 Kellern probieren, wobei die drei nahe gelegenen historischen Weinstädtchen Paarl, Wellington und Franschhoek mit eigenen Weinrouten kräftig mitmischen.

Echt französisch

Cabernet Sauvignons und Shiraz-Weine aus Paarl gehören zur Weltklasse und im chic-stylischen Franschhoek, der Heimat französischer Hugenotten, halten Bistros, Bars, Restaurants und Boutiquen mit erlesenen Angeboten alle freien Winkel rund um die Hauptstraße Huguenot Road besetzt. Die meisten der edwardianisch-viktorianischen Gutshäuser stehen samt liebevoller Accessoires unter Denkmalschutz, einen Besuch lohnt auch unbedingt das renommierte Weingut Boschendal. Nach einer Kellerführung mag der Blick über akkurat gesetzte Rebgärten schweifen, die von hohen Bergen gerahmt und wie gemalt im milden Sonnenlicht liegen. Weder Autobahnen oder Schnellstraßen noch Industriegebiete zerschneiden die biblisch anmutende Landschaft, die sich hier im Tal der Hugenotten wie ein Garten Eden gestaltet. Für das Ambiente der französisch-südafrikanischen Weinhauptstadt braucht es Zeit, sonst rollen die Tränen.

Geheimtipp

WO INSIDER HINGEHEN

Was geht sonntags ab? Welche außergewöhnlichen Eat-Out-Places gibt es? Wo sind die schönsten Weinlokale? All das lässt sich auf der Webseite von Stellenbosch Experience erfahren, und zwar von denen, die es am besten wissen: von Einheimischen, die gemeinsam mit Bloggern Tipps für Freizeit und Urlaub geben. Kategorien wie »Outdoor and Adventure«, »People and Lifestyle« oder »What's on« erleichtern Suchenden die Orientierung, dazu liefern Bilder und persönliche Berichte unverfälschte Einblicke in das, was in Stellenbosch und Umgebung passiert, und natürlich ist die Seite mit sozialen Netzwerken wie Facebook und Twitter verknüpft. Besucher können sich also schon vorher oder vor Ort einen Eindruck in Echtzeit über die Möglichkeiten der südafrikanischen Hauptstadt des Weins verschaffen.

Stellenbosch Experience.
www.stellenboschexperience.co.za

Oude Wellington

Einen Katzensprung vom Weinbaudreieck Stellenbosch, Paarl und Franschhoek entfernt liegt vor den gezackten Gipfeln der Hawequa Mountains das Weinstädtchen Wellington. Ausgerechnet ein deutscher Zahnarzt etablierte hier Rheingauer Weinbautradition. Praxis, Haus und Hof in Deutschland ließen sich gegen eine der ältesten kapholländischen Farmen, Baujahr 1795, eintauschen. Wobei die historische Perle in einem erbärmlichen Zustand war und von Grund auf saniert werden musste. Als Relikt aus der alten Welt prangt heute noch das Praxisschild an der Wand: »Dr. Schumacher, Zahnarzt«. Weinmachen sei der Zahnmedizin gar nicht so unähnlich, erklärt der deutsche Aussteiger und Neuwinzer und schwenkt genussvoll einen dunkelroten Ruby Cabernet im Glas. Was man brauche, sei vor allem ein sachkundiges Händchen. Heute trägt von 31 Hektar Land ein Drittel Rebstöcke, und inzwischen werden auf Oude Wellington 30 000 Flaschen pro Jahr gekeltert. In den Produktionshallen stehen auch eine Weißweinpresse der Firma Görtz-Landmaschinen, Barrique-Fässer aus Frankreich sowie eine kupferblitzende Destillieranlage zur Herstellung von Grappa und Brandy.

GUT ZU WISSEN

FRANSCHHOEK-PASS

Den schönsten Überblick erhalten Besucher bei der Anfahrt auf der R45 über den 1819 erbauten Franschhoek-Pass. Auf Passhöhe (710 m) eröffnet sich der Blick über das zwischen Bergkolossen eingerahmte Tal! Wer die Luxusversion will, bucht eine Ballonfahrt: Es dauert nur zehn Minuten, dann bläht sich das mit 6500 Kubikmeter Heißluft gefüllte Hyperlast-Polyestersegel bis zum Abheben, und unten werden Weingüter und Rebgärten zur Miniatur. www.kapland.de

Oben: Wie aus dem Bilderbuch: kapholländisches Weingut Neethlingshof bei Stellenbosch
Unten: Eine Weinprobe auf einer der südafrikanischen Weinrouten sollte unbedingt drin sein!

Infos und Adressen

ESSEN UND TRINKEN

Wijnhuis. Boulevard-Restaurant mit sehr guter Küche und exzellenten Weinen. Church/Andringa St., Tel. 021/887 58 44, www.wijnhuis.co.za

Jardine Restaurant. Signature Fine Dining. 1 Andringa St., Tel. 021/886 50 20, www.restaurantjardine.co.za

ÜBERNACHTEN

Stellenbosch Hotel. Historisches Ambiente (1876) am Pulsschlag der Stadt. Dorp/Andringa St., Tel. 021/887 36 44, www.stellenboschhotel.co.za

Eendracht Hotel. Stilvolles Boutiquehotel. 161 Dorp St., Tel. 021/883 88 43, www.eendracht-hotel.com

Bonne Esperance. Elegantes Gästehaus. Neethling/Van Riebeeck St., Tel. 021/887 02 25, www.bonneesperance.com

Batavia Boutique Hotel. Stilvolles Boutique-Guesthouse. 12 Louw Rd., Tel. 021/887 29 14, www.batavia-stellenbosch.co.za

De Hoek Manor. Zentral gelegen. 9 Dostdy St., Tel. 021/886 99 88, www.dehoekmanor.co.za

AKTIVITÄTEN

Zevenwacht Wine Estate. Historisches Weingut, Hotel und Restaurant, Kellerbesichtigung. Langverwacht Rd., Kuils River, Tel. 021/900 57 00, www.zevenwacht.co.za

Stellenzicht Vinyards. Das Weingut an den Hängen des Helderberg, Jahrgang 1692, zählt zu den besten der Region. Stellenrust Rd., Stellenbosch, Tel. 021/880 11 03, www.stellenzicht.co.za

Weingut Oude Wellington. Wein- und Brandyverkostung, sehr gutes Restaurant. 622 Bainskloof, R303, Wellington, Tel. 021/837 22 62, www.kapwein.com

INFORMATION

Stellenbosch Tourism. 36 Market St., Tel. 021/883 35 84, www.stellenboschtourism.co.za

Franschhoek Wine Valley. 62 Huguenot Rd., Tel. 021/876 28 61, www.franschhoek.org.za

Landschaftsbilder vom Feinsten: die Cape Winelands bei Wellington

IM LAND DER
guten Weine

Sauber in Reih' und Glied gesteckt: Rebstöcke eines historischen Weinguts in den Winelands des Goldenen Dreiecks

Die Anbaugebiete des Kapweinlands teilen sich in zwei große Hauptregionen: in das vom Atlantik und Indischen Ozean beeinflusste Küstengebiet und das durch Bergketten von der Küste getrennte Inland. Selbst an den Ausläufern der Kalahari, in der trockenen Region der Diamantenstadt Kimberley sowie nördlich von Lamberts Bay an der Westküste prosperieren Südafrikas Rebgärten.

Auf über 110 000 Hektar Rebstockfläche werden von Kleinbauern, Kooperativen und Großweingütern rund 3000 verschiedene Weine produziert. Die Zahlen belegen, dass die südafrikanische Weinproduktion ein nach modernsten Gesichtspunkten geführter Markt ist. Der Ernteertrag liegt mit über zehn Millionen Hektolitern so hoch wie der bundesdeutsche, mit Rebsorten wie Sauvignon Blanc, Chenin Blanc, Chardonnay, Colombar und Cabernet Sauvignon. Der Riesling geht hier mit nur einem Prozentsatz ins Gesamtergebnis ein, dabei ist der deutsche Einfluss auf den Weinbau am Kap mitverantwortlich für die heutigen Spitzenweine »made in South Africa«.

Rheingau vor hundert Jahren

Johann-Georg Graue machte einst mit geschärftem Blick die idealen Bedingungen für den Weinbau am Kap aus, nämlich trockene Böden, kühle Winter, reichlich Sonne und ausreichend Regen und brachte Technik und Wissen aus Deutschland mit. Seinen Sohn Arnold schickte Graue nach Deutschland zurück, um ihn an der Weinbaufachschule in Geisenheim am Rhein ausbilden zu lassen. Im Rückreisegepäck hatte der Junior ein wissenschaftlich aufgebautes Rebveredelungs- und Pflanzmaterialprogramm sowie eine neue Kellertechnik – die aus dem Rheingau stammende Gärführung unter niedrigen Temperaturen. Bald schon hagelte es Goldmedaillen und erste Preise. In den meisten Weingütern produziert deutsche Technik, in langen Reihen sind neben modernsten Kelter- und Tankanlagen prächtige Eichenfässer »made in Germany« aufgestellt – das Know-how der Weinmacher stammt häufig aus deutschen Weinbauschulen wie Oppenheim und Geisenheim am Rhein.

Wein »made in South Africa«

Eigentlich ist der Wein Jan van Riebeeck zu verdanken. Nachdem der 1652 in der Table Bay sein Basislager aufgeschlagen hatte, bat er seine Vorgesetzten bei der East India Company, ihm doch bitte bald Weinstöcke aus Spanien, Frankreich und Deutschland zu schicken. Sieben Jahre später war in seinem Tagebuch zu lesen: »Heute, Gott sei's gelobt, wurde zum ersten Mal aus Trauben vom Kap Wein gepresst!« Über die Qualität des Getränks vermerkte er allerdings nichts. Simon van der Stel entdeckte wenig später ein kleines Seitental unweit von Kapstadt, Constantia, dessen Weinbaubedingungen noch besser erschienen als die Cape Towns und das noch heute die besten Weingüter, die aufregendste Gastronomie und die historischen Gutshäuser unter seinem Label vereinigt.

Im Land der guten Weine

Weinrouten

Ⓐ Botriver Wine Route – »Where real people make real wine« ist der Slogan der Bot River Vineyards Association in der Bot River Region jenseits des 340 Meter hohen Hoewhoek-Passes. www.botriverwines.com

Ⓑ Breedekloof Wine Valley – Wellington, Worcester und Franschhoek sind die Eckpfeiler des ausgedehnten Breedekloof-Weintales, in dem vornehmlich kleinere Familienbetriebe produzieren. www.breedekloof.com

Ⓒ The Darling Wine & Art Experience – Weinbaugebiet zwischen der nach Kapgouverneur Charles Darling benannten Gemeinde Darling und dem atlantischen Küstenstädtchen Yzerfontein an der Westküste. www.darlingtourism.co.za

Ⓓ Durbanville Wine Valley – Anbaugebiet um den knapp 20 Fahrminuten von Kapstadt gelegenen Durbanville, das vor allem Sauvignon Blanc für die Metropoliten produziert. www.durbanvillewine.co.za

Ⓔ Elgin Valley Wine Route – Das Örtchen Elgin bei Grabouw zeichnet sich durch niederschlagsreiches und kühles Klima aus, hier gedeihen Wein und auch Obst hervorragend. www.elginwine.co.za

Ⓕ Elim Wine Growers – Wer durchs Hinterland des Agulhas National Park fährt, traut seinen Augen nicht, wenn plötzlich endlose Reihen von Rebstöcken und hübsche kapholländische Giebelgutshäuser aus dem Braun der Landschaft auftauchen. www.elimwines.co.za

Ⓖ Hermanus Wine Route – Auf ihre nachgefragten Meeressäuger und vornehmlich Pinot Noir und Chardonnay ist die Hauptstadt der Wale schon ziemlich stolz. www.hermanuswineroute.com

Ⓗ Klein Karoo Wine Route – Riesig ist das Weinbaugebiet der Kleinen Karoo, das sich von Montagu im Westen bis zur Straußenstadt Oudts-hoorn und jenseits der Swartberge bis in den kleinen Bergort Prince Albert zieht. www.kleinkaroowines.co.za

Ⓘ Orange River Wine Route – Die Nähe der Kalahari-Wüste und das extrem aride Umfeld lassen kaum vermuten, dass die Region um Upington eine fruchtbare und durch den Orange River gut bewässerte Weinoase ist. www.orangeriverwines.com

Ⓙ Paarl Wine Route – Das Städtchen im Paarltal nördlich von Kapstadt lebt komplett vom Wein, operiert mit der dichtesten Wein-Infrastruktur und ist Standort großer Kooperativen. www.paarlwine.co.za

Ⓚ Plett Winelands – Im Herzen der Gardenroute lässt sich an eine Wein-Route eher nicht denken, eher an Strände: Weit gefehlt; auf bescheidenen 58 Hektar gedeihen bei Plettenberg vorzüglich Sauvignon Blanc, Chardonnay und Pinot Noir. www.plettwinelands.com

Ⓛ Robertson Wine Valley – Zwischen Kapstadt und Klein Karoo produzieren Robertsons 48 Weingüter, auch Rosen und Zuchtpferde gedeihen hier im fruchtbaren Tal des Breede River. www.robertsonwinevalley.com

Ⓜ SA Brandy Homes – Kaum zu glauben, es gibt auch eine südafrikanische Brandy-Route! Und die ist praktisch überall, 23 Produzenten haben sich aus dem Kap-Weinland, dem Northern Cape und der Klein-Karoo dazu zusammengeschlossen. www.sabrandy.co.za

Ⓝ Stanford Wine Route – Das hübsche Örtchen mit der reetgedeckten Kirche aus dem Jahr 1860 liegt mit seinen Rebgärten gleich um die Ecke von Hermanus und der famosen Walker Bay. www.stanfordinfo.co.za

Ⓞ Stellenbosch Wine Routes – Erfinderin der südafrikanischen Wynroute und zweitälteste Stadt und historisch definitiv die südafrikanische Wein-hauptstadt. www.wineroute.co.za

🅿 Swartland Wine & Olive Route – Großes Wein-baugebiet, das sich entlang der Westküste nach Norden zieht. Schiefer-, Granit- und Lehmböden bringen besondere Shiraz-Weine, Pinotage und Chenin Blanc auf die Flaschen.
www.swartlandwineandolives.co.za

🅠 The Constantia Wine Route – Kapstadts ältes-tes Weinbaugebiet mit den historischen Wein-gütern Groot Constantia und Steenberg Estate.
www.constantiawineroute.com

🅡 Tulbagh Wine Route – Schon die Anfahrt über den Bain's-Kloof- oder den Nuwekloof-Pass lohnt sich, und natürlich der gute Wein, aber erst recht das kapholländische Bilderbuchstädtchen selbst.
www.tulbaghwineroute.com

🅢 Vignerons De Franschhoek – Die Weingüter in der Region Franschhoek nennen sich nicht »Estates«, sondern französisch »Vignerons«, die sich zur Weinroute »Vignerons de Franschhoek«

zusammengeschlossen haben.
www.franschhoek.org.za

🅣 Wellington Wine Route – Umgeben von der imposanten Bergkette der Hawekwa Mountains gedeiht im warmen Klima um das ländliche Städt-chen nicht nur ausgezeichneter Rotwein.
www.wellington.co.za

🅤 West Coast Wine Route – Frutti di Mare und Fisch, die an der atlantischen Westküste, zwischen Lamberts Bay und Lutzville, täglich frisch auf den Tisch kommen, passen vorzüglich zu den hier wachsenden Weinen.
www.namaquawestcoast.com

🅥 Worcester Wine & Olive Route – Der meist falsch ausgesprochene Name Worcester (»Wus-ter«) gehört eigentlich einer Stadt des Brandys. Die wartet aber auch mit exzellenten und vielfach ausgezeichneten Weinkellern auf.
www.worcesterwineroute.co.za

6 West Coast
Nordfriesische Impressionen

Die meisten Kapstadt-Besucher machen sich Richtung Garden Route, also nach Osten, davon und überlassen die andere Seite des Kaps mit seiner traumhaften West Coast weitgehend sich selbst – und den Capetonians, die menschenleere Sandbuchten, endlos lange Strände, postkartenreife Leuchttürme, bunte Fischerboote und vorgelagerte Inseln in weiten, schilfbestandenen Wasserlandschaften zu schätzen wissen.

Bis hinauf zur St. Helena's Bay und weiter nördlich erstrecken sich die Arbeitsplätze der Langustenfischer. In Landschaften, die an Schleswig-Holstein erinnern, mit rustikalen Küstenorten, weiß getünchten Fischerkaten, Trockengestellen voller gesalzener Makrelen sowie brandungsstarken Hotspots für Windsurfer, die sich von den bescheidenen Wassertemperaturen (eher unter 15 Grad als darüber) nicht beeindrucken lassen.

Frutti di Mare am Atlantik

Das Landsträßchen R307 führt zu den ersten maritimen Aussichten in Yzerfontein, einem ursprünglich winzigen, romantischen Fischerdorf, wo die frischen Frutti di Mare direkt vom Bootsdeck an die Klientel aus der nur 60 Kilometer entfernten Großstadt verkauft werden, die an den Wochenenden in den weitläufigen, windumwehten Strandarealen der Atlantikküste Ruhe und Erholung sucht. Nur wenige Kilometer vor der Küste liegt Dassen Island, ein Vogelschutzgebiet, wo bis zu 25 000 Brillenpinguine dem Leuchtturmwärter Gesellschaft leisten.

Mitte: Tiefseehafen Saldanha Bay mit Booten der fangstarken Fischereiflotte
Unten: Romantischter Spot an der West Coast: Strand-, Weekend- und Urlaubsidylle Paternoster

Vogelparadies Langebaan-Lagune

Einfach gut!

Zwischen Yzerfontein und Paternoster befindet sich das Herzstück der Westküstenregion, der West Coast National Park. Südlich von Saldanha, der Stadt mit dem größten Hafen der Region, erstreckt sich mit weitläufigen Salzmarschen, Schlick- und Schilfflächen die Langebaan-Lagune, eingebettet vom Sandveld mit seiner für die Kapregion typischen Fynbos-Vegetation: 1200 verschiedene Fynbos-Spezies gibt es hier, die während der Blütezeit einen unglaublich farbigen dicken Blumenteppich produzieren!

Sixteen Mile Beach heißt die schmale Landzunge, die den Atlantischen Ozean von diesem einzigartigen Vogelparadies trennt, das Ornithologen und Naturfreunde aus aller Welt begeistert. Massen von Kaptölpeln, Kormoranen, Brillenpinguinen und Flamingos geben sich in den Feuchtgebieten ein Stelldichein, manchmal sind es bis zu 60 000 Vögel auf einen Schlag. Insgesamt lassen sich über 300 heimische Vogelarten auflisten, wobei im südafrikanischen Sommer riesige Schwärme an Zugvögeln dazukommen. Die meisten sind Sichelstrandläufer, die sich als erstklassige Langstreckenflieger entpuppen; Wissenschaftler fanden heraus, dass die Zugvögel von hier bis in die 15 000 Kilometer entfernte sibirische Tundra nicht länger als eine Woche brauchen – mit kleinen Zwischenstopps meist in Ostafrika und am Schwarzen Meer.

Wird es dann in der Langebaan-Lagune zu eng, dienen die Inseln Jutten, Malgas, Marcus und Schaapen Island in der benachbarten Saldanha-Bucht als zusätzliche Brutgebiete. Am besten lässt sich die Theatervorstellung der Vogelwelt auf einer Bootstour erkunden. Wer an der Felseninsel Malgas vorbeituckert, hört dort das ohrenbetäu-

Muisbosskerm. Das Kuriosum mit dem merkwürdigen Namen ist das beliebteste Strandrestaurant am Atlantic Drive fünf Kilometer südlich von Lamberts Bay; getafelt wird an einfachen Tischen mit Stühlen im Sand, zum Festpreis gibt's fangfrischen Fisch, Hummer, Muscheln und Langusten so viel man essen kann!
Tel. 027/432 10 17,
www.muisbosskerm.co.za
Isabella's. Atmosphärische Fischkneipe auf der Hafenmole mit illustrem Publikum. Vor allem fangfrisches Seafood ist hier gefragt, der Fußboden besteht nur aus Muscheln und Sand. Tel. 027/432 11 77,
www.isabellasrestaurant.co.za
Kreefhuis. Rustikales Hafenrestaurant, das zum Gebrumme der Gabelstapler, die sich mit dem Verfrachten von tropfnassen Hummerkisten abmühen, köstliche Langusten zu eiskaltem Sauvignon Blanc serviert. Täglich landet hier die Trawler-Flotte Frischware an. 4 Strand St.,
Tel. 027/432 22 35

Bloß nicht verpassen: den Open-Air-Fresstempel »Muisbosskerm« am Strand südlich von Lamberts Bay

bende Konzert von 50000 Kaptölpeln. Südafrikanische Huftiere sind mit Buntböcken, Elandantilopen, Gnus, Gemsböcken, Bergzebras und Füchsen im West Coast National Park ebenfalls vertreten, allerdings werden die von dem vielen Federvieh hoffnungslos untergebuttert.

Vater Unser – Paternoster

Eine wahrhaft idyllische Westküstenperle ist das schöne Paternoster, das sich seinen typisch kapholländischen Stil erhalten hat und mit seinen kleinen Fischerhäusern seit eh und je ein Pilgerort für Künstler und Fotografen auf der Suche nach Inspiration ist. Paternoster bezaubert Besucher mit bunten Fischerbooten, fangfrischem Hummer und anderem Meeresgetier sowie dem Cape-Columbine-Naturreservat an der Tietiesbaai gleich nebenan. Während heute der lokale Supermarkt mit der Abteilung »Beer & Wine« die Strandenklave mit eisgekühltem Nachschub versorgt, blieb portugiesischen Schiffbrüchigen von damals nur das Vater Unser – was der makellosen Paternoster-Baai ihren Namen gab.

Ab Velddrif führt eine Küstenstraße über das hübsche Seaside-Domizil Dwarskersbos. Schafe, Kühe und Ziegen stehen auf saftigen Weiden, gesäumt von beeindruckenden Dünenbergen, hinter denen der kalte Atlantik auf endlose Kilometer Sand schwappt. Im windumtosten Hafenstädtchen Lamberts Bay ist die Reise nordfriesischer Bilder noch nicht zu Ende: 250 Kilometer nordwestlich von Kapstadt lockt der Ort mit rustikalen Outdoor-Restaurants und zieht zahlreich die Liebhaber frischer Meeresfrüchte an, die seine Trawlerflotte jeden Nachmittag aufs Neue anlandet. In Sichtweite des Fischereihafens liegt Bird Island, eine Brutkolonie von 10000 Kaptölpeln, die hier ganz ungestört für Nachwuchs sorgen.

Oben/unten: Paternoster: Die »Vater-Unser«-Küsten- und Strandenklave der Maler und Künstler hinterlässt bei jedem Besucher deutliche Spuren im Kopf wie auch der historische Leuchtturm, der Seeleute vor Paternosters gefährlichen Klippen warnt.

Infos und Adressen

ESSEN UND TRINKEN

Die Strandloper. Hippes Seafood-Restaurant. Langebaan, Tel. 022/772 24 90, www.strandloper.com

Driftwoods. Szene-Restaurant mit Seafood, Steaks und Sushi. Bree/Beach Rd., Langebaan, Tel. 022/772 14 13, www.driftwoodslangebaan.co.za

Lobster Port Restaurant. Im »Lamberts Bay Hotel«. 72 Voortrekker St., Lamberts Bay, Tel. 027/432 11 26, www.lambertsbayhotel.co.za

Pearlys. Seafood. Pasta und Cocktails. 46 Beach Rd., Langebaan, Tel. 022/772 27 34, www.pearlys.co.za

The Weskusplek. Geheimtipp in Jacobsbaai. Beach Rd., Tel. 022/715 33 33, www.weskusplek.co.za

Typisches Paternoster-Ambiente mit Strandcafé

ÜBERNACHTEN

Oystercatcher's Haven. Guesthouse mit Traumblick. Columbine Nature Reserve, 48 Sonkwas St., Bekbaai, Paternoster, Tel. 022/752 21 93, www.oystercatchershaven.com

Oystercatcher Lodge. Exklusives Gästehaus mit Atlantikblick. 1st Avenue, Shelley Point, St. Helena Bay, Tel. 022/742 12 02, www.oystercatcherlodge.co.za

Lambert's Bay Hotel. Boutiquehotel. 72 Voortrekker St., Lamberts Bay, Tel. 027/432 11 26, www.lambertsbayhotel.co.za

The Farmhouse. Edles Seaside-Hotel an der Langebaan-Lagune. 5 Egret St., Langebaan, Tel. 022/772 20 62, www.thefarmhousehotel.com

INFORMATION

Cape West Coast Peninsula Tourism. Piet Retief und Main Rd., Vredenburg, Tel. 022/715 11 42, www.capewestcoastpeninsula.co.za

West Coast Tourism. Infos zur West Coast. Moorreesburg, Tel. 022/433 85 05, www.capewestcoast.org

Wie aus einer anderen Welt: In Paternoster, der relaxten Strandperle am Atlantik, scheint die Zeit stehen geblieben zu sein.

7 Cederberg Mountains
Bushmans Kloof Wilderness

**Keine Autostunde östlich von den ausge-
dehnten Strand- und Wasserlandschaften
der West Coast findet in den Cederberg
Mountains zwischen Clanwilliam und Citrusdal das Kontrastprogramm statt. Felsige Trockenlandschaften, die mit ihren
steinernen Monumenten an Arizona erinnern, sprudelnde Wasserfälle, glasklare
Bergflüsse, vegetationssatte Berghänge
und eine Luft zum Durchatmen begeistern
Wander-, Wüsten- und Weinfreunde.**

Das Obststädtchen Clanwilliam im Flusstal des Olifants River ist Ausgangspunkt für einen Besuch
der 71 000 Hektar großen Cederberg Wilderness,
die mit ihren zerklüfteten und über 2000 Meter
hohen Sandsteingipfeln eine Trumpfkarte ausspie-
len kann. Hier kommt auch der Rooibus-Tee her,
der aus den nadelartigen Blättern des Rooibos
(Rotbusch) gewonnen wird, weder Tein noch nen-
nenswerte Gerbstoffe enthält und aufgrund seines hohen Mineralstoffgehalts lindernd bei Kopf-
und Magenschmerzen wirkt und das Immunsys-
tem stärkt.

Bushmans Kloof

Inmitten der felsigen Kulisse hat eine der reichsten Familien am Kap mit der Bushmans Kloof Wilderness Reserve ein Naturparadies erster Güte geschaffen. Die reetgedeckten kapholländischen
Häuser der Luxuslodge liegen in einem üppig-grü-
nen Gartenareal zwischen monumentalen Felsen.
Selten gewordene Cape-Mountain-Zebras, Strauße und einige Antilopenarten sind hier ebenso zu
bestaunen wie Wandmalereien von Buschmännern

Mitte: In großer Zahl finden sich
imposante Felsskulpturen wie
diese in den Cederberg Mountains
bei Ceres.
Unten: Wenig mit Wuppertal gemeinsam: die deutsche Missionsstation Wupperthal in den Ceder-
bergen

Cederberg Mountains

in umliegenden Felshöhlen. Aufgestaute Süßwasserseen und großflächige Pools laden zum Baden inmitten eines Vegetationsrausches aus überbordender Flora ein, die meditative Stille der stylischen Felsen-Lodge lässt die Abreise als eine zwangsläufige Maßnahme erscheinen.

Eine halbe Fahrstunde von hier liegt die ehemals deutsche Missionsgemeinde Wupperthal, wo die beiden deutschen Missionare Baron Theobold von Wurmb und Johann Gottlieb Leipoldt von der Rheinischen Missionsgesellschaft ab 1830 versuchten, den ansässigen Khoikhoi christliche Lebensformen zu vermitteln, wozu 1835 ein hübsches Kirchhaus eingeweiht wurde. Außer Wupperthal existieren noch sechs weitere funktionierende Missionsstationen in der Westkap-Region in Ebenhaezer (1890), Elandskloof (1881), Goedeverwacht (1881), Troe-Troe (1874), Rietpoort (1913), Vergenoed (1935) sowie in Wittewater und Papendorp.

Durch die Heimat von Ceres

Sprudelnde Wasserfälle, reine Bergflüsse, leuchtende Berghänge und glasklare Luft gestalten das Eldorado für Naturfreunde, Wanderer und Weinliebhaber, die rund um die Cederberg Wilderness Area weitläufige Südfruchtplantagen besichtigen können. Ein Drittel aller Kaporangen kommen aus der Region von Ceres, dem Hauptort der Gemeinde Witzenberg, der seine Namensanleihe von der römischen Göttin des Ackerbaus gleich durchgereicht hat an die bekannte südafrikanische Fruchtsaft-Company Ceres, deren Tetrapacks nicht mehr von hier fortzudenken sind. Vor der letzten Etappe zum Kap kann man noch auf der Weinroute entlang des Olifants River vergorenen Rebsaft verkosten und die Natur der Cederberg Wilderness genießen, deren Höhepunkt der 2028 Meter hohe Sneeuberg ist.

Infos und Adressen

ESSEN UND TRINKEN

Michaels On Park. Historisches Landhaus mit gesunder Küche. 30 Park St., Clanwilliam, Tel. 083/627 57 09

The Old Village. Gasthaus aus dem 18./19. Jahrhundert. Modderfontein bei Citrusdal, Tel. 022/921 39 63, www.theoldvillage.co.za

ÜBERNACHTEN

Bushmans Kloof. Luxusresort in den Cederberg Mountains bei Clanwilliam. Tel. 027/482 82 00, www.bushmanskloof.co.za

Citrusdal Country Lodge. Familiengeführtes Hideaway. 66 Voortrekker Rd., Citrusdal, Tel. 022/921 22 21, www.citrusdallodge.co.za

Clanwilliam Lodge. Schöne Country Lodge. Graafwaterweg, Clanwilliam, Tel. 027/482 17 77, www.clanwilliamlodge.co.za

AKTIVITÄTEN

Ceres Zip Slide Adventures. 1 Voortrekker St., Ceres, Tel. 079/245 03 54, www.ceresadventures.co.za

INFORMATION

Cederberg Tourism. Main Rd., Clanwilliam, Tel. 027/482 20 24, www.cederberg.com

Cederberg Wilderness Area. Tel. 021/483 01 90, www.capenature.co.za

Citrusdal Tourism Bureau. 39 Voortrekker St., Tel. 022/921 32 10, www.citrusdal.info

8 Cape Whale Coast
Hermanus und Walker Bay

In den maritimen Paradiesen zwischen Betty's Bay, Hermanus und Gansbaai tummeln sich Wale, Haie, Pinguine und Robben. Aber nicht nur deshalb ist die Autobahn von Kapstadt in östlicher Richtung eine der schönsten der Welt, um im Stau zu stehen: Zum Wochenende machen sich die Capetonians entlang ihrer vielzackigen Bergketten auf zu zahlreichen Traumstränden und Buchten.

Von Gordon's Bay zieht sich die Cape Whale Coast über Hermanus bis nach Gansbaai hin. Das noble Strandstädtchen Hermanus beherbergt nicht nur ein Walbeobachtungszentrum, sondern beschäftigt den kuriosesten Walausrufer der Welt. Der eilt durch Hermanus' Straßen und bläst laut ins Horn, um die Ankunft der Wale zu verkünden. In der Walker Bay nebenan tummeln sich an guten Tagen bis zu 50 oder 60 der riesigen Säuger, die zwischen Juni und September aus den eiskalten Antarktisgewässern in die warmen, geschützten Buchten der Südküste Afrikas ziehen, um sich zu paaren und ihre Jungen zur Welt zu bringen.

Mitte: Wird ihrem Namen gerecht: die Cape Whale Coast vor Gansbaai.
Unten: Terrasse mit Pool und atlantischem Traumblick: Boutiquehotel »Birkenhead House« in Hermanus

Die Bucht: Walker Bay

Wenn die 60 Tonnen schweren und 18 Meter langen Glattwale spektakulär aus dem Wasser schießen, um dann mit gewaltigem Getöse auf der Wasseroberfläche aufzuschlagen, werden die Walbeobachter an Land in hellste Aufregung versetzt. Beinahe waren die Southern Right Wales vor Südafrikas Küsten ausgerottet, Walfangflotten hatten sie Ende des 18. Jahrhunderts massenhaft aus den Ozeanen gezogen, ihr Tran diente zur Herstellung

Warten auf den Weißen Hai vor Gansbaai

von Brennstoff für Lampen sowie als Grundstoff für Seife, Linoleum und Arzneimittel, ihre Barten zur Herstellung von Korsettstangen. Die Populationen erholten sich erst, seit die Wale ab 1935 zunehmend geschützt und ihr Fang 1976 in Südafrika endgültig verboten wurde. Auf der »Cape Whale Route« entlang der Küste lassen sich die zweitgrößten Säugetiere der Erde (Blauwale bringen 200 Tonnen auf die Waage) von Land aus gut beobachten. Vor allem zwischen Mai und August dreht sich hier beinahe alles um die riesigen Meeressäuger, die dann aus antarktischen Gewässern in die warmen, südafrikanischen Buchten einlaufen.

Shark-Watching im Käfig

Wem die friedlichen Meeressäuger zu langweilig sind, der könnte in die Welt der Weißen Haie abtauchen. Den Inselkanal zwischen den Gansbaai vorgelagerten Felseilanden Dyer Island und Geyser Island durchpflügen tonnenschwere, bis zu sechs Meter lange Weiße Haie, deren Faszination groß genug ist, dass dort über ein halbes Dutzend Unternehmen allein mit »shark-watching« beschäftigt ist. Mit »Life-Changing Experience« werben die einen, mit »Jaws of Life« die anderen: Das Abtauchen im Käfig ist ein verlockender Nervenkit-

Nicht verpassen

WANDERN IN DER KOGELBERG NATURE RESERVE
Die Küstenstrecke Route 44 umfährt mit der Kogelberg Nature Reserve ein besonders schönes Stück Bergnatur mit ausgezeichneten Wanderwegen, auf die nur eine begrenzte Zahl Hiker zugelassen sind. Übernachtung in modernen Öko-Holzdomizilen, den Oudebosch Cabins. Beste Zeit ist zwischen August und Oktober während der Fynbos-Blüte.
Kogelberg Trail. 24 km, mit 8 Std. der längste Hike.
Oudebosch to Harold Porter Botanical Garden Trail. 6 km, 3–4 Std., Traumblick an Betty's Bay.
Palmiet River Valley Trail. 10 km, 3 Std., an den Ufern des Palmiet River.
Perdeberg Trail. 16 km, 5–6 Std., Bergwanderung mit Blick auf die Hottentots Holland Mountain Range.
Houhoek Trail. 8 km, 3 Std., Ausblicke ins Bot River Tal.
Mountain Biking Trail. 22 km, 2–4 Std., moderat bis anstrengend.
Kogelberg Nature Reserve. Office Oudebosch, Tel. 021/483 01 90, www.capenature.co.za

69

zel, schon das Anlocken der blutrünstigen Raubfische mit Fischködern verschafft Zuschauern das kalte Gruseln. Weniger Experimentierfreudige begnügen sich mit Scharen von Pinguinen, die von den Klippen Dyer Islands spektakuläre Kopfsprünge in die Brandung vorführen, mit 55 000 Robben auf der Nachbarinsel Geyser Island, und so viele Kormorane, dass zuweilen der Himmel verdunkelt ist.

Südafrikas bester Coast Trip

Auf dem Weg von Hermanus nach Kapstadt lässt sich auf dem Clarence Drive zwischen Kleinmond und Gordon's Bay einer der umwerfendsten Umwege erfahren: Rechts der »Route 44« ragen schottisch anmutende Highlands beinahe 1000 Meter in die Wolken, zur Seeseite reiht sich ein Strand an den anderen: in Kleinmond aufgeräumt familiär, in Betty's Bay inklusive einer putzigen Pinguinkolonie am Stony Point, in Pringle Bay mit beängstigend gebeugten Hangklipfelsen und dem Hangklip Lighthouse. Ab Rooiels langt der Clarence Drive noch einmal richtig zu: Das Ende der Cape Whale Coast führt in verwegenen Küstenserpentinen durch eine Felsskulpturlandschaft direkt am Atlantik entlang.

GUT ZU WISSEN

ATLANTISCH HIKEN

Zahlreiche Küstenwanderwege ziehen sich an der gesamten Cape Whale Coast entlang, von Rooiels an der Koogel Bay über Hermanus an der Walker Bay Nature Reserve vorbei bis nach De Kelders und Die Dam vor Cape Agulhas. Die Küsten-Tracks haben das atlantische Panorama gemeinsam und Strände. Bildschöne Routen hält auch der Beach Comber Guide zwischen Gansbaai und Pearly Beach bereit (www.beachcomberguide.co.za und www.whalecoast.info).

Oben: Die Traumstrecke Clarens Drive heißt offiziell »Route 44«.
Mitte: Kids dürfen in Stony Point bei Betty's Bay ganz nah ran.
Unten: Noch näher ran geht's in der Robbenkolonie auf Dyer Island auch bei sanfterem Seegang nicht.

Infos und Adressen

SEHENSWÜRDIGKEITEN
Whale House & Old Harbour Museum.
Market Square, Marine Drive, Hermanus,
Tel. 028/312 14 75, www.old-harbour-museum.co.za

ESSEN UND TRINKEN
Bientang's Cave. Whale-Watching-Restaurant
und Wine Bar in einer Felshöhle unterhalb Marine
Drive zwischen Old Harbour und dem Hotel Marine
Hermanus. Hermanus, Tel. 028/312 34 54,
www.bientangscave.com

Cocos Island Grill. Restaurant und Cocktail Bar.
Village Square, Marine Drive, Hermanus,
Tel. 028/313 11 78, www.cocosrestaurant.co.za

La Pentola. Fusionsküche am Meer. Shop 4 Ocean
View, Marine Drive, Hermanus, Tel. 028/313 16 85,
www.lapentola.co.za

ÜBERNACHTEN
Birkenhead House. Modern British mit tollem
Blick. 119 11th St., Hermanus, Tel. 028/314 80 00,
www.theroyalportfolio.com/birkenhead-
house/overview

Harbour House Hotel. Traumlage.
22 Harbour Rd., Hermanus, Tel. 028/312 17 99,
www.harbourhousehotel.co.za

Ocean Eleven. Luxuriöses Guesthouse in
ruhiger Lage an den Klippen. 11 Westcliff Rd.,
Hermanus, Tel. 028/312 13 32,
www.oceaneleven.co.za

The Marine Hermanus. Fünf-Sterne-Haus.
74 Marine Drive, Tel. 028/313 10 00,
www.collectionmcgrath.com/hotels/the-marine

The Nantucket Guest House. Edle Herberge.
234 Third St., Voelklip, Hermanus,
Tel. 082/779 17 16, www.nantucket.co.za

Windsor Hotel. Ältestes Seaside-Hotel in Hermanus. 49 Marine Drive, Tel. 028/312 37 27,
www.windsorhotel.co.za

AKTIVITÄTEN
Whale Watching. Bootstrips nach Dyer Islands.
Dyer Island Cruises, 5 Geelbek St., Kleinbaai,
Tel. 028/384 04 06, für Buchungen:
Tel. 082/801 80 14, www.whalewatchsa.com

INFORMATION
Gansbaai Tourism. Kapokblom St.,
Tel. 028/384 14 39, www.gansbaaiinfo.com

Hermanus Tourism. Market St., Old Harbour,
Tel. 028/312 26 29, www.hermanustourism.info

Pinguinkolonie am Stony Point zwischen Clarence Drive und Kleinmond

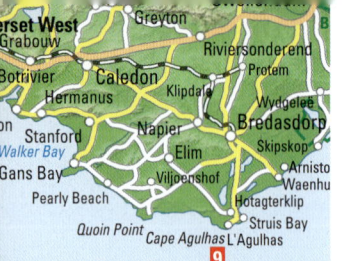

9 Grootbos Nature Reserve
Von Fynbos, Grootbos und Erika

Zwischen Hermanus und dem Fischerörtchen Gansbaai ist in den sanften Hügeln der Swartkrans-Berge mit dem Naturreservat Grootbos eine Beobachtungsstation der anderen Art entstanden. Hier handelt die Geschichte nicht von Walen, sondern von Fynbos und Milkwood, von Asche, Ameisen und von Erika. Weshalb unter den heimeligen Reetdächern von Grootbos ausschließlich über Flora »en miniature« gefachsimpelt wird.

Da sind *Leucospermum* (Nadelkissenblume) oder *Protea obtusifolia* feste Größen. Der Blick von der friesisch anmutenden Biosphären-Lodge geht über riesige Sanddünengebiete, in denen hartnäckig der Strandhafer kämpft, auf unablässig anrollende Wellenberge, die sich an feinsandigen Stränden kleinlaufen. Und so weit das Auge reicht, blüht eine wildromantische Heidevegetation, die typisch ist für das Kap mit ihren vielen endemischen Pflanzen. Studierte Botaniker weihen Neuankömmlinge erst einmal in die Welt der kleinblättrigen Mini-Sträucher, des Fynbos, ein. Natürlich wachsen hier auch größere Büsche (Grootbos) und sogar richtige Bäume, die bis zu 1000 Jahre alten Milkwood Trees. Die seltene Spezies *Sideroxylon inerme* hat sich im Schutzgebiet von Grootbos zum größten Milkwood-Wald Afrikas versammelt. Aufgrund von Mikroklimaten kann die Flora in der nächsten Bucht schon ganz anders aussehen. Von weltweit 860 Arten Erika findet man allein 730 im Blumen-Eldorado am Kap.

Mitte: Nordfriesisch anmutende Bilder: die Fünf-Sterne-»Garden Lodge« der Grootbos Nature Reserve
Unten: Das Grootbos-Entwicklungsprojekt »Green Futures« bildet Einheimische in der eigenen Gartenbauschule zu Fachkräften aus.

Feuergefährliche Fortpflanzung

Ebenfalls phänomenal ist, dass es mit der Fynbos-Vegetation erst richtig losgeht, wenn es
brennt. Denn erst nach einem Feuer öffnen sich
die Samen der Pflanzen im Erdreich und treiben
dann einen noch dichteren, wilderen Bewuchs
hervor – ein Evolutionsbeispiel aus Gebieten, in
denen sonst die Vegetation nach Buschfeuern
aussterben würde.

Von Vögeln und Mäusen

Wie raffiniert das Reproduktionssystem funktioniert, macht ein Botaniker von der Universität
Kapstadt am Beispiel der Protea, Südafrikas Nationalblume, deutlich: Protea-Samen, die zu Boden fallen, werden von Ameisen in ihre unterirdischen Nester verschleppt, aber nur die feine
äußere Hülle wird von den Tierchen verspeist. Die
in den Ameisenbauten vor Vögeln und Mäusen si-
cheren Samenkerne warten jetzt auf Feuer, Asche
und Regen: Erst chemische Stoffe in der Asche,
vom Regen an die Pflanzensamen gespült, stimu-
lieren ihren Wachstum – ohne Feuer geht nichts!
Immer wieder versucht man deshalb, das Naturreservat kontrolliert abzufackeln, doch häufig
macht eine starke Seebrise einen Strich durch die
Rechnung und die einsatzbereite Feuerwehr muss
wieder abrücken. Längst wird von den Initiatoren
der Walker Bay Fynbos Conservancy und der
Grootbos Private Nature Reserve darüber nachge-
dacht, einen geschützten Fynbos-Korridor zusammen mit ökologisch orientierten Eignern bis hin
zum Kap Algulhas zusammenzufügen, um der
Menschheit das Fynbos- und Grootbos-Welterbe
mit insgesamt 9250 blühenden Arten für alle Zeiten zu sichern. Dafür sorgt auch das Grootbos-
Entwicklungsprojekt »Green Futures« mit einer
Gärtnerschule, in der Einheimische aus nahen
Townships zu Gärtnern ausgebildet werden!

Infos und Adressen

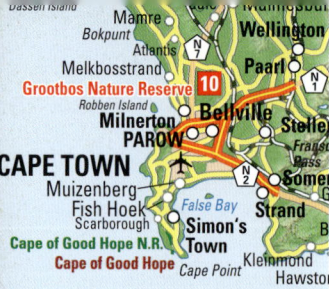

10 Cape Agulhas
Der südlichste Punkt Afrikas!

Zweieinhalb Fahrstunden von Gansbaai entfernt treffen der Atlantische und der Indische Ozean aufeinander, am Cape Agulhas, dem wirklich südlichsten Punkt des Kontinents, der bereits 1488 vom portugiesischen Seefahrer Bartolomeu Diaz umsegelt und wegen zahlreicher Felsklippen und Riffe »Kap der Nadeln« getauft wurde. Unberechenbare Strömungsverhältnisse machten ihn für zahlreiche Schiffe zur Falle.

Wer sich ab Gansbaai über Uilenkraalsmond und Baardskeerdersbos auf eine Reise durchs Strandveld macht, erlebt das bildschöne Hinterland der atlantischen Küste. Ordentliche Bergbrocken wachsen aus dichter Fynbos-Vegetation, ab und an tauchen Farmen und Weingüter in kapholländischem Weiß aus der menschenentleerten Landschaft, dann, irgendwann, die ehemals deutsche Missionsstation Elim. Der Ort im Nirgendwo steht mit seinen geduckten reetgedeckten Häuschen unter Denkmalschutz, besuchenswert ist das klotzige Kirchhaus aus dem Jahr 1835, das auf den Begründer Hans Hallbeck aus Mähren zurückgeht. Die 1764 in Zittau gefertigte Kirchenuhr mit ihrer genialen Mechanik zieht Uhrenfreaks aus aller Welt an.

»Southernmost Tip of Africa«

Danach kommt endlich das »richtige« Kap: Der rot-weiß gekringelte Leuchtturm aus dem Jahr 1848 wurde einst mit Schafsschwänzen befeuert und ist heute Sehnsuchtsziel all jener, denen das Cape of Good Hope nicht ausreicht, um sich am

Mitte: Cape Agulhas Lighthouse am südlichsten Punkt des afrikanischen Kontinents.
Unten: Neubauten halten sich im urtypischen Fischerdörfchen Waenhuiskrans/Arniston in Grenzen – die meisten Behausungen sind einfache Fischerhütten wie diese hier.

Cape Agulhas

allerletzten und wahrhaftig südlichsten Zipfel des afrikanischen Kontinents zu fühlen. Zahllose Kapitäne müssen das etwas anders empfunden haben, wenn 30 Meter hohe Wellen das mit felsigen Riffen besetzte »Kap der Nadeln« und ihre Schiffe heimsuchten, weshalb der Meeresgrund ringsum mit mehr als 120 Schiffswracks übersät ist. Das letzte Opfer zerbrach hier trotz Leuchtturm 1982, und noch heute ist das Wrack des Trawlers »Meisho Maru« als Mahnmal der unberechenbaren Strömungsverhältnisse und Untiefen zu sehen.

Das Lighthouse Museum verrät, dass das pittoreske Stück dem Leuchtturm von Pharos bei Alexandria in Ägypten nachgebaut wurde. Die Stiegen hinauf zur Plattform sind etwas eng, aber es lohnt sich: Von oben auf die verschmelzenden Ozeane zu blicken, wo eine gewaltige Brandung hinter dem zweitmeistfotografierten Schild der Welt (»U is nou op die mees suidelige Punt van die Vasteland van Afrika«) weiße Gischt auf raue Felsklippen donnert, das hat was! Neben dem Lighthouse Museum verrät eine informative Ausstellung von Cape Agulhas Tourism, wohin die Reise als Nächstes geht. Zum Beispiel ins benachbarte Struisbaai, dessen weit gespannter Sandstrand beinahe schon unanständig endlos und bildschön ist, weshalb sich an diesem Ende der Welt eine wachsende Zahl an hübschen Weekend Homes etabliert. Von hier führt eine Piste nach Springfield und Brandfontein, das ein noch viel schöneres und dazu völlig menschenleeres Strandparadies ist und in seiner Unberührtheit zu den Schönsten des Western Cape zählen darf. Für Strandfreaks ist auch der westlichste Zipfel des Agulhas National Park ein Geheimtipp, der sich »Die Dam« nennt. Hinter opulenten Sanddünen versteckt sich ein parkähnlicher Campingplatz mit festen Unterkünften, gleich nebenan donnert die Brandung!

Geheimtipp

WAENHUISKRANS/ ARNISTON

Das hübsche alte Fischerdorf ist eine Überraschung: Die Hälfte seines Ortsnamens verdankt es der 1815 in der Nähe gestrandeten »Arniston«, was 372 Menschenleben gekostet hat. Der burische Teil Waenhuiskrans, was so viel wie »Wagenhaushöhle« bedeutet, geht auf Jäger zurück, die hier in einer großen Höhle ihre Ochsenkarren unterstellten. Noch heute landen Fischer täglich Frischware an, auch wenn am Hafen mit dem »Arniston Spa Hotel« ein rechteckiger Betonklotz protzt und schon eine Menge Kapstädter die ruhige Lage für ihre Weekend Homes entdeckt haben. Überwältigend ist ein endloser Dünenstrand, an dem außerhalb der Ferienzeiten nichts los ist, kilometerweit kann man sich an der Brandung entlanglaufen! Wer Cape Agulhas besucht, ist hier praktisch gleich um die Ecke.

Waenhuiskrans/Arniston.
www.arnistonhotel.com

De Hoop Nature Reserve

Am Ende einer staubigen Piste durch eine Art Niemandsland überraschen prachtvolle kapholländische Architekturbauten, historische Herrschaftshäuser und liebevoll zu Herbergen umgebaute Stallungen an den Ufern eines riesigen Sees, den der Salt River speist. Jenseits gewaltiger Sanddünengebiete, die schroff zum Indischen Ozean abfallen, donnern riesige Brecher gegen felsige Klippen. 35 000 Hektar ehemaliger Farmgebiete umfasst die De Hoop Nature and Marine Reserve östlich von Kap Agulhas, die der Staat in den 1960er-Jahren aufkaufte und renaturierte. Vor der Küste ist die Kinderstube der Südlichen Glattwale, an Land bietet die Natur 1400 Pflanzen-, 250 Vogel- und an die 100 Säugetierarten auf, was De Hoop zu einem sehr besonderen, aber aufgrund der umständlichen Anfahrt nicht übermäßig besuchten Reiseziel macht. Zusammen mit dem Staatseigner betreibt die private De Hoop Collection diesen abgelegenen Winkel der Natur. Für Übernachtungsgäste steht zwischen August und November hauptsächlich Whale Watching auf dem Programm, ansonsten neben einer Reihe von organisierten Aktivitäten vor allem Relaxen in der stillen, entrückten Natur.

GUT ZU WISSEN

TWO OCEANS HIKE

Im 70 mal 25 Kilometer großen Agulhas National Park gehört der Two Oceans Hiking Trail zu den Attraktionen, weil er Wanderer durch das einzigartige Areal des Cape Floral Kingdom führt; über 200 der hier vorkommenden 250 Pflanzenspezies sind endemisch, d. h. sie existieren nirgendwo sonst. 230 Vogelarten und 60 Säugetierarten lassen auch die Fauna selbstbewusst auftreten, Vogelfreunde reisen vor allem wegen dem seltenen Schwarzen Austernfischer an.

Oben: De Hoop: Sundowner im Dünenwunderland
Mitte: Im Hinterland der Küste: die ehemalige Missionsstation Eilm
Unten: Cape Aghulhas: gekonnter Freudensprung über der grünspanigen Gedenktafel aus Kupfer

Infos und Adressen

ESSEN UND TRINKEN

L'Agulhas Seafoods. Fischimbiss. Main Rd., Cape Agulhas, Tel. 028/435 72 07

Pelican's Harbour Café. Nachgefragter Fischimbiss am Hafen von Struisbaai. Hawe Rd., Tel. 028/435 65 26, www.facebook.com/pelcians

The Michael Collins Irish Pub & Restaurant. Schöner Biergarten. 21 Malvern Drive, Struis Bay, Tel. 028/435 79 79

ÜBERNACHTEN

Agulhas Ocean Art House. Nettes Küstenhotel mit Kunstgalerie. Marine Drive, 4 Main Rd., L'Agulhas, Tel. 028/435 75 03, www.agulhasarthouse.com

Arniston Spa Hotel. Vier-Sterne-Haus mit Meerblick. 1 Beach Rd., Arniston, Tel. 028/445 90 00, www.arnistonhotel.com

Arniston Seaside Cottages. Kapholländische Häuser in Arniston. Kontakt: Tel. 028/445 97 72, www.arnistonseasidecottages.co.za

De Hoop Collection. Historisches Gutshaus, Cottages und Farmhäuser für Familien und Gruppen. De Hoop Nature Reserve, Tel. 021/422 45 22, www.dehoopcollection.co.za

Southernmost B&B. Gleich neben dem Leuchtturm. 2 Lighthouse St., Agulhas, Tel. 028/435 65 65, www.southermost.co.za

AKTIVITÄTEN

Agulhas National Park. Strände, Schiffswracks und eine blühende Kap-Flora erwarten Wanderer. www.sanparks.org

De Hoop. Dünenwandern, Quadbiken, Mountainbiking, Vogelbeobachtung und Bootstrips. www.dehoopcollection.co.za

Wandern ums Kap Agulhas. Ab Leuchtturm auf dem Spookdraai Hiking Trail (4 km) und dem Rasperpunt Hiking Trail (5,5 km)

INFORMATION

Cape Agulhas Tourism Bureau. Besucherzentrum. 22 Long St., Bredasdorp, Tel. 028/424 25 84, Cape-Agulhas-Leuchtturm, www.xplorio.com/agulhas

Gewaltige Dünenberge ziehen im De Hoop Nature Reserve Besucher an diesen besonders sandigen Fleck des Indischen Ozeans.

GARDEN ROUTE UND WILD COAST

11 Swellendam
Kapholländische Schatzkiste

Auf halbem Weg zur Garden Route liegt an den Hängen der Langeberg Mountains Swellendam, Südafrikas drittälteste Stadt. Das liebevoll restaurierte Schmuckstück aus dem Jahr 1745 weist eines der interessantesten Museumskomplexe des Landes auf: Seine Drostdy, der einstige Verwaltungssitz in der Swellengrabel Street, spiegelt den Lebensstil des 18. und 19. Jahrhunderts wider.

Die meisten der georgianischen, kapholländischen und viktorianischen Architekturperlen des 10 000-Einwohner-Städtchens reihen sich in der Voortrek Street wie auf einer Schnur auf. Im 1838 errichteten Oefeningshuis, das als Kirche und später als Schule für befreite Sklaven diente, versorgt das Tourist Office Besucher mit Infos zur reichhaltigen Geschichte. Von Swellendams alles überragendem Prachtbau, der Dutch Reformed Church, behaupten Einwohner, sie sei nach Cape Agulhas und Cape Point das dritthäufigste Fotomotiv im Land. Sie entstand 1910 in der Blütezeit des historischen Örtchens und ist geprägt von Gotik-, Renaissance- und Barockelementen.

Am stilechtesten genießen lässt sich Swellendam mit einer B & B-Übernachtung in einem der kapholländischen Gebäude, die mit Interieurs vergangener Zeiten aufwarten. Guten Geschmack findet man auch in der vorzüglichen Küche Swellendams, allerdings soll es tatsächlich noch Einwohner geben, die ihr Geld nicht im Reisesektor verdienen, sondern wie eh und je Raps und Getreide anbauen. Wer keine Historie vorzeigen und nicht gut kochen kann, züchtet Schafe.

Seite 78/79: Die Knysna Heads an der Einfahrt zur Knysna-Lagune
Mitte: Die Dutch Reformed Church stellt alle anderen sakralen Bauten in den Schatten.
Unten: Swellendams Drostdy in der Swellengrabel Street beherbergt ein Museum.

Bontebok National Park

Das Schutzgebiet unweit von Swellendam lässt sich auf dem 15 Kilometer langen Eastern Drive und der 20 Kilometer langen Western Route im eigenen Pkw durchfahren. Neben Buntböcken, denen ihr schönes Fell Ende des 19. Jahrhunderts beinahe zum Verhängnis geworden wäre, zeigen sich in dem 2800 Hektar großen Areal auch seltene Cape-Mountain-Zebras, diverse Antilopenarten, Springböcke und Kapfüchse. Fünf Wanderwege führen durch die idyllische Natur des Breede River, in dem sich ein erfrischendes Bad nehmen oder am Flussufer in Ruhe picknicken oder angeln lässt.

Marloth Nature Reserve

Das wirkliche Naturwunder aber erhebt sich als aufrechte Gebirgskulisse gleich hinter dem Ortskern Swellendams: Die Langeberg Mountains ragen bis zu 1450 Meter empor und ein Teil davon besetzt die schon seit 1928 nicht ohne Grund bestehende Marloth Nature Reserve. Verschiedene Wanderwege führen durch uralte Wälder mit beeindruckenden Baumriesen an sprudelnden Bächen und Wasserfällen vorbei, zunächst bis The Plaat auf 600 Metern Höhe. Im südafrikanischen Frühjahr explodiert hier die Kapflora mit ihrem Blütenfundus aus Proteen und Erika. Wer fit genug ist, schafft auch noch The Peaks (Tienuurkop, 1195 m; Twaalfuurkop 1450 m), die atemberaubende Ausblicke auf die gesamte Langeberg Mountain Range bieten (Routenlänge zwischen 3–16 km). Hier fest im Sattel zu sitzen zählt zu den schönsten Naturhighlight-Aktivitäten der Karoo, in zweifacher Hinsicht: Die alten Forst- und Plantagenstraßen sind ideale Tracks für Reiter und Mountainbiker. Wer für Swellendam nur einen Stopover einbaut, könnte das vor Ort sogleich bereuen.

Infos und Adressen

SEHENSWÜRDIGKEITEN

Drostdy Museum. 8 Voortrek St., Tel. 028/514 11 38, www.drostdy.com

ESSEN UND TRINKEN

La Sosta. Prämierter Italiener mit acht Tischen, Reservierung notwendig. 145 Voortrek St., Tel. 028/514 14 70, www.lasostarestaurant.com

Oald Gaol. Gartenrestaurant in toller Lage. 8a Voortrek St., Tel. 028/514 38 47, www.oldgaolrestaurant.co.za

Woodpecker Pizza Deli. Italienische Küche. 270 Voortrek St., Tel. 028/514 29 24

ÜBERNACHTEN

Aan de Oever. B & B in einem kapholländischen Haus. 21 Faure St., Tel. 028/514 10 66, www.aandeoever.com

Bloomestate. Luxusherberge in herrlichem Garten mit Pool. 276 Voortrek St., Tel. 028/514 29 84, www.bloomestate.com

AKTIVITÄTEN

Wandern und Reiten. Bontebok National Park, www.sanparks.org; Marloth Nature Reserve, www.capenature.co.za

INFORMATION

Swellendam Tourism Organisation. 22 Swellengrebel St., Tel. 028/514 27 70, www.swellendamtourism.co.za

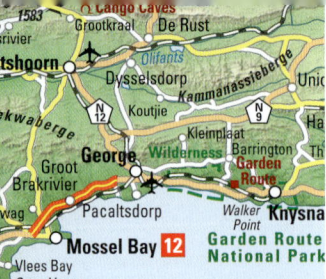

12 Südafrikas Garden Route
George und Mossel Bay

George ist das Tor zur Garden Route. Von hier windet sich die berühmte und längste Panoramastrecke Südafrikas über Hunderte landschaftlich spektakuläre Kilometer durch fruchtbare Vegetationsgebiete die Küste entlang bis nach Port Elizabeth: mit malerischen Buchten, einsamen Stränden, steil aufsteigenden Felswänden, naturgeschützten Feuchtgebieten und Wanderwegen durch urweltliche Wälder.

Das 440 Kilometer von Kapstadt entfernte und malerisch von der Outeniqua Mountain Range mit den städtischen Hausbergen Cradock Peak (1578 m) und George Peak (1337 m) umgebene George bildet zusammen mit dem benachbarten Mossel Bay (beide je mind. 200 000 Einwohner) das urbane Drehkreuz der gesamten Küstenregion.

»Es war einmal«, ließe sich sagen, eine romantische Holzfällersiedlung namens George – aus der 1811 ein Verwaltungssitz wurde, der im Verlauf seiner rasanten Entwicklung seinen Reiz verlor. Den Städtern scheint das rein gar nichts zu machen, immer noch vorhanden sind die beiden Kirchen Saint Mark's Cathedral (1850) und die niederländisch-reformierte Moederkerk (1842), die an alte Zeiten erinnern, und wer es in Letzterer die 85 Treppenstufen des Uhrturmes hinauf geschafft hat, wird mit einem Panoramablick aus 30 Metern Höhe belohnt. Und schließlich liegen die Küstenvororte Herold's Bay, Victoria Bay und Glentana gleich vor der Haustür. Spaziergänge am Indischen Ozean, Baden im Gezeitenpool, Wanderungen bei Ebbe die Küste entlang, Wellenreiten

Mitte: Die Outeniqua Mountain Range steigt bei George bis auf knapp 1600 Meter.
Unten: Herold's Bay ist eine der vielbesuchten Sandbuchten bei George, wo das urbane Strandleben tobt.

Atemberaubender Blick: Victoria Bays

sowie Angeln stehen hier auf der Liste der Aktivitäten, und zwischen Juni und November zeigen sich sogar in den Buchten kreuzende Glattwale. Lange Zeit war das idyllische Victoria Bay ein Geheimtipp, allerdings sind in der engen Bucht die Immobilienpreise inzwischen astronomisch angestiegen. Auch Herold's Bay, zu dem sich eine Serpentinenstraße hinunterschlängelt, hat einen schönen Sandstrand, ist aber ebenfalls eng und bebaut, sodass hier am Wochenende und in den Ferienzeiten kaum mehr ein Parkplatz zu bekommen ist.

Outeniqua-Choo-Tjoe

Das Herzstück der Garden Route hatte sich der Outeniqua-Choo-Tjoe-Dampfzug ausgesucht, der zwischen George und Knysna durch geradezu unwirklich schöne Landschaftsszenarien aus Wäldern, Seen und Flüssen durchschnaufte, weshalb George die Eintrittskarte zur Garden Route war. Vollends blieb den Passagieren der Atem weg, wenn Lok und Waggons aus der ersten Hälfte des 20. Jahrhunderts auf der alten Stelzenbrücke beim Küstenörtchen Wilderness stampfend und tutend über den Kaaimans River ratterten. Über 100 000 Passagiere transportierte der Oldtimer-

Nicht verpassen

BIG-FIVE-SAFARI

Nach einer halben Stunde Fahrt von Mossel Bay taucht das Gate der Gondwana Private Game Reserve auf. Das 11 000 Hektar große Schutzgebiet versammelt tatsächlich die »Big Five«, nämlich Löwen, Nashörner, Elefanten, Leoparden und Büffel, auf seinem Areal sowie Elenantilopen, Giraffen, Flusspferde, Gemsböcke, Geparden und Zebras. Das Umfeld mit Ausblicken auf die Langeberg und Outeniqua Mountains könnte kaum schöner sein. Dichte Fynbos-Vegetation überdeckt Hügel und tiefeingeschnittene Täler. Der Weckruf kommt pünktlich um fünf Uhr früh, noch vor sechs Uhr rattern die Safari-Landcruiser los. Wem die Game Drives zu anstrengend sind, findet erstklassige Golfplätze gleich vor der Haustür der komfortablen Gondwana Lodges.

Gondwana Game Reserve. Kwena Lodge/Gondwana Lodge, Mossel Bay, Tel. 044/333 02 00, www.gondwanagr.co.za

Zug jährlich und zählte zu den Höhepunkten der Garden Route. Seit die Strecke nach schweren Regenfällen stillgelegt werden musste, ist für den Luxus der Langsamkeit nur noch das Outeniqua Transport Museum in George zuständig. Dampfeisenbahn-Fans werden schon beim Anblick der beiden Lokomotiven 19D (Jahrgang 1937) und 24 (Jahrgang 1948) enthusiastisch.

Siedlungsbrei Mossel Bay

Westlich von George breitet sich mit ausufernden Siedlungs- und Townshipgebieten »Mossel Baai« aus, wie der holländische Kapitän Paulus van Caerden 1601 die bildschöne Bucht taufte, die außer Bergen von Muscheln nichts wirklich Nützliches aufbot. Inzwischen hat sich die Muschelbucht ähnlich wie George zu einer quirligen Hafenstadt entwickelt, die ihre Existenz hauptsächlich aus der heimischen Fischindustrie sowie vorgelagerten Erdgas- und Ölbohrinseln bestreitet. Für Besucher ist das Bartolomeu Diaz Museum im Zentrum zwischen Church Street und Pouwrie Street interessant, das von den Kirchtürmen der niederländisch-reformierten Klipkerk (1879) und der Saint Peter's Anglican Church (1879) markiert wird.

Oben: Romantik pur, aber stillgelegt wie der Zug: die alte Eisenbahnbrücke des Outeniqua Express bei Knysna
Mitte: Gärtner in George's National Monument Fairview Homestead
Unten: Wie Bayern: Hopfenanbau am Fuße der Outeniqua-Berge

GUT ZU WISSEN

LEIDENSCHAFT GOLFEN

Mehr als 600 Golfplätze bringt Südafrika in Sachen Abschlag und Einputten auf die Beine. Zu den historischen Greens zählen Kapstadts The Royal Cape (1882) sowie Johannesburgs Royal Golf Club (1890). Weltbekannt ist der Gary Player Country Club in Sun City, aber auch George und Mossel Bay sind beim Top-Class-Golfen mit dabei: Das Fancourt Golf Resort mit seinen drei 18-Loch-Plätzen zählt zu den Weltklasse-Spots der Golfelite.

Infos und Adressen

SEHENSWÜRDIGKEITEN

Dias Museum Complex. Nachbau von Diaz' Caravelle. 1 Market St., Mossel Bay, Tel. 044/691 10 67, www.diasmuseum.co.za

Outeniqua Transport Museum. Eisenbahnmuseum. 2 Mission Rd., George, Tel. 044/801 82 89, www.outeniquachootjoe.co.za

ESSEN UND TRINKEN

Kaai 4. Seafood genießen und die Füße in den Sand stecken! Mossel Bay Harbour, Tel. 044/691 00 56, www.kaai4.co.za

ÜBERNACHTEN

Acorn Guesthouse. Zentral in der Kerk Street. 4 Kerk St., George, Tel. 044/874 04 74, www.acornguesthouse.co.za

Diaz Beach Hotel & Resort. Beach Boulevard East, Diaz Strand, Mossel Bay, Tel. 044/692 84 00, www.diazbeach.co.za

Fancourt Golf Resort. Top Spot der Golf-Elite. Montagu St., George, Tel. 044/804 00 10, www.fancourt.com

Für Eisenbahn-Fans die Top-Adresse: das Outeniqua Transport Museum in George

Nationalmonument zum Absteigen: das historische Gästehaus »Fairview Homestead« in George

Malvern Manor. Landhaus. De Zoete Inval Farm Estate bei George, Tel. 044/870 87 88, www.malvernmanor.co.za

Ou Pastorie. Guesthouse in toller Lage neben der George Moeder Kerk. Courtenay St., George, Tel. 044/873 22 95, www.oupastorie.co.za

Paradise Cove. Gästehaus in Victoria Bay Heights. George, Tel. 044/889 03 62, www.paradisecove.de

AKTIVITÄTEN

Golfen. George Golf Club, C J Langenhoven Rd., Tel. 044/873 61 16, www.georgegolfclub.co.za, und Mossel Bay Golf Club, 17 Avenue, Tel. 044/691 23 79, www.mosselbaygolfclub.co.za

Outeniqua Hop Route. Trails für Mountainbiker. www.outeniqua-hop-route.co.za

INFORMATION

George Tourism Office/Outeniqua Tourism. 124 York St., George, Tel. 044/801 92 99, www.georgetourism.org.za

Mossel Bay Tourism Bureau. Church/Market St., Mossel Bay, Tel. 044/691 22 02, www.visitmosselbay.co.za

GÜNSTIG UND
authentisch durch Südafrika

Das schönste Ende der Welt zeigt sich hier mit City Bowl, Tafelberg und Kapstadts Atlantic Seaboard aus der gehobenen Perspektive.

Man braucht kein dickes Bankkonto, um Südafrika zu bereisen. Das Land der unbegrenzten Möglichkeiten bietet für wenig Geld ein Maximum an Erlebnis und Abenteuer, und zwar nicht nur Backpackern und Campern. Der günstige Kurs des Euro zum Rand, Billigflugangebote sowie preiswerte Übernachtungen lassen den Budget-Markt boomen, speziell in der Nebensaison – im südafrikanischen Winter, außerhalb der Schulferien und im Mai/Juni.

Unterwegs mit dem Bus

Die beste Möglichkeit, Kontakte zu Einheimischen zu knüpfen, sind Fahrten mit dem Bus. Besonders zu empfehlen ist die 1995 gegründete Baz Bus Company, die ein intelligentes Hop-On/Hop-Off-System auf der Route zwischen Kapstadt und Johannesburg/Pretoria installiert hat, das mit vielen Stopps mehr als 180 Backpacker Hostels in über 40 Städten ansteuert. Zusätzlich sind Tagesausflüge, Wildlife-Touren oder mehrtägige Touren z. B. im Kruger National Park dazu buchbar (www.bazbus.com).

Auch moderne Fernreisebusse bieten sich an wie Translux, Greyhound und In-tercape, die größere Städte im ganzen Land verbinden. Preiswerte Tickets und zeitlich begrenzte Pauschalpässe machen diese Art des Reisens erschwinglich.
www.translux.co.za
www.greyhound.co.za
www.intercape.co.za

Backpackers

Nahezu alle Rucksackhotels sind in den Reiseratgebern Coast to Coast und Alternative Route gelistet, inklusive Preise, Sonderaktionen und Extraleistungen, zu denen zum Beispiel der Abholservice von der Baz-Bus-Haltestelle zählt. Ausstattung und Lage ist oft zentral, und ein Schlafplatz im Mehrbettzimmer schon

Sightseeing im Karoo-Wüstenstädtchen Matjiesfontein

ab 8 Euro zu haben, eine Mahlzeit ab 5 Euro.

Coast to Coast. The Backpacker's Guide to Southern Africa. PO Box 547, Simon's Town, Cape Town, Tel. 021/780 10 42, www.coasttocoast.co.za

Alternative Route. Jacques – Backpacking South Africa. PO Box 3, Kalk Bay, Western Cape, Tel. 082/927 35 52, www.alternativeroute.net

Camping

Freunde des Campens kommen in Südafrika auf ihre Kosten. Zum einen ist das Klima ganzjährig mild und perfekt zum Outdoor-Übernachten, zum anderen wartet Südafrika mit über 700 Camping-plätzen auf, die oft in traumhaften Lagen direkt am Strand und in Nature Reserves/Nationalparks liegen. Diese bieten überraschend guten Komfort, was ganz sicher dem Outdoor Lifestyle der Südafrikaner geschuldet ist, für die sich ein Leben ohne Braai (Grillen) und Sundowner unter freiem Sternenhimmel kaum vorstellen lässt. Schon ab 7 Euro pro Stellplatz geht es los, Zelt und Ausrüstung kann man in jeder größeren südafrikanischen Stadt kaufen. Wer lieber mieten möchte, bekommt über das Internetportal Drive and Camp alles, was das Outdoor-Herz begehrt, über Britz und Camper Hire auch Wohnwagen. Der größte Vermieter von Campingfahrzeugen, KEA Campers, ist auch in deutschen Reisebüros buchbar.
www.britz.co.za
www.driveandcamp.com
www.keacampers.co.za
Weitere Infos unter:
www.southafrica.net/za/de/articles/entry/article-camping-in-south-africa

Guesthouses

www.bedandbreakfast.co.za
www.portfoliocollection.com
www.sa-venues.com
www.airbnb.de

»Big Five« für kleines Geld

Die preiswerteste Variante, Wildlife zu erleben, sind staatliche Nationalparks, die für Selbstversorger in Safarizelten mit Küche ab 50 Euro pro Nacht zu haben sind (www.sanparks.org).

Die Zukunft dieser Jungs aus Willowmore hängt vom ANC-Pokerspiel um die politische Macht ab.

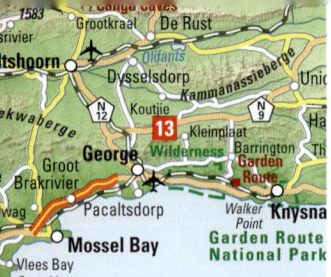

13 Wilderness | National Park
Wilderness und Sedgefield Mouth

Das Strandpanorama von Wilderness ist schon gewaltig: Mächtig donnert die Brandung des Indischen Ozeans auf einen opulent breiten und langen Sandbeach – nicht selten, dass die Konturen des Örtchens im Gischtnebel verschwimmen. Einst von Künstlern, Anglern und anderen stilsicheren Individualisten als Wohn- und Weekend-paradies geschätzt, ist Wilderness heute ein schnell erreichbarer Vorgarten von George.

Wer auf der N2-Autobahnstelzenbrücke über den Storms River in die letzte Linkskurve geht, dem stockt der Atem. Der Fuß will auf die Bremse, der Blick auf die Projektionsfläche einer Breitleinwand, für die es aus gutem Grund eine viel genutzte Haltebucht gibt: Ein Naturspektakel aus Lagunen, Sandflächen, dampfender Brandung und Bergketten tut sich da unten auf, weshalb die Perle der Wildnis zu den besten Spots der Garden Route zählt.

»Most spectacular landscape«

Wenngleich ein nicht wenig gieriger Immobilienmarkt immer mehr Sahnestücke besetzt, wurde der größte Teil dieses Terrains als Wilderness National Park (inzwischen ein Teil des Garden Route National Park) geschützt. Nach wie vor befindet sich ein Wildgartenparadies zwischen Stränden, Dünen und Bergen, bestehend aus Flüssen, Seen, Lagunen, Inseln, Sümpfen, stillen Wasserarmen und sprudelnden Bächen. Die verwaiste Kaaimans

Seite 89: Eine ordentliche Gangschaltung braucht's für Biker im Gebirgsort Prince Albert.
Mitte: Küstenabschnitt zwischen Knysna und Wilderness
Unten: Weekend-Ziel naturhungriger Städter aus George gleich nebenan: Wilderness

Wilderness National Park

River Bridge war bis zu ihrer Stilllegung die meistfotografierte Eisenbahnbrücke Südafrikas. Natur-
und Vogelfreunde werden den sieben Kilometer
langen Kingfisher Trail lieben sowie die Wanderwege in der Goukamma Nature Reserve, die durch
das weitläufige Küstenschutzgebiet zwischen Wilderness und Buffels Bay führen. Vögel kommen in
der immergrünen Vegetation in unfassbaren Mengen vor: Je nach Jahreszeit versammeln sich in
der Region bis zu 25 000 Wasservögel aus 250 bislang sicher identifizierten Arten.

Hotspot für Aktivsport

Längst haben sich in diesem Umfeld Aktivsportarten wie Paragliding, Abseiling, Klettern und
Wellenreiten etabliert. Wer Ruhe sucht, gleitet im
Kanu durchs stille Wasser, was sich auch als geführte aquatische Reise in vier Tagen auf dem
Wilderness Canoe Trail buchen lässt. Küstenwan-
derer gehen auf dem sechsstündigen Beach Walk
zwischen Kleinkrantz und Gericke's Point, dessen
14 Kilometer nur bei Ebbe zu schaffen sind, Hiker
auf einem der fünf Wander-Tracks im Nationalpark, die entlang der Gewässer auf die Spuren der
Eisvögel führen. Östlich von Wilderness liegt die
2230 Hektar große Goukamma Nature & Marine
Reserve an der halbmondartigen Badebucht Buffelsbaai. Grüne Meerkatzen, Buschböcke, Tümmler,
Austernfischer, Brillenpinguine und Glattwale be-
wohnen das Goukamma-Naturparadies, das sich
nur zu Fuß, per Kanu oder zu Pferde erschließt.

Wem der Beach von Wilderness nicht reicht, fährt
ein Stück weiter bis Sedgefield, wo am malerischen Sedgefield Mouth der Sedgefield Beach
zum Myoli Beach und dieser zum Cola Beach führt,
bis kurz vor Brenton-On-Beach die sieben Kilometer lange Buffelsbaai zu einem noch größeren
sandigen Erlebnis am Indischen Ozean wird!

Infos und Adressen

ESSEN UND TRINKEN
**Beejuice Café @ Wilderness
Station.** 58 Sands Rd.,
Tel. 044/877 06 08,
www.beejuicecafe.co.za

ÜBERNACHTEN
Haus am Strand. Der Name
spricht für sich! 83 Sands Rd.,
Tel. 082/298 46 13,
www.hausamstrand.com

Moontide Wilderness. Romantische Gäste-Lodge an der Tow River
Lagune. Tel. 044/877 03 61,
www.moontide-wilderness.co.za

7 Passes. Luxuriöses Zeltcamp.
Mandalay Farm, 7 Passes Rd.,
Woodville, Tel. 079/403 65 85,
www.7passes.co.za

Views. Boutiquehotel in Traumlage auf den Dünen. South St.,
Tel. 044/877 80 00,
www.viewshotel.co.za

Xanadu. Luxuriöse Gästevilla
am Strand. 43 Die Duin,
Tel. 044/877 00 22,
www.xanadu-wilderness.co.za

AKTIVITÄTEN
Canoing und Abseiling. Eden
Adventures, Tel. 044/877 01 79,
www.eden.co.za

Reiten. Black Horse Trails. Abzweig
Hoekwil Richtung Sedgefield,
Tel. 082/494 56 42,
www.blackhorsetrails.co.za

INFORMATION
Wilderness Tourism. George Rd.,
Tel. 044/877 00 45,
www.georgetourism.org.za und
www.visiteasterncape.co.za

14 Knysna
Maritimer Küstentraum

Mit einer lebendigen touristischen Infrastruktur liegt das Küstenstädtchen wie gemalt an seiner Lagune, die als National Lake Area unter Naturschutz steht. Restaurants, Bars und Stege mit Blick auf schaukelnde Boote laden zum Genießen ein, nicht ohne Grund bezeichnet sich dieses Knysna mit dem schwierigen Namen (gesprochen: Naisna) als »Perle der Garden Route«.

In der Sprache der Khoi bedeutet Knysna so viel wie »Platz des Holzes«, seit 1817 entwickelte sich der günstig gelegene Hafenplatz zum Holzumschlagplatz. Holzindustrie und Fischfang funktionieren immer noch, aber weitgehend lebt das Küstenstädtchen vom Tourismus. Seine bildschöne Lagune rahmen zwei mächtige Sandsteinbrocken ein, »The Heads«, wie ein Eingangstor, was ihm eine äußerst charmante Lage beschert, die jährlich Hunderttausende anzieht: Zahlreiche Restaurants sowie Bars, Boutiquen, Souvenirläden und Caféterrassen mit Blick auf die Ankerplätze schneeweißer Jachten lassen die Knysna Quays, die als Miniaturausgabe der Kapstädter Waterfront nachgebaut sind, für Besucher so magnetisch werden wie die beiden 18-Loch-Plätze des Knysna Golf Club und des Simola Golf & Country Estate für Golfer, die zwischen alten Eukalyptusbäumen ihren Abschlag mit Blick auf den Indischen Ozean haben.

Anfang Juli lockt das Oyster Festival Liebhaber von Meeresfrüchten nach Knysna. Die erntefrischen Austern sind der Traum, aber auch ganzjährig Muscheln, Calamares, frische Heringe, Fisch-

Mitte: Blick von den Knysna Heads, die als mächtige Felsklötze den Eingang zur Lagune bewachen
Unten: Die Immobilienpreise an der Lagune von Knysna sind nicht mehr, was sie einmal waren, und heute kaum zu bezahlen.

pâté, Abalone und Riesenlangusten. Festivals liegen in Knysna ohnehin im Trend, neben dem Auslernfest feiert man hier noch das Pink Loerie Mardi Gras und Arts Festival, das Literatur-Festival, das Rastafarian Earth Festival, das Knysna Wine Festival, und – na klar – gibt's auch noch die Knysna Cycle Tour – die Liste ist endlos. Wer nicht zum Feiern, Walken, Segeln, Golfen, Biken oder Action-Sport herkommt, kann sich kulinarisch verwöhnen lassen. Auch hier ist die Liste der Möglichkeiten lang. Im trendigen Fresstempel »34° South« am Waterfront Drive verraten mediterrane Gerüche griechische, portugiesische, spanische und italienische Küche, und ein paar nostalgische Fotos zeigen Chris Barnard, den weltberühmten südafrikanischen Herzchirurgen, der gern zum Fischen und Relaxen nach Knysna kam.

Featherbed Nature Reserve

An der Hafenmole der Knysna Quais legt vormittags Punkt 10 Uhr das Boot zur Featherbed Nature Reserve auf dem westlichen Head ab, wo Streifzüge durch blühende Fynbos-Vegetation zu versteckten Strandhöhlen führen. Die organisierte Tour dauert etwa vier Stunden, ein Spaziergang von der Spitze des Western Head über einen 2,2 Kilometer langen Wanderweg hinunter zur Küste und zurück inklusive, und der Besuch lohnt sich: Das 150 Hektar große Naturreservat steht mit seinen prächtigen Milkwood-Bäumen auf der UNESCO-Liste des Weltnaturerbes. Langeweile kommt bei Knysna-Besuchern ohnehin nicht auf, die Liste der organisierten Aktivitäten ist lang. Für Familien mit Kindern gehört der Besuch des Knysna Elephant Park ins Programm, der eine Art Streichelzoo ist. Aber es gibt auch in freier Natur lebende Knysna-Elefanten, denen der naturerbegeschützte Knysna Forest ein gesichertes Habitat bietet. Nur zu Ge-

Geheimtipp

AUSFLUG ZU DEN RASTAFARI

Eine ganz andere Seite Knysnas lässt sich mit dem Programm »Living Local« von Knysna Tourism erleben, die Besucher unter dem Slogan »Meet the People« hautnah an den Reichtum der südafrikanischen Kulturen bringt, u.a. zur Judah Square Rastafarian Community in der örtlichen Township von Knysna, der größten Rastafari-Gemeinschaft Südafrikas, in der 30 Familien leben. Die Rastafari führen ihre Gäste in ihre Lebensweise ein, wandern gemeinsam auf dem Eco Trail, einem Waldlehrpfad, der als Beitrag zum Gemeinwesen und als ökologische Touristenattraktion angelegt wurde, und stellen ihre spezielle Cuisine vor. Lehrreiche Gespräche über Kultur und Religion, Umweltbewusstsein und die Kunst sind garantiert. Außerdem offeriert das Programm »township homestays«, also Übernachtungen in der Township verschiedenster Art.

Township Tour.
www.knysnalivinglocal.co.za

Shop till you drop an der Knysna Waterfront

Oben: Die Felsblöcke der Knysna Heads an der Ausfahrt zum Indischen Ozean
Mitte: Fast alles in Knysnas Lagune dreht sich ums Wasser …
Unten: … weshalb Downtown Knysna an Supermärkten und Fachgeschäften alles zu bieten hat.

sicht bekommt man sie dort meistens nicht. Zu empfehlen ist eine Fahrt zum östlichen felsigen Head: Zwei Panorama-Restaurants in aufregender Seeatmosphäre geben den Blick frei auf die Knysna-Lagune, den Leuchtturm und den Featherbed Head gleich gegenüber. Noch toller präsentiert sich das Lagunenstadt-Panorama vom Head View Point aus in luftiger Höhe.

Buffalo Bay und Brenton-on-Sea

Das Beste, was Knysna strandmäßig zu bieten hat, liegt jenseits der Featherbed Nature Reserve, wo die Sandwunder von Brenton-on-Sea und Buffalo Bay unvorstellbar schön und in großer Weite (7 km!) ineinander übergehen. Stundenlang lässt es sich hier ungestört und mit nur wenigen Menschen in Sichtweite spazieren gehen, in Ruhe den Seevögeln und den Möwen zuschauen und dem Sound der Brandung lauschen. Und ein Bad im warmen Wasser des Indischen Ozeans nehmen. Wer auf den Klippen von Buffelsbaai landet, hat vom Ausflugslokal (super Fisch und Seafood!) die beste Aussicht auf die maritime Natur tief unten, und dazu noch frisches Fassbier und südafrikanischen Wein!

GUT ZU WISSEN

SEITENSPRUNG INS HINTERLAND

Besonders bei Bikern ist die alte Seven Passes Road zwischen George und Knysna beliebt. Parallel zur Garden Route führt der Traum aus Kurven und Landschaft entlang der Outeniqua Mountains durch dichte Wälder mit traumhaften Aussichten in Täler, die zahlreiche Flüsse – wie der Touws River und der Kaimaans River – gegraben haben. Die Krönung aller Routen ist der über 1000 Meter hohe Prince Alfred's Pass von Knysna in die Bergwelt der Outeniquas.

Infos und Adressen

ESSEN UND TRINKEN

Buffelsbaai Waterfront. Highlight über der Buffelsbaai. Tel. 044/383 00 38, www.buffelsbaai.co.za

East Head Café. Panoramablick auf den Western Head, dazu gibt es Austern zum Frühstück und Lunch! 25 George Rex Drive, Tel. 044/384 09 33, www.eastheadcafe.co.za

Senza. Grill- und Pizza-Restaurant. Eastern Head, Tel. 044/384 04 08, www.facebook.com/senzaknysna

34° South. Seafood am Wasser. Knysna Waterfront, Tel. 044/382 73 31, www.34south.biz

ÜBERNACHTEN

Amanzi Island Lodge. Auf Leisure Isle in der Lagune. Tel. 044/384 12 36, www.amanzilodge.co.za

Headlands House. Gästehaus an den Heads mit Traumblick. 50 Coney Glen Drive, Tel. 044/384 09 49, www.headlandshouse.co.za

Head over Hills. Fünf-Sterne-Guesthouse auf dem Head. Tel. 044/384 03 84, www.headoverhills.co.za

Traumblick auf Buffalo Bay bis nach Brenton-on-Sea bei hervorragender Küche: Buffelsbaai Waterfront

Panoramablick vom »East Head Café«

Leisure Isle Lodge. Luxuriöse Herberge auf der Laguneninsel. 87 Bayswater Drive, Leisure Isle, Tel. 044/384 04 62, www.leisureislelodge.co.za

The Lofts. Boutiquehotel an der Waterfront. Thesen Harbour Town, Tel. 044/302 57 10, www.thelofts.co.za

AKTIVITÄTEN

Knysna Elephant Park. Mit Elephant Lodge zwischen Knysna und Plettenberg. Tel. 044/532 77 32, www.knysnaelephantpark.co.za

Mitchell's Brewery. Brauerei-Tour mit Bierprobe. 10 New St., Tel. 044/382 46 85, www.mitchellsbrewing.com

The Featherbed Company. Organisierte Trips zur Featherbed Nature Reserve und Bootsfahrten auf der Lagune. Remembrance Drive, Waterfront, Tel. 044/382 16 93, www.knysnafeatherbed.com

INFORMATION

Knysna Tourism. 40 Main St., Tel. 044/382 55 10, www.visitknysna.co.za und www.visiteasterncape.co.za

15 Plettenberg Bay
Zentrum der Garden Route

Im Westen Knysna und Wilderness, im Osten der Tsitsikamma National Park, liegt »Plett« als urbane Schaltstelle geografisch exakt zwischen den schönsten Arealen des Garden Route National Park. Und erfreut sich aufgrund seiner außergewöhnlich weitläufigen und schneeweißen Sandstrände als Ferienort vor allem bei südafrikanischen Urlaubern größter Beliebtheit.

Die portugiesischen Seefahrer hatten den Küstenabschnitt schon im 15. Jahrhundert entdeckt und ihn »Bahia Formosa« getauft, die schöne Bucht. Rund 300 Jahre später erkannten die ersten weißen Siedler den forstwirtschaftlichen Wert der dichten Wälder, aus Gelb- und Stinkholz entstanden die edelsten Möbel und der Holzhandel florierte. 1778 erhob Gouverneur Joachim van Plettenberg den Anspruch der Holländisch-Ostindischen Handelskompanie auf die Bucht, um einen Hafen für den Holzumschlag zu bauen, inzwischen ist daraus eine gut besuchte Badeperle geworden.

Beach Life ohne Ende

Auch wenn sich während der Hochsaison die Zahl der Einwohner (65 000) verfünffacht (!) hat, verschandeln Hochbauten das angenehme urbane Ambiente Pletts nicht. Shopping Malls, Bars, Boulevard-Cafés und Restaurants sowie zahlreiche Aktivsport-Agenturen sorgen für eine gut funktionierende Urlaubsinfrastruktur, weite Strände machen den Badeort zu einem nachgefragten Ferienziel. In den Wohnlagen rings um die Bucht, alle mit Wasserzugang und Traumblick, zeigt sich Architektur vom Feinsten. Aufgrund seiner bild-

Mitte: Plettenberg Bay ist nicht nur für urlaubende Südafrikaner der Inbegriff paradiesisch feiner Sandflächen.
Unten: Selbst produziertes Beach Life in »Plett« ist so vielfältig wie organisiert angebotene Aktivitäten zahlreicher Agenturen.

Ausritt in der grünen Bergwelt der Crags bei »Plett«

schönen Umgebung bietet die Badeperle eine unüberschaubare Menge anderer Aktivitäten, vor allem Wandern und Reiten, aber auch Aktivsportarten wie Abseiling, Segeln, Paragliding oder Fallschirmspringen.

Einer der Top Spots ist Plettenbergs 175 Hektar große Robberg Nature & Marine Reserve auf der Robberg-Halbinsel, die kilometerweit in den Indischen Ozean ragt und ein Naturparadies für Wanderer ist. 2000 Pelzrobben sowie zahlreiche Kormorane und Kaptölpel tummeln sich hier, und mit Glück kann man Wale und Delfine sehen. Wer sich für die längste der drei Wanderrouten entscheidet, wird beim vierstündigen Walk durch herrliche Fynbos-Vegetation zur Witsand-Düne gelangen, sowie zu Die Eiland, einer Halbinsel, die mit Robberg durch eine Sandbank verbunden ist. Zwecks Whale Watching fahren während der Saison im südafrikanischen Winter mehrmals täglich Boote hinaus, allerdings lassen sich die begehrten Meeressäuger auch von den Aussichtspunkten am Signal Hill und dem Lookout View Point gut beobachten. Aber auch ohne Wale hat man von beiden

Geheimtipp

THE CRAGS FÜR REITER

Für Reiter liegt bekanntlich das Glück auf dem Rücken der Pferde, was hier, in der wald- und wiesenreichen Region um Plettenberg und an den Ausläufern des Tsitsikamma National Park noch mal ein sehr Besonderes ist. Die Reitertouren führen auf alten Holzfällerpfaden durch urwüchsige Wälder, an sandigen Brandungsstränden entlang und auch auf die Weinroute der Winzer! Dabei im Sattel bleiben ist alles, aber gleich neben dem Reitstall wartet die »Schweinekuhle«, die idyllisch gelegene Country Lodge »Hog Hollow« mit schön restaurierten ehemaligen Farmgebäuden, Aussichtsterrassen, Restaurant und Pool zum Relaxen!

Hog Hollow Horse Trails. The Crags, Askop Rd., Tel. 082/771 37 45, www.horseridinggardenroute.com und www.hog-hollow.com

Bluekrans-Brücke: Top-Ziel für Bungee-Verrückte

Nicht verpassen

Spots den allerbesten Panoramablick über die Bucht.

THE CRAGS FÜR KIDS

Elefantenreiten. Für die Kleinen der Hit! The Elephant Sancuary, Tel. 044/534 81 45, www.elephantsanctuary.co.za

Affentheater. Exkursionen mit erfahrenen Wildlife Rangern zu frei lebenden Primaten. Monkeyland, Tel. 044/534 89 06, www.monkeyland.co.za

Raubtierareal. Geführte Touren zu Großkatzen wie Leoparden im Jukani Wildlife Sancuary. Tel. 044/534 84 09, www.jukani.co.za

Reptilienlehrpfad. Edukative Erfahrung mit Krokodilen und über 100 Schlangen im Lawnwood Snake Sanctuary. Tel. 044/534 80 56, www.lawnwoodsnakesanctuary.co.za

Blitzschnelle Jäger. Vom Aussterben bedrohte Geparden hautnah im Tenikwa Wildlife Awareness Centre. Tel. 044/534 81 70, www.tenikwa.co.za

Welt der Raubvögel. Radical Raptors an der N2 bei Harkerville, Tel. 044/532 75 37, www.radicalraptors.co.za

The Crags

Außer den eigenen und mehrheitlich strandbezogenen Preziosen hat Plett ein Hinterland aufzubieten, das schöner nicht sein kann. Über der Küste zwischen Nature's Valley und Plettenberg Bay liegt die Bilderbuchlandschaft The Crags mit saftig-grünen Farmarealen zwischen Berg und Tal, Wäldern und Wiesen. Bis hierhin ziehen sich die Rebstöcke der Winzer, die sich mit den Plett Winelands eine Weinroute im Herzen der Garden Route zugelegt haben und auf 58 Hektar erstklassige Sauvignon Blancs, Chardonnays und Pinot Noirs anbauen. The Crags steht für Programm. Die schönsten Ferienunterkünfte – für Aktivsportler zahlreiche Adrenalinsport-Agenturen – und auch für Kids eine Menge Abenteuer heißt das, auch hier kann sich Plett ganz und gar als familiengerechte Urlaubsdestination verstehen.

Nature's Valley

Etwa 25 Kilometer östlich liegt an den Ausläufern des Tsitsikamma National Park das sagenhafte

Walker's Paradise

Zahllose Wanderwege erschließen die bewaldeten Landschaften wie die endlosen kilometerlangen Küsten der Garden Route. Die ein- oder mehrtägigen Routen lassen sich individuell oder organisiert mit Übernachtung in Cottages oder aber auch bei Festivals wie dem Garden Route Walking Festival, bei dem sich Hunderte auf die Tracks machen, erlaufen.

Ⓐ Goukamma Gronevlei Trail – Leicht fordernder Stretch durch die Dünen am Goukamma River, der durch einen Milkwood-Wald in den Indischen Ozean mündet. Strandwanderer freuen sich hier über den opulenten Buffalo Beach.

Ⓑ Sandboarding Trail – Brenton-on-Sea besticht durch seinen kilometerlangen Strand und riesige Dünen, die von Sandboardern genutzt werden.

Ⓒ The Heads Heritage Walk – Die Wanderung auf den Heads bietet spektakuläre Aussichten auf die Knysna-Lagune und die Einfahrt mit Leuchtturm zwischen den Felsen.

Ⓓ Bloukrans Gorge Walk – Wanderung im Herzen des Tsitsikamma durch die Bloukrans-Schlucht, mit Glück lässt sich ein Bungy-Sprung aus der erdgebundenen Perspektive erleben.

Ⓔ Nature's Valley to Keurbooms – Faszinierender Vier-Stunden-Walk ab Nature's Valley am Strand entlang, der nicht ohne Grund bei Enricos italienischem Restaurant in Keurbooms endet.

Ⓕ Robberg Gap Trail – Der Walk durch die Robberg Nature Reserve bietet schöne Aussichten auf den Indischen Ozean, Plettenberg Bay und die Tsitsikamma Mountains.

Ⓖ Nature's Valley to Plett Beach Walk – Tagesfüllende Abenteuer mit Strandspaziergängen, Schwimmen, Wandern durch Küstenwälder und Klettern über Felsformationen.

Ⓗ Waterfall Trail – Die leichte Wanderung an den Ufern des Storm River entlang findet auf dem ersten Teil des berühmten Otter Trail statt und gibt einen Vorgeschmack.

Ⓘ Vineyards und Wines Walks – In den Craigs von Weingut zu Weingut mit Weinproben; zurück geht es auf vier Rädern.

Ⓙ The Secret Elephants Forest Experience – Geführte Tour mit Wildlife-Experten auf der Suche nach den südlichsten Elefanten der Welt, den Knysna Elephants.

Infos:

www.walkingfest.co.za, www.weloveourtrails.com, www.sanparks.org.za, www.capenature.com

und mit Strandlandschaften gesegnete Nature's Valley, eine von Klippen und Hügeln eingefasste Lagune des Groot River, der in den Indischen Ozean mündet. Auf der Fahrt von Plett Richtung Tsitsikamma führt der Abzweig R102 von der N2 direkt ins Paradies: In Serpentinen geht es steil abwärts bis zu einem privilegierten Parkplatz in Traumlage. Fix aussteigen, dem rauschigen Sound der Brandung folgen und auf einem Beach wie aus dem Bilderbuch stehen, ist eine Sache von 60 Sekunden: Umgeben von ausgedehnten Waldgebieten des Tsitsikamma Forest versteckt sich hier am Indischen Ozean eine Strandperle, menschenleer, kilometerlang, mit feinem Sand und Dünengebieten. Wer hier nicht ins Wasser steigt, ist selber schuld. Aber Achtung auf unterschwellige Strömungen (»cross currents«), wenn keine Life Guards auf Posten sind. Das aquatische Paradies wieder verlassen zu müssen, produziert seltsame Gefühle und den Wunsch nach wenigstens noch einem Tag dazu! Ein Stück weiter auf der N2 Richtung Tsitsikamma sind grenzwertige Situationen gefragt: Über die Bloukrans-Schlucht spannt sich die 216 Meter hohe Bloukrans-Betonbrücke, die ein Mekka der Bungy-Springer aus aller Welt ist.

GUT ZU WISSEN

LEBENSGEFAHR!

»Cross current«, »rip tide« oder »rip current« nennen die Einheimischen die gefährlichen Strömungsverhältnisse an ihren Buchten, die alljährlich Menschenleben kosten. Brandungsrückstrom ist die deutsche Definition: Durch vorgelagerte Sandbänke und Vertiefungen im Sandbett kann die Brandung nicht gleichmäßig zurückströmen, es entstehen starke Sogwirkungen, die auch stabil stehende Menschen umreißen und ins Meer hinaussaugen können.

Oben: Im familiären Urlaubsort Plettenberg Bay geht's auch im Nachtleben eher gemütlich zu.
Unten: Zu Hauptsaison- und Ferienzeiten ist in der Hochburg des südafrikanischen Badetourismus Plettenberg Bay kein Bett mehr zu kriegen.

Infos und Adressen

ESSEN UND TRINKEN

Emily's. Die beste Küche Pletts in der »Emily Moon River Lodge«. Rietvlei Rd., Tel. 044/501 25 00, www.emilymoon.co.za

Nguni Restaurant. Südafrikanische Küche. 6 Crescent St., Tel. 044/533 67 10, www.nguni-restaurant.co.za

Ristorante Enrico. Italiener mit Stil. 296 Main St., Keurboomstrand, Tel. 044/535 98 18, www.enricorestaurant.co.za

The Lookout Deck. Traumblick über die Bucht zu köstlichen Curry-Gerichten. Hill St., Look Out Beach, Tel. 044/533 13 79, www.lookout.co.za

ÜBERNACHTEN

Emily Moon River Lodge. Exquisit am Bitou River mit nur acht Zimmern. Rietvlei Rd., Tel. 044/501 25 00, www.emilymoon.co.za

Hog Hollow. Country Resort. Askop Rd., The Crags, Tel. 044/534 88 79, www.hog-hollow.com

Milkwood Manor. Zwölf Zimmer am Lookout Beach. Salmack Rd., Tel. 044/533 04 20, www.milkwoodmanor.co.za

Southern Cross Beach House. 1 Capricorn Lane, Tel. 044/533 38 68, www.southerncrossbeach.co.za

The Plettenberg. Fünf-Sterne-Resort am Lookout Rock. 40 Church St., Tel. 044/533 20 30, www.plettenberg.com

22 Julia. B & B in toller Lage. 22 Julia Ave., Tel. 044/533 34 65, www.22juliaavenue.co.za

AKTIVITÄTEN

The Crags (Craigs) & Plettenberg Bay. Abseiling für Anfänger. The Crags, Tel. 044/534 80 55, www.afriabseil.com

Plettenberg Township Tour. Ocean Adventures; ein Teil der Einnahmen fließt in Förderprojekte zurück. Tel. 044/533 50 83, www.oceanadventures.co.za

The Plett Trails. Geführte mehrtägige Wanderungen. Tel. 044/533 40 65, www.plett-tourism.co.za

Sea Kayaking. Abenteuer zwischen Delfinen und Walen. Dolphin Adventures, Central Beach, Tel. 083/590 34 05, www.dolphinadventures.co.za

INFORMATION

Plett Tourism. Melville's Corner Centre, Main St., Tel. 044/533 40 65, www.plett-tourism.co.za und www.showme.co.za/plett

The Crags Tourist Information. Tel. 082/261 05 42, www.cruisethecrags.co.za

Kolonial-Reminiszenz: Die Reformierte Kirche ist eines der wenigen historischen Gebäude »Pletts«.

16 Tsitsikamma National Park
»Finest walks in the world«

»Ort mit viel Wasser« heißt das landschaftliche Wunderwerk in der Sprache der Khoi, und der ist mit hohen Niederschlägen eine grün wuchernde und die interessanteste Station der Garden Route: Afrikas erster Meeresnaturschutzpark bietet Wasserlandschaften aus wildromantischen Flussläufen, endlosen Dünengebieten, Süßwasserseen, einsamen Sandstränden und Klippen, die der Indische Ozean umtost.

Sogar Korallenriffe lassen sich unter Wasser bewundern, die Mündung des Storms River ist ein Eldorado für Schwimmer und Schnorchler. Wanderfreunde buchen einen der mehrtägigen Tracks (übernachtet wird zünftig in Hütten und Camps) oder ziehen auf eigene Faust durch den ursprünglichen Tsitsikamma Forest – mit 43 000 Hektar der größte zusammenhängende Urwald Südafrikas! »The finest walks in the world« finden auf dem Otter Trail oder dem Elephant Walk statt, en route ragen Outeniqua Yellowwoods auf, bis zu 60 Meter hohe Gelbholzriesen mit Durchmessern von bis zu drei Metern, die von Lianen umschlungen sind. Manche der Bäume können 1000 Jahre alt werden, der größte, »The Big Tree«, soll zwischen 600 und 800 in die Waagschale bringen, ist 36,6 Meter hoch und hat einen Umfang von neun Metern. Auch die Fauna hat mit Kuckucken, Klippschliefern, Federhelmturakos und Kormoranen auf Fischjagd einiges zu bieten. Seit 2009 ist Tsitsikamma in den neu gegründeten, über 3000 Quadratkilometer großen Garden Route National Park eingegliedert.

Oben: Die Storms River Mouth Suspension Bridge, Baujahr 2009, spannt sich in sieben Meter Höhe insgesamt auf 90 Meter Länge über der Mündung des Storms River. **Unten:** Bildschöne Urnatur: Tsitsikamma National Park

Storms River Mouth mit Hängebrücke

Zwischen Nature's Valley und Storms River

Die maritimen Schutzgebiete des Tsitsikamma Park erstrecken sich auf 80 Kilometern zwischen Nature's Valley im Westen bis über die Mündung des Storms River im Osten sowie kilometerweit ins Meer hinaus, was Möwen, Reihern und Eisvögeln ebenso zugutekommt wie auch Schnorchlern und Tauchern, die ins Korallenparadies abtauchen. Hinter der nassen Pracht residieren zwei Küstenplateaus auf unterschiedlichen Höhenstufen. Das niedrigere ist von einer artenreichen Fynbos-Vegetation bedeckt, das höhere von dichtem Regenwald. Über alldem thronen die Tsitsikamma Mountains, deren höchste Erhebung, Formosa Peak, 1675 Meter aufragt. Die abwechslungsreiche Natur nutzen nicht nur der gebirgige Tsitsikamma Hiking Trail sowie die fünftägige Küstenwanderung des Otter Trail, Tsitsikamma bietet Wanderern und Bikern zahlreiche andere Routen: den Lourie Trail, die Storms River Cycle Route, den Waterfall Trail und den Blue Duiker Trail. Traumhafte Naturbilder bleiben im Kopf auf alle Zeit!

Nicht verpassen

ADRENALIN-HYPE
Tsitsikamma Falls Adventure. Wasserfall-Zipline, Abseiling, Klettern. Tel. 078/463 27 39, www.tsitsikammaadventure.co.za
Tsitsikamma Canopy Tours. Mountain- und Quadbiking mit Fairtrade-konzept. Darnell St., Storms River Village, Tel. 042/281 18 36, www.stormsriver.com
Untouched Adventures. Auf dem Wasser mit Kajaks und Floating-Matratzen, unter Wasser schnorcheln und tauchen. Tel. 073/130 06 89, www.untouchedadventures.com
Skydive. Fallschirmspringen an der Garden Route. Tel. 082/905 74 40, www.skydiveplett.com
Face Adrenalin. Mit 216 Metern ist Bloukrans die höchste Bungy-Brücke der Welt! Tel. 042/281 14 58, www.faceadrenalin.com
Adrenalin für Kids. Plettenbergs Adventure Land. Tel. 044/532 78 69, www.adventurelandplett.co.za

103

Weltberühmt: Otter Trail

Auf dem Otter Trail sind auf 41 Kilometern elf Flüsse zu durchqueren und teilweise mit Gepäck zu durchschwimmen (!). Eine der spektakulärsten Querungen findet am Bloukrans River statt, weshalb die Route als schwierig eingestuft ist. Die Teilnahme ist auf zwölf Personen Tageskapazität limitiert, und die Wartezeit auf einen der begehrten Plätze kann bis zu einem Jahr betragen. Kürzer sind die Buchungszeiten beim 64 Kilometer langen Tsitsikamma Hiking Trail, mit 30 Personen pro Tag. Nicht so bekannt und weitgehend ohne Warteliste ist der 27 Kilometer lange Harkeville Trail, der westlich von Plettenberg Bay beginnt und entlang einer unberührten Küstenlandschaft durch dichte Regenwald-Vegetation führt. Manche werden sich über den Storms River Mouth Trail freuen, der nur einen Kilometer lang ist. »The finest walks in the world« finden in diesem Garden Eden auch auf dem 20 Kilometer langen Elephant Walk statt, wenngleich die Chance, einen der letzten kleinen Waldelefanten zu sehen, eher gering ist. Die Schluchten des Storms River locken Aktivsportler, die vom Blackwater Tubing schwärmen – und vom höchsten Bungee Jump der Welt: 216 Meter von der Bloukrans-Brücke!

GUT ZU WISSEN

RUMMEL AN DER STORMS-RIVER-MÜNDUNG

Wer als Tagesbesucher anreist, um die drei 2009 installierten Hängebrücken über den Storms River zu belaufen, muss mit zweimal Autobahngebühr sowie Parkeintritt rechnen, und nicht immer gibt's am Zielort zwischen Restcamp, Supermarkt und Souvenirshop ausreichend Parkplätze! Im Gegensatz zu anderen bildschönen, aber naturbelassenen Spots der Garden Route, wie zum Beispiel Nature's Valley, ist die schöne Storms River Mouth ohne Zweifel gut vermarktet.

Oben/Mitte: Berauschende Aussichten bieten die Trails, die unmittelbar an der zerklüfteten Küste entlangführen.
Unten: Dichter Regenwaldbewuchs macht den Tsitsikamma National Park für Wanderer zur grünen Hölle.

Infos und Adressen

ESSEN UND TRINKEN

Marilyn's 60's Diner. Gutes Essen und 1960er-Jahre-Interieur. Darnell St., Tel. 042/281 17 11, Storms River Village, www.tsitsikammavillageinn.co.za

Oude Martha Restaurant. Futtern wie bei Muttern. 200 Darnell St., Storms River Village, Tel. 042/281 17 11

The Bistro @ Bitou. Atmosphärische Künstlerkneipe. Storms River Village, Tel. 042/281 10 17

ÜBERNACHTEN

Storms River Backpackers Accomodation. Tube'n Axe, Cnr. Saffron und Darnell St., Storms River Village, Tel. 042/281 17 57, www.tubenaxe.co.za

Storms River Guest Lodge. Einfache, aber sehr schöne Waldlodge. 28 Gamassi St., Storms River Village, Tel. 042/281 17 03, www.stormsriverguestlodge.co.za

The Ferney Lodge. Unschlagbares Ambiente mit weitem Ozeanblick. Forest Ferns Estate, Bluelilliesbush, Tsitsikamma, Tel. 042/280 35 88, www.forestferns.co.za

Tsitsikamma Backpackers. DZ, Schlafsaal und komfortable Einzelzelte in schöner Naturlage. 54 Formosa St., Storms River Village, Tel. 042/281 18 68, www.tsitsikammabackpackers.co.za

Tsitsikamma Lodge & Spa. Chalets in Baumhausarchitektur acht Kilometer östlich der Storms-River-Brücke. Tel. 042/280 38 02, www.riverhotels.com

Tsitsikamma National Park. Storms River Camps, www.sanparks.org. Tsitsikamma Village Inn. Schöne Gartenanlage. Darnell St., Storms River Village, Tel. 042/281 17 11, www.tsitsikammahotel.co.za

AKTIVITÄTEN

Tsitsikamma Storms River Day Trails. Waterfall Trail (4 h), Loerie Trail (1,5 h), Blue Duiker Trail (3 h), Mouth Trail (1h), www.sanparks.org

INFORMATION

Tsitsikamma Tourism Association. Oudebosch Farmstall, R102 und R402, Tsitsikamma, Tel. 042/285 05 62, www.tsitsikamma.info und www.visiteasterncape.co.za

Sehnsuchtsziel: Storms River Mouth am Indischen Ozean

17 Port Elizabeth
Addo Elephant National Park

Port Elizabeth ist mit über 1,5 Millionen Einwohnern eine quirlige Hafen- und Industriestadt, Verkehrsknotenpunkt und Standort der südafrikanischen Produktion von Volkswagen und Ford (während Mercedes im benachbarten East London, dem heutigen Buffalo City, bauen lässt). Weshalb »PE«, wie die Großstädter ihr urbanes Konglomerat liebevoll nennen, für Reisende eher als Stopp zwischen Gardenroute und Wild Coast interessant ist – und für Freunde der Kunst!

Empfehlenswert ist PE's Bayworld, einer der besten und größten Museumsanlagen Südafrikas, zu der das Port Elizabeth Museum, das Ozeanarium und ein Schlangenpark gehören, sowie auch das Nelson Mandela Metropolitan Art Museum nahe St. George's Park, das vor allem zeitgenössische afrikanische Künstler ausstellt. Mit Jeffrey's Bay und Port Alfred liegen Strandenklaven mit jeder Menge Wassersport direkt vor der Haustür.

Mitte/Unten: »Big City« mit Sport-Appeal: Reichlich Strände und Beach-Life-Enklaven wie Jeffrey's Bay versorgen nicht nur Surfer mit aquatischen Aktivitäten ohne Ende.

Jeffrey's Bay

Rund 50 Kilometer westlich von Port Elizabeth leben die Metropoliten ihr Strandleben vor allem in St. Francis und Jeffrey's Bay aus, zwei ehemals ruhige Strandenklaven, die mit steigendem Wohlstand des urbanen Großraumes PE wachsen und boomen. »J-Bay« ist darüber hinaus Kulminationspunkt der Surfkultur und gilt als einer der zehn besten Surf Spots weltweit. Windsurfing und Sandboarding gehören ebenso ins Repertoire wie Wellenreiten der klassischen Art: Jeffrey's Bay's Supertubes, die von bevorzugten Tiefdruckgebieten

getriggert werden, sind vor allem bei Profis beliebt. Mit Schnorcheln und Tauchen, Segeln, Golf und Sandboarding, Abseiling sowie Bungee Jumping und Heißluftballonfahrten sind aber auch sonst alle Möglichkeiten eines Aktivurlaubs geboten.

Im Paradies der Querköpfe

Eine Fahrstunde nördlich lassen sich im Addo Elephant National Park nicht nur Elefanten, sondern auch die »Big Five« (darunter die seltenen Spitzmaulnashörner) beobachten. Über seine eigenwilligen Dickhäuter schreibt der Park eine Geschichte, die vom Sieg der Elefanten über die weißen Siedler erzählt, und so spielte sich das Drama der »Addos« ab: Viele von ihnen hatten die Elfenbeinjäger des 19. Jahrhunderts ohnehin nicht übrig gelassen: 1870 wurden nur noch Restbestände von 300 gezählt, tonnenweise wurde das Elfenbein über Port Elizabeth in alle Welt verschifft und der Lebensraum der Elefanten stetig kleiner, was diese immer aggressiver auftreten ließ. Farmer protestierten, bis ein kriegserprobter Major namens Philip Pretorius damit beauftragt wurde, das Elefantenübel nachhaltig zu unterbinden. In

Oben: Kein Zweifel: Die Millionenmetropole Port Elizabeth ist eine quirlige Industriestadt, hat kulturell aber nicht nur Museen zu bieton!
Unten: Nicht nur Dickhäuter, auch die »Big Five« sind im Addo Elephant National Park zu finden.

DIE SCHÖNSTEN HERBERGEN

Jeffrey's Bay

Diaz 15. Nettes Haus am Meer in mediterranem Stil. 15 Diaz Rd., Jeffrey's Bay, Tel. 042/293 17 79, www.diaz15.co.za

Sea Whisper Guest House. Gartenidylle und Ozeanblick. 62 Petunia Ave., Jeffrey's Bay, Wavecrest, Tel. 042/293 39 17, www.seawhisper.co.za

St. Francis

Sandals. Stilvolles Domizil in einem paradiesischen Garten. 4 Napier Rd., St. Francis Bay, Tel. 042/294 05 51, www.sandalsguesthouse.co.za

Dune Ridge. Landhaus mit schönem Garten oberhalb St. Francis Bay. R330, Tarragona St., Tel. 042/294 15 60, www.duneridgestfrancis.co.za

Addo

The Elephant House. Reetgedeckte romantische Country Lodge acht Kilometer vom Addo-Park entfernt. R335, Tel. 042/233 24 62, www.elephanthouse.co.za

Woodall Country House & Spa. Luxuriös und geschmackvoll eingerichtete Zimmer und ein Traum von Garten. Jan Smuts Ave., Addo, Tel. 042/233 01 28, www.woodall-addo.co.za

Einfach gut !

Port Elisabeth Pool

kürzester Zeit wurden bis auf elf alle abgeschossen. 1931 bekamen die wenigen Überlebenden ein kleines Wildreservat. Die Tiere blieben durch die Schießwut der Menschen nachhaltig verschreckt. Einmal belagerten sie einen nahe gelegenen Bahnhof und wollten freiwillig nicht weichen. Ein andermal, so geht die Geschichte, setzte sich eine Elefantenkuh auf einen Wilddieb, weil dieser versucht hatte, an ihr Elefantenbaby zu kommen. Von dem Herrn blieb nur wenig übrig. Selbst die Arbeiter des Parks mussten häufig die Flucht ergreifen, um sich vor der Angriffslust der Tiere zu retten. Als einmal ein Addo-Elefant von seiner Herde getrennt und in einen anderen Park umgesiedelt wurde, tötete er dort einen Menschen und kippte später aus Wut einen Lastwagen um. Ihr Verhalten brachte den Addos den Ruf ein, wesentlich aggressiver als andere Artgenossen zu sein. Inzwischen sind sie friedlich, und im Park leben jetzt wieder Hunderte dieser sehr eigenen Exemplare, die sich vom Auto aus beobachten lassen.

Port Alfred

Wer nach einem Besuch des Addo Elephant Park und der Künstlerstadt Grahamstown die 60 Kilometer zurück zur Küste fährt, kommt ins putzige Bathurst, das, »very british«, mit engen Gassen, englischer Landhausarchitektur und akkurat geschnittenen Vorgartenhecken gute Fotomotive abgibt. Nach der Erkundung des benachbarten Watersmeeting-Naturreservats am Kowie River lässt es sich zum Beispiel in der »Bathurst Arms 1820 Tavern« vortrefflich pausieren, bevor es ins 50 000-Einwohner-Städtchen Port Alfred geht. Die einst ruhige Enklave zwischen Fish und Bushmans River wartet mit einer tollen Waterfront, der Royal Alfred Marina, auf, einem gut bestückten Jachthafen mit exklusiven Port-Domizilen für gut betuchte Bootsbesitzer.

Infos und Adressen

SEHENSWÜRDIGKEITEN

Nelson Mandela Metropolitan Art Museum. Interaktive Kunstausstellungen. 1 Park Drive, PE, Tel. 041/506 20 00, www.artmuseum.co.za

Bayworld Oceanarium. Beach Rd., Tel. 041/584 06 50, PE, www.bayworld.co.za

ESSEN UND TRINKEN

Fernando's Chicken House. Portugiesisches Lokal. 11 Moffat St., Richtmond Hill, PE, Tel. 041/585 37 94, www.fernandospe.co.za

Old Austria. Österreichische Küche. 24 Westbourne Rd., PE, Tel. 041/373 02 99, www.oldaustria.co.za

Royal Delhi. Tandoori Fish, Prawn Curry und Gemüsecurry. 10 Burgess St., PE, Tel. 041/373 82 16, www.royaldelhi.co.za

ÜBERNACHTEN

Ahoy Boutique Hotel. Modernes B & B. 19 La Roche Drive, Humewood, PE, Tel. 041/582 28 88, www.a-hoy.co.za

Bayside Guest House. Atmosphärische Gastlichkeit, Garten und Pool. 6 Tiran Rd., Summerstrand, PE, Tel. 041/583 35 66, www.baysideguesthouse.co.za

Im Herzen hübsch altkolonial: Port Elizabeth

Zu den »Big Five« im Addo Elephant National Park zählt auch dieses Nashorn.

Dempsey's Guest House. Atmosphärisch und zentral gelegen. 36 Lloyd Rd., PE, Tel. 041/581 38 54, www.dempseys.co.za

Keiskama. Bildschönes Guesthouse. 12 Keiskama St., Summerstrand, PE, Tel. 084/585 18 88, www.keiskamabnb.co.za

The Beach Hotel. Historischer Bau. Marine Drive, Summerstrand, PE, Tel. 041/583 21 61, www.thebeachhotel.co.za

The Paxton Hotel. Modernes Hotel, zentral am Hafen gelegen. Carnarvon Place, Humerail, PE, Tel. 041/585 96 55, www.paxton.co.za

AKTIVITÄTEN

Addo Elephant National Park. Tel. 042/233 86 00, www.sanparks.org

Surfen. Supertubes und Sandboarding. Jeffrey's Bay, www.wavescape.co.za

INFORMATION

Nelson Mandela Bay Tourism. 39 Donkin St., Central, PE, Tel. 041/582 25 75 und Shop 48, The Boardwalk, Marine Drive, Summerstrand, PE, Tel. 041/583 20 30, www.nmbt.co.za und www.visiteasterncape.co.za

LEUCHTFEUER
an gefährlichen Küsten

Danger Point Lighthouse bei Gansbaai ist einer der grandiosesten und bekanntesten der historischen Leuchttürme Südafrikas und trägt seinen Namen zu Recht.

Als das British Empire 1814 die Kapkolonie von den Holländern übernahm, war das für die Seefahrernation ein strategisch hervorragend positionierter Traum aus 3000 Kilometer langen Küsten, an denen die Hauptschifffahrtslinie des gesamten Indien- und Südostasienhandels vorbeiführte. Im Boden steckten Gold, Diamanten und andere wertvolle Bodenschätze in unvorstellbaren Mengen. Aber immer wieder kam es zu tragischen Schiffskatastrophen, und Südafrikas historische Leuchttürme entstanden.

Einer der schlimmsten Untergänge fand 1815 vor dem Fischerdorf Waenhuiskrans statt, wo die »Arniston«, ein Truppentransporter mit 1500 Mann an Bord, gegen die Felsklippen donnerte und sank. Nur fünf überlebten das Desaster, weshalb der Ort nahe Cape Agulhas den Doppelnamen Waenhuiskrans-Arniston trägt.

Schiffbruch am Kap der Stürme

Allein 650 Schiffe versanken in den Gewässern am Kap der Stürme, neun am Albatros Rock vor der Kap-Halbinsel. Dassen und Robben Island, Danger Point, Cape St. Blaize, Cape Recife Bird Island und Cape Agulhas sind nur einige der neuralgischen Punkte. Die meisten der zum Schutz der Schiffe erbauten Leuchttürme sind zu besichtigen, an einigen der oft abenteuerlichen Standorte kann man übernachten (Danger Point/Gansbaai, Cape St. Blaize/Mossel Bay, Cape Columbine/Westküste, Great Fish Point/Port Alfred) oder gar heiraten. In anderen Leuchttürmen sind heute Touristeninformationen und/oder Museen untergebracht wie in Cape Agulhas, wo sich in einer Ausstellung des Lighthouse Museum ihre Geschichte auf eindrucksvolle Weise nachvollziehen und, wenn man sich die engen Holzstiegen bis zur umlaufenden Plattform hoch oben durchgezwängt hat, einen Traum-

blick über das felsige und brandungsstarke Südkap genießen lässt.

Von der West Coast bis Port Elizabeth

Das Great Fish Point Lighthouse nahe Port Alfred bei Port Elizabeth steht

Leuchtturm in Port St. John's

111

76 Meter hoch auf felsigem Grund, bietet einen Traumausblick auf den Indischen Ozean und zählt dennoch zu den kleinsten Leuchttürmen Südafrikas. Es verschickt aber gleichwohl seinen Lichtstrahl alle zehn Sekunden 32 nautische Meilen hinaus auf die See und gehört zu jenen, die Besuchern auf seinem Gelände Übernachtung in zwei dafür hergerichteten Cottages anbieten. Errichtet wurde es 1898 aufgrund dreier gefährlicher Untiefen nordöstlich seines Standorts. Dort aufragende Rifffelsen forderten immer wieder viele Opfer, 1848 den Schoner »Waterloo«, 1907 trotz Leuchtturm den Dampfer »SS Kilbrennan«, 1928 die »SS Caribou«.

Dramen ohne Ende

Die Geschichte der Leuchttürme bewahrt die Tragödien des Untergangs; das Cape Columbine Lighthouse die Schiffbrüche der »Heleric« (1932), der »Haddon Hall« (1913), der »Lisboa« (1910), der »SS Saint Lawrence« (1876) und der »Columbine« (1829); das Danger Point Lighthouse den Untergang der »HMS Birkenhead« (1895), der über 440 Menschenleben auslöschte; das Cape Recife Lighthouse den Crash der »HMS Thunderbolt« (1847) und des deutschen Dampfers »Itzehoe« (1914). Allein zwischen Gansbaai und Port Beaufort liegen die Wracks von über 140 Schiffen auf Grund.

Mit Leuchtturm-Museum und Touristeninformationszentrum: der Leuchtturm von Cape Agulhas an der Südspitze Afrikas

Historische Leuchttürme

Vom nördlichsten Leuchtturm in Port Nolloth an der Cape West Coast zieht sich die gefährliche Küste auf rund 2000 Kilometern bis nach Port Elizabeth und Buffalo City.

Ⓐ Doring Bay Lighthouse – Doring Bay, West Coast, nördlich von Lamberts Bay

Ⓑ Cape Columbine Lighthouse (1936) – Cape Columbine, West Coast bei Paternoster mit Übernachtungs- und Veranstaltungsräumlichkeiten

Ⓒ Green Point Lighthouse (1824) – Green Point, Kapstadt, 16 Meter hoch und klassisch rot-weiß gestreift, vom deutschen Steinmetz und Architekten Herman Schutte entworfen.

Ⓓ Cape Point Lighthouse – Kap-Halbinsel. Er wurde einst mit Kerzen befeuert und erst elektrisch, nachdem 1911 der portugiesische Dampfer »Luisitania« am Kap zerschellt war.

Ⓔ Slangkop Point Lighthouse (1919) – Kommetjie, Kap-Halbinsel, mit 34 Metern Höhe ein Ungetüm, stilecht mit Leuchtturmwärter bemannt.

Ⓕ Hangklip Lighthouse (1960) – Stony Point bei Pringle Bay, 22 Meter hoch mit einer Reichweite von 25 nautischen Meilen

Ⓖ Danger Point Lighthouse (1895) – Gansbaai, achteckiger schneeweißer Turm mit knallrotem Top, von oben Traumblick über die Walker Bay bis nach Hermanus

Ⓗ Cape Agulhas Lighthouse (1849) – 27 Meter hoch, klassisch rot-weiß auf felsiger Anhöhe. Schwere Stürme können hier bis zu 20 Meter hohe Wellen anlanden.

Ⓘ Cape St. Blaize Lighthouse (1864) – Mossel Bay, ein spektakulärer Standort auf einer hohen Klippe

Ⓙ Seal Point Lighthouse – Cape St. Francis bei Port Elizabeth: Der Leuchtturm wurde nach schweren Schiffsunglücken Ende der 1870er-Jahre errichtet und beherbergt heute das Pinguin Rehabilitation Centre.

Ⓚ Cape Recife Lighthouse (1851) – zebragestreifte Ikone auf Port Elizabeths Cape Recife

Ⓛ Great Fish Point Lighthouse – bei Port Alfred, Eastern Cape, nur neun Meter hoch, schwarz-weiß mit rotem Top und romantischer Übernachtungsmöglichkeit in den ehemaligen Unterkünften der Leuchtturmwärter.

Ⓜ Hood Point Lighthouse (1895) – East London, am »Port of Wrecks« als schneeweißer, 19 Meter hoher Riese mit einer Reichweite von 31 nautischen Meilen errichtet.

18 Grahamstown
Kunst, Kultur und viele Kirchen

**Die 100 000 Einwohner zählende Univer-
sitätsstadt auf halber Strecke zwischen
Port Elizabeth und East London kommt
als Kunstmetropole und architektonisches
Freilichtmuseum daher: Beeindruckende
georgianisch-viktorianische Gebäude bestimmen ein außerordentlich hübsches
urbanes Ambiente, sodass es wenig verwundert, warum sich ausgerechnet hier
eine lebendige Kunst- und Kulturszene
etabliert hat.**

Das Zentrum des »Settler Country« versteckt sich
im grünen Hinterland, wobei sich der Hinweis auf
die Neusiedler von damals schon durch benachbarte Ortschaften wie Hamburg, Berlin, Braunschweig, Bethel und Breitbach erklärt. Grahamstown selbst ist »very british« und ein besonders
feines Stück England unter afrikanischer Sonne –
mit einer besonderen Geschichte: Als der britische
Colonel John Graham an der Ostgrenze der damaligen Kapkolonie seinen Militärposten einrichtete,
waren die ersten Scharmützel zwischen den land-
hungrigen Kolonialisten und den seit Langem hier
ansässigen Xhosa bereits im Gange. Wenige Jahre
später, 1820, landeten Tausende Neusiedler in Port
Elizabeths Algoa Bay, was die Soldatengarnison
schnell zum zweitgrößten Handelszentrum der
Kolonie und zu einem recht wohlhabenden Städtchen machte.

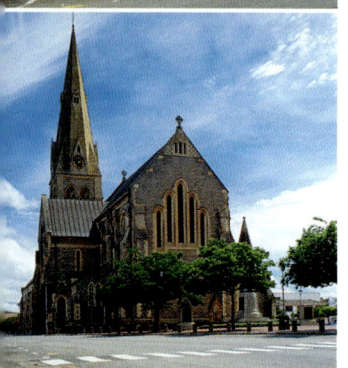

Mitte/unten: Historisches Grahamstown: Die Fassadenwunder-
stadt protzt mit zahlreichen
Kirchen, Colleges, Universität und
viel Kunst und Kultur.

Kunst, Kultur und Architektur

Immer mehr prächtige Kirchbauten wuchsen
aus dem Kernland der Xhosa, über 40, wie die
Bischofskirche Cathedral of St. Michael und St.

Infos und Adressen

George aus dem Jahr 1824, was Grahamstown den Beinamen »Stadt der Heiligen« einbrachte. Kulturschätze gibt es hier reichlich, zum Beispiel das Observatory Museum, das Ende des 19. Jahrhunderts das Haus eines Henry Galpin war, der als Uhrmacher, Astronom, Juwelier und wissenschaftlich engagierter Zeitmesser in seinem Forschungslabor werkelte, wo sich noch immer seine alte Goldschmiedewerkstatt und die berühmte Camera obscura aus dem Jahr 1882 bewundern lässt. Über 200 traditionelle Instrumente aus ganz Afrika stellt die International Library of African Music der Rhodes University als das weltgrößte Archiv afrikanischer Musik der Subsahara aus und bietet eine einzigartige Hörbibliothek. Fort Selwyn, 1836 auf dem Gunfire Hill als Signalstation entstanden, hat eine exzellente militärhistorische Sammlung und die beste Aussicht auf Grahamstown.

Geistiges Zentrum für Studenten und Intellektuelle

Wenngleich die Aufzählung der Bildungsanstalten – St. Andrew's College (1855), St. Aidan's College (1862), Graeme College (1873), die Diocesan School for Girls (1878), Kingswood College (1894) und die Victoria Girls High School (1897) – sicher nicht vollständig ist, vermitteln die genannten einen Eindruck vom Geistesleben der Stadt. Die Top-Schulen öffnen Sprösslingen bildungsbewusster Eltern die Tore der altehrwürdigen Rhodes University, Jahrgang 1904. Rund 5000 Studenten bevölkern zahllose Pubs, Bars und Restaurants und längst ist Grahamstown von Künstlern sowie Vertretern des modernen Geldadels entdeckt worden. Als Kulminationspunkt kulturellen Überschwangs findet hier seit 1974 alljährlich Südafrikas National Arts Festival statt, das sich gern mit dem weltberühmten Edinburgh International Festival vergleicht.

19 Wild Coast und Coffee Bay
Die wilde Küste der Xhosa

Die »Wild Coast« verdankt ihren Namen vorgelagerten Riffen und Untiefen, die zahlreiche Schiffe auf Grund brachten. Und sie ist es: wirklich wild, von einer seltenen Schönheit und bis heute ein Stück ungebändigte Natur, weil es keine durchgehende Küstenstraße gibt, nur kleine Stichstraßen zum Meer. Viele davon sind holprige Pisten, die nach heftigen Regenfällen schnell zu Schlammfallen werden.

Aber sie führen zu Stränden, die einsam und unberührt am Indischen Ozean liegen. Wer sich nicht abschrecken lässt, wird durch eine wildromantische Landschaft aus Flusstälern, steilen Bergrücken und einsamen Lagunen zahlreicher Flussmündungen belohnt und gelangt zu Bilderbuchbuchten, die sich zwischen Felstürmen der wilden Küste hinter weiß schäumender Brandung verstecken. Aber Vorsicht, nicht alle Strände sind durch Netze vor Haifischen gesichert!

Coffee Bay

Lange verirrten sich nur Rucksacktouristen und Insider an die grünblauen und weit abgelegenen Küsten der Xhosa. Vornehmlich nach Coffee Bay, einem der schönsten Fleckchen dieser außergewöhnlichen Küste, das sich so nennt, seit im Jahr 1893 ein mit Kaffeebohnen beladenes Schiff in der Bucht strandete. Die Bohnen, so erzählt die Geschichte, wurden damals an Land gespült, keimten, schlugen Wurzeln und ließen Kaffeesträucher wachsen. Nach den Beweisen suchen Besucher aber vergeblich, vermutlich gingen die

Sagenumwoben und spirituell: die Bucht Coffee Bay an Südafrikas wirklich wilder Wild Coast

Wild Coast, Coffee Bay

Sträucher im salzhaltigen Boden der Küstenenklave einfach ein. Das alles ist lange her. Die Straße ist inzwischen geteert, was touristische Begehrlichkeiten mit Ausbauplänen in Schubladen entwicklungsenthusiastischer Bürokraten weckt, denen zahlreiche »potholes«, kraftvolle Schlaglöcher, schon wieder die Stirn bieten, und sowieso Vorsicht! Denn dort, wo das Grün des Küstenlands aufhört und das Blau des Meeres beginnt, ist definitiv »Shark Country«. Nur das Baden in der Kaffee-Bucht sei ohne Gefahr, versichern jedenfalls die Einheimischen.

Hole in the Wall

»The Hole in the Wall«, einen zweistündigen Strandspaziergang von Coffee Bay entfernt, ist ein choreografischer Blickfang, der mit seinen 30 Meter hohen Felsskulpturen an schottische oder irische Küsten erinnert. Das vermutlich meistfotografierte senkrecht stehende Loch Afrikas befindet sich in einer Felswand, die schützend zwischen dem offenen Meer und der Lagune steht. Die Felskonstruktion soll angeblich unerwünschte Begegnungen im Wasser mit den gefürchteten dunklen Schattenrissen verhindern: Nur das Frischwasser kann hindurch, die Haie bleiben (hoffentlich) draußen. Aber auch ohne aquatischen Selbstversuch ist das Panorama aus Steilklippen, Felsblöcken und feinen Sandbuchten aufregend genug.

Heimat Nelson Mandelas

Zwischen East London/Buffalo City und Port St. Johns besetzt ein halbes Dutzend attraktiver Naturschutzgebiete die Wild Coast. Die Hluleka Nature Reserve beispielsweise bringt beachtliche Felsformationen, Lagunen, Wälder und – vor allem – Traumausblicke in die Waagschale der wilden Schönheit. »Wilde Küste« heißt sie tatsächlich,

Einfach gut!

HIKER'S HEAVEN

Schon lange hat sich die Wild Coast bei Tauchern, Hochseeanglern und Surfern einen Namen gemacht, zunehmend wird sie auch von Küstenwanderern entdeckt. Das weitläufige Areal ist vollgepackt mit Felspools, rauschenden Flüssen, Bächen und Wasserkaskaden wie den der Magwa Falls. Abgelegene Lagunen, bizarre Klippen, versteckte Sandbuchten und naturschöne Küstenpfade kreieren diesen Hiker's Heaven. Einer der schönsten, der Wild Coast Hiking Trail, startet in Port St. John's oder Coffee Bay, führt auf 64 Kilometern größtenteils unmittelbar am Strand entlang oder durch die Hügel des brandungsnahen Hinterlands und kann als geführte Fünftagestour gebucht werden. Übernachtet wird in traditionellen Xhosa-Rundhütten, beste Wanderzeit sind die Monate April, Mai und September.

Wild Coast Hiking Trail.
Tel. 082/507 22 56,
www.wildcoasthikes.com

weil ihre zahlreichen Riffe und Untiefen schon viele Schiffe auf Grund brachten. Bei den Seefahrern der Ostasien-Route war sie wegen tückischer Navigationsverhältnisse mit unberechenbaren Stürmen und Strömungen wenig beliebt und produzierte am laufenden Band Wracks. Untergänge waren geradezu an der Tagesordnung, sodass in Anlehnung zu den südafrikanischen Wein- und Wal-Routen hier schon bald eine »Wrack-Route« für Taucher entstehen könnte.

Auch das Hinterland hat an Farbkolorit einiges zu bieten. Die ärmliche Transkei, das frühere Homeland der Xhosa, der »Menschen mit den roten Decken«, gehört seit der Wende zur Eastern Cape Province. Die 1879 gegründete Hauptstadt Umtata, das heutige Mthatha, gibt sich als 100 000 Einwohner starke und betriebsame Universitätsmetropole. Hier führt an den Wurzeln Nelson Mandelas kein Weg vorbei: Westlich der Stadt in einem kleinen Dorf namens Mveso am Bashee River verbrachte der Apartheitshäftling, Nobelpreisträger und Präsident seine frühe Kindheit. Als Junge kam er mit der Familie nach Qunu unweit von Coffee Bay, bevor es ihn in die intellektuelle Welt der Weißen hinauszog.

Oben/Mitte: Xhosa-Frauen vor traditioneller Rundhütte und mit Souvenirangebot am Strand
Unten: Die Zukunft der wilden Küste der Xhosa gehört den Urenkeln Nelson Mandelas.

GUT ZU WISSEN

SICHERHEIT
Kriminalität und Betteln sind in der ehemaligen Transkei aufgrund großer sozialer Brüche weitverbreitet. Immer wieder kommen Diebstähle und Autoaufbrüche vor, besonders die Hauptstadt Mthatha ist mit Vorsicht zu genießen. Aber auch an der Küste der Wild Coast lassen sich in dieser Hinsicht unliebsame Erfahrungen machen. Deshalb: parken am besten auf gesichertem Hotelgelände und auf Wertsachen achten. Bettelnden Kindern sollten Reisende kein Geld geben.

Infos und Adressen

SEHENSWÜRDIGKEITEN

Nelson Mandela Museum. Am besten organisiert mit Imonti Tours, 8 Chamberlain Rd., East London, Tel. 083/487 89 75, www.imontitours.co.za

ESSEN UND TRINKEN

Hole in the Wall Restaurant. Pizza und Seafood. Coffee Bay, Tel. 087/150 60 95, www.holeinthewall.co.za

Friend's Café. Fisch & Steaks, Kaffee, Shakes & Cakes. 1 Coastal Rd., Coffee Bay, Tel. 073/077 17 35, www.coffeebayza.com

The Babalaza Bar and Restaurant. Cocktails, Drinks und Transkei-T-Bone-Steaks! Im »The Coffee Shack«, Coffee Bay, Tel. 047/575 20 48, www.coffeeshack.co.za

ÜBERNACHTEN

Coram Deo. Sehr beliebt! Main Rd., Coffee Bay, Tel. 047/575 20 64

Friends Guesthouse. Gepflegte Anlage. 1 Coastal Rd., Coffee Bay, Tel. 073/077 17 35, www.coffeebayza.com

Ocean Views und die schöne Gartenanlage versprechen Erholung pur: »Ocean View Hotel«.

Xhosa-Rinder mit Beach-Vorliebe bei Coffee Bay

Geckos. Atmosphärisches B & B. Stand No. 5, Coffee Bay, Tel. 078/406 47 19, www.geckosguesthouse.weebly.com

Hole in the Wall. 28 Chalets mit Spa. Coffee Bay, Tel. 047/575 00 09

Ocean View Hotel. Beste Strandlage. Main Rd., Coffee Bay, Tel. 047/575 20 05, www.oceanview.co.za

The Coffee Shack. Budget-Herberge, Schlafsaal, Camping und DZ in Cottages. Coffee Bay, Tel. 047/575 20 48, www.coffeeshack.co.za

AKTIVITÄTEN

Quad-Biken & Wassersport. Das »Ocean View Hotel« bietet Ausflüge ins nahe Xhosa-Dorf und andere Aktivitäten an. www.oceanview.co.za

INFORMATION

Wild Cost Holiday Reservation. 44 Drake Rd., Nahoon, East London, Tel. 043/743 61 81, www.wildcoastholidays.co.za und www.wildcoast.co.za

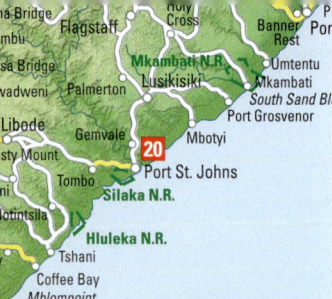

20 Port St. Johns
Trendiges Strandleben mit Flair

Zu einer urbanen Idylle an der Wild Coast hat sich das Hafenstädtchen Port St. Johns entwickelt, das sich an seiner palmenbestandenen Lagune zum Treffpunkt von Künstlern und Malern und sonstwie »hippem« Publikum macht. Nach dem sportiven Strandleben kann man sich hier zwischen Boutiquen und Galerien die Zeit vertreiben oder in einer der Bars abhängen. Um gar nichts zu tun. Außer zu schauen.

Der größte Ort an der Wild Coast und sehr trendige Treffpunkt eines speziellen Publikums ist zugleich ein Stück authentisches Afrika: bestens positioniert an der Mündung des mächtigen Umzimvubu-Flusses inmitten dichter subtropischer Wälder mit traumhaften Stränden, deren Namen die Andersartigkeit dieses Fleckchens schon betonen. Von seinem First Beach sollte man besser die Finger lassen, auch wenn sich bei seinem bildschönen Anblick eine Sehnsucht einstellt: Nahe des Mündungsgebiets des Umzimvubu River kreuzen nicht selten prächtige Haifischflossen samt Unterkonstruktion durchs Wasser. Port St. Johns Second Beach ist wie im Reiseprospekt von dichter Regenwaldvegetation umgeben, liegt einige Kilometer vom Städtchen entfernt und ist bewacht – daher badesicher.

Mitte: Juwel an der Wild Coast: traumhafter Strand im trendigen Port St. Johns, dem umtriebigsten Badeort entlang der Küste
Unten: Ursprüngliche Küstenlandschaften und traditionsverhaftete Menschen verkörpern die »Wilde Küste« der Xhosa

Typisch afrikanisch

Das »Juwel of the Wild Coast«, wie Port St. Johns sich selber gern nennt, zog ursprünglich vor allem Aussteiger und Hippies an, aber heute auch mehr

Port St. Johns

und mehr ganz bürgerliche Feriengäste, die hier ihren Badeurlaub verbringen. Downtown gibt sich das Städtchen ziemlich afrikanisch; *Sangomas*, traditionelle Heiler, gehören ebenso zum Straßenbild wie Minibus-Taxis, deren Besitzer lautstark um Fahrgäste werben. Ein Gewirr aus Englisch, Afrikaans, Xhosa sowie den Sprachen von Besuchern aus aller Welt ist so allgegenwärtig wie der nonstop aus Fenstern und Türen quellende Kwaito Sound. Die Tatsache, dass der für seine landschaftliche Schönheit bekannte Wild Coast Hiking Trail auch in Port St. Johns Station macht, lässt zu Recht auf den außerordentlichen Reiz der Umgebung schließen. Wer sich nicht die gesamte Länge des für seine Wildheit berüchtigten Trail zumuten will, kann es mit dem Teilstück zwischen Port St. Johns und Coffee Bay über 100 Kilometer in fünf Tagesetappen versuchen.

Naturbilder vom Feinsten

Die Silaka Nature Reserve wenige Kilometer westlich von Port St. Johns wartet mit Gezeitenbecken an der felsigen Küste auf sowie zahlreichen Wanderwegen durch eine überbordende Flora. Die vorgelagerte Insel Bird Island, die als Vogelbrutstätte ein magischer Ort der Gefiederten ist, bleibt Kormoranen, Ottern und anderen Spezies einer reichhaltigen Fauna reserviert. Die Mkambati Nature Reserve etwas weiter östlich von Port St. Johns ist ein wenig besuchtes Naturschutzgebiet mit weiten Grasflächen und Wäldern, die von den Schluchten zweier Flüsse, dem Mtentu und dem Msikaba River, durchzogen sind. Die Landschaft ist ebenfalls ein Paradies der Vogelwelt. Nicht nur Ornithologen sind von den äußerst rar gewordenen Exemplaren wie beispielsweise dem Schreiseeadler begeistert. Man kann hier hervorragend wandern, Kanu fahren oder zur Wild- und Vogelbeobachtung auf Game Drive gehen.

Infos und Adressen

ESSEN UND TRINKEN
Delicious Monster. Restaurant mit lokalen Produkten. Second Beach, Tel. 083/997 98 56, www.deliciousmonsterpsj.co.za

The Captain's Cabin. Steaks, Pasta, Curries, Fisch und Eisbein! Im »Cremorne Holiday Resort«, Tel. 047/564 11 10, www.cremorne.co.za

ÜBERNACHTEN
Amapondo Backpacker Lodge. Unterschiedliche sehr schöne Domizile sowie Tourangebote und andere Aktivitäten. Second Beach Rd., Tel. 083/315 31 03, www.amapondo.co.za

Cremorne Holiday Resort. Naturlage etwas außerhalb von Port St. Johns. Tel. 047/564 11 10, www.cremorne.co.za

Delicious Monster. Kleines traumhaftes Retreat für Individualisten. Second Beach, Tel. 083/997 98 56, www.deliciousmonsterpsj.co.za

Umngazi River Resort. Sehr schöne und empfehlenswerte Anlage mit Spa und Pool. Umngazi Mouth, Tel. 047/56 41 11-5, -6, -8, -9, www.umngazi.co.za

INFORMATION
Port St. Johns Tourism Office. Tel. 047/564 11 87, www.portstjohns.org.za

KAROO UND FREISTAAT

21 »Route 62«
Südafrikas bester Road Trip

**Die Route mit dem Nimbus des US-ameri-
kanischen Streckenwunders, das die Rolling Stones mit ihrem Song »Route 66«
weltweit berühmt machten, führt mitten
ins Herz der Kleinen Karoo, die jenseits
von Kapstadt eine ziemlich bizarre und
bergige Wüstenwelt ist. Geschickt vermarktet mäandert die südafrikanische Variante des Stones-Songs als landschaftlich
reizvolle Panoramastrecke durch ein sehr
entspanntes und vor allem bildschönes
Hinterland.**

Als Ende des 19. Jahrhunderts die Straßenbauer
Andrew und Thomas Bain Passstraßen und Tunnel
aus sperrigen Felslandschaften sprengten, entstand die erste durchgehende Verbindung zwischen Kapstadt und dem 850 Kilometer entfernten Port Elizabeth quer durch die Kleine Karoo.
Heute absorbiert die küstennahe N2-Trasse den
Verkehr, was der entleerten R62 ein beschauliches
Roadmovie beschert, das seine aufregendsten Szenen zwischen Montagu und der Straußenstadt
Oudtshoorn abspielt. Wobei der geografische Auftritt exakt der Klein-Karoo-Wine-Route ent-
spricht, die sich noch ein abenteuerliches Stück
weiter über den Swartberg-Pass bis in den idyllischen Bergort Prince Albert hinzieht.

Erste Etappe: Montagu

Ab Kapstadt führt die N1 zunächst zur Brandy-
Stadt Worcester: Church Square mit seiner
prachtvollen kapholländischen Kirche und einer
Handvoll reizvoller Museen sowie der Karoo Botanical Garden sind hier die Pflicht. Als Nächstes

Seite 122/123: Das ruhige
Karoo-Städtchen Aberdeen bei
Graaff-Reinet ist ein architekto-
nisches Wunderland.
Mitte: »Route 62«: Halbwüsten-
landschaften, Bergketten, frucht-
bare Felder und Rebgärten
Unten: Künstlerort Barrydale

»Route 62«

rückt die Rosen- und Rebenstadt Robertson am Fuß der Langeberg Mountains in den Fokus, die sich zudem der Pferdezucht rühmt. Der Kogmanskloof-Pass ist der Einstieg zur Kleinen Karoo und der berühmten »Route 62«, die Montagu, die erste Etappenstadt, geschickt inszeniert, was einem guten Dutzend Übernachtungsherbergen und einer individuellen Gastronomie zum Überleben verhilft: Vielfach klebt zwischen Bath und Church Street das dem US-Original nachempfundene R62-Emblem auf Hinweisschildern – selbst vor der niederländisch-reformierten Kirche aus dem Jahr 1862, die das Zentrum des Landstädtchens schmückt.

Spirituelle Energie: Barrydale

Die nächste Etappe führt zwischen mächtigen Felsmassiven durch fruchtbare Täler bis nach Barrydale. Aufgrund seiner Lage am Huis River gedeihen im idyllisch von Hügelketten umrahmten Tal Rosen, Steinobst und Wein. Der spirituelle Energiefluss hat kreative Aussteiger und Individualisten aller Art angelockt sowie zunehmend gut situierte Pensionäre, die sich einen Lebensabend im trockenen und überhaupt vorzüglichen Klima des zauberhaften Karoo-Städtchens einrichten, weshalb man an der Tankstelle »The Route 62-Stop« unbedingt abzweigen und zum Sightseeing in die Van Riebeeck Street einbiegen sollte: Hübsche viktorianische Domizile reihen sich aneinander wie Perlen auf einer Kette. Hier kreieren Kunstschaffende, Hobby-Imker, Galeristen, B & B-Vermieter und Produzenten selbst gekochter Marmelade ihr spezielles Ambiente, von dem auch das »Karoo Art Hotel« profitiert. Vor der Weiterfahrt noch unbedingt die prachtvolle kapholländische Kirche fotografieren, bevor es über die exzentrischen Road Stops »Diesel & Crème« und »Ronnie's Sex Shop« Richtung Ladismith geht.

Geheimtipp

IM CADILLAC ZUR WEINPROBE

Der Eigner des »Montagu Country Hotel« Gert Lubbe steht auf alte Schlitten. Gleich zwei edle Chromteile hat er in seiner Garage versteckt: einen 1956er Cadillac der Serie 62 Sedan de Ville und einen Chrysler De Soto Fireflight Pillarless S24 Sportsman gleichen Jahrgangs. »American dream cars« nennt man die beiden Straßenkreuzer hier, selbst Alteingesessene gucken, wenn sich Lubbes elektrisches Hoftor in Zeitlupe aufschiebt, während ein V8-Motor satt blubbernd dahinter wartet, um zur Ausfahrt in die Bath Street zu rollen. So was kann jeder haben: mit dem Besitzer der Oldtimer höchstpersönlich als Fahrer und Geschichtenerzähler, wahlweise zur Weinprobe auf die Robertson Wine Route oder auf Stadtrundfahrt durchs historische Montagu.

Montagu Country Hotel.
27 Bath St., Montagu,
Tel. 023/61 41 25,
www.montagucountryhotel.co.za

Ronnie's Sex Shop

Bei Ronnies Kuriosum hält praktisch jeder, schon um zu gucken. Allerdings ist das Einzige, was an Sex erinnert, eine große Auswahl an BHs, Slips und verstaubten Strapsen, die wenig sinnlich über der Biertheke baumeln. Die Geschichte geht so: Als Ronnie seinen Laden zum Verkauf von Farmprodukten eröffnen wollte, hatten seine Kumpels nachts heimlich »Sex« in leuchtenden roten Lettern zwischen »Ronnie's Shop« gepinselt. Er ließ es schulterzuckend so stehen, merkte aber schnell, dass sein neues Firmenlogo deutlich Umsatz brachte. Außer der Reizwäsche über dem Bartresen gibt es aber nur Bier, Obst und Snacks.

Als nächstes Stopover wartet das Karoo-Städtchen Ladismith mit niedlichen Kolonialhäuschen in verwunschenen Sträßchen auf. Eine Handvoll Restaurants, Kneipen und Cafés dient Wanderern als komfortable Basis am Fuß des Towerkop. Es folgen die Berliner Missionsstationen Zoar und Amalienstein sowie jenseits des Huis River Pass, der ein Traumabschnitt für Motorradfreaks ist, die Rotweinkapitale Calitzdorp, von der es nur noch einen Katzensprung bis zur Straußenstadt Oudtshoorn ist.

GUT ZU WISSEN

GET YOUR KICKS ON »ROUTE 62«

Harley-Fahrer flippen aus, wenn sie auf schwerem Gerät über hohe Bergpässe und durch fruchtbare Weinbautäler brummen. Und natürlich ist bei der geführten Motor-Cycle-62-Tour ein Stopp bei »Ronnie's Sex Shop« eingeplant, der sich gern mit Bikern aus aller Welt vor chromblitzenden Harley-Davidson-Maschinen und seinem Laden ablichten lässt (Best'ting Tours, Harley-Davidson-Touren, 7 Voortrekker St., Robertson, Tel. 082/494 72 72, www.bestting.co.za).

Oben: Schmucke kapholländische Kirche in Barrydale
Mitte: Ronnie's illustre Sex-Sammlung über dem Bartresen
Unten: Tankstop der besonderen Art: »Diesel & Crème«

Infos und Adressen

ESSEN UND TRINKEN

The Mystic Tin. Romantisches Restaurant und Biergarten mit vorzüglichem Essen und guten Weinen, sehr speziell. 38 Bath St., Montagu, Tel. 074/886 35 21, www.themystictin.co.za

ÜBERNACHTEN

Excelsior Manor Guesthouse. Luxuriöse Gästefarm in einem Stilbau aus den 1900ern. Robertson Wine Valley, Tel. 023/615 20 50, www.excelsior.co.za

Karoo Art Hotel. Historisches Ambiente, Baujahr 1888, mit Bar und »The Gallery Restaurant«. 30 Van Riebeeck St., Barrydale, Tel. 028/572 12 26, www.karooarthotel.co.za

Montagu Country Hotel. Großzügige Gartenanlage mit Restaurant und Piano-Bar. 27 Bath St., Montagu, Tel. 023/614 31 25, www.montagucountryhotel.co.za

Kunst im Road Stop »Diesel & Crème« bei Barrydale, wo es sich gut essen, tanken und Kurioses einkaufen lässt.

The Barn. Ruhige Privatunterkunft mit schöner Aussicht. 9 Van Riebeeck St., Montagu, Tel. 023/614 33 80, www.the-barn.co.za

The Queen of Calitzdorp. Brandneues luxuriöses Vier-Sterne-Haus in ruhiger Lage. 9 Queen St., Calitzdorp, Tel. 044/213 30 57, www.queenofcalitzdorp.co.za

AKTIVITÄTEN

Montagu Hiking Trails. Wandern und klettern in der Montagu Mountain Reserve und den Langeberg Mountains. Karten mit Wanderwegen und Infos zu Übernachtungen in der Reserve im Tourist Office, www.montagu-ashton.info

Wandern in Ladismith. Die Ladismith Klein Karoo Nature Reserve sowie die Towerkop Nature Reserve bieten herrliche Rundwanderwege an. www.capenature.co.za

INFORMATION

Montagu Ashton Tourism Association. 24 Bath St., Montagu, Tel. 023/614 24 71 und Tel. 023/614 16 16, www.montagu-ashton.info und www.thegreatkaroo.co.za

Interieur im »Karoo Art Hotel«, Barrydale

22 Oudtshoorn und Cango Caves
Die Hauptstadt der Strauße

Als die Feder vom Strauß zu einem begehrten Modeaccessoire wurde, kam die Zeit der »Straußenbarone«: Rasant entwickelte sich das Geschäft mit der Zucht der Laufvögel, über Nacht entstanden prächtige Domizile, und das Städtchen am Rande der Karoo-Wüste kam zu beachtlichem Wohlstand, der vereinzelt auch heute noch zu besichtigen ist.

Nur zehn Prozent aller Strauße in Südafrika genießen das Privileg der Wildnis. Die Mehrheit der rund 600 000 Riesenvögel lebt in Aufzucht wie in Neuseeland die Schafe und beliefert die Schlachthöfe mit Nachschub. Das hat seit 1838 eine Geschichte. Zu Beginn des 19. und 20. Jahrhunderts waren Boas aus Straußenfedern als Modeaccessoires so gefragt, dass sie in alle Erdteile verschifft wurden.

Goldrausch der Federn

Heute ist Oudtshoorn als Zwischenstopp und für Familien mit Kindern interessant, vor allem wegen seiner Straußen-Showfarmen, auf denen Besuchern allerhand Kurioses und Unterhaltsames, aber auch eine Menge Edukatives geboten wird. Zum Beispiel, dass das fett- und kalorienarme und beinahe cholesterinfreie Straußenfleisch gesund und frei von Medikamenten und anderen Zusätzen ist und wie qualitätsstarkes Rinderfilet schmeckt – was sich in den Restaurants der Showfarmen probieren lässt. Oder dass Straußeneier mit bis zu 1,5 Kilogramm dem ernährungsphysiologischen Gegenwert von 25 Hühnereiern

Mitte/unten: Der seltsame Vogel Strauß muss es auch heute noch richten: Fast alles wird von ihm verwertet und landet im Souvenirverkauf wie hier auf dem Markt von Oudtshoorn – oder als saftiges Steak auf dem Teller.

Cango Caves

Die Cango-Höhlen nördlich von Oudtshoorn sind täglich ganzjährig von 9–16 Uhr geöffnet, geführte Touren finden 9,30, 11,30, 13,30 und 15,30 Uhr statt, rechtzeitige Voranmeldung ist erbeten. Die 60-minütige Standardtour ist einfach zu bewältigen, die 90-minütige Abenteuertour führt in Begleitung erfahrener Guides viel tiefer ins Höhlensystem hinein und ist nichts für klaustrophobisch Veranlagte (Platzangst!), sondern nur etwas für gelenkige Kids und schlanke Erwachsene.

Ⓐ Einstieg der Abenteuertour – 200 Treppenstufen führen die Jacobsleiter hinunter in die Grand Hall. The Avenue, Lumbago Alley (Hexenschussgasse), Lot's Chamber und King Arthur's Throne heißen die nächsten Stationen.

Ⓑ Hexenschussgasse – Auch für schmale Teilnehmer eine Herausforderung: Der Tunneldurchgang ist 85 Meter lang, aber nur circa 1,2 Meter hoch.

Ⓒ Crystal Palace – Höhlenkammer mit hängenden Kristallgärten.

Ⓓ King Solomon's Mines – Höhle, deren Deckenstruktur einen bärtigen König mit Kristallkrone zeigt.

Ⓔ Tunnel of Love – Zweiter Härtetest: Die Höhlenpassage ist 74 Zentimeter hoch, an einer kritischen Stelle nur 30, da müssen manche Teilnehmer tief Luft holen … und einander durchschieben und ziehen, um ins Ice Chamber, die Eiskammer, zu gelangen.

Ⓕ Devil's Kitchen – Es folgt The Coffin (der Sarg), ein hexagonal geformtes Durchgangsloch. Dann geht es via Icecream Parlour (Eisdiele) zu Devil's Workshop, der grellfarbigen Teufelswerkstatt.

Ⓖ Devil's Chimney – Härtetest drei: Am Ende des dreieinhalb Meter aufsteigenden und nur 45 Zentimeter weiten Durchschiebetunnels zeigt sich Licht; wer sich mit den Füßen oder dem Kopf zuerst erfolgreich durchgequetscht und in die nächstgrößere Kammer gelangt ist, hat den letzten Engpass und den Ausweg nach draußen (27 cm!) noch vor sich.

Ⓗ Way out – Durchatmen ist angesagt, nach Devil's Chimney sind alle Schwierigkeiten durchlaufen und alle Härtetests bestanden. Rein physikalisch sind Kids eindeutig im Vorteil!

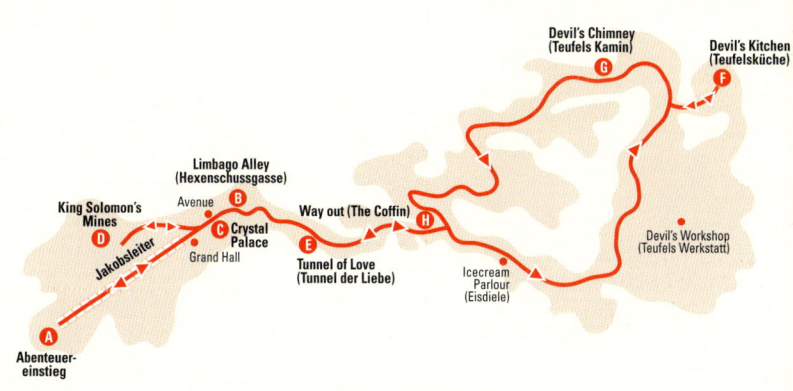

DER STRAUSS

Struthio camelus ist ein seltsamer Vogel, der nicht fliegt, aber mit vier Meter langen Schritten bis zu 50 Stundenkilometer schnell ist, 2,50 Meter groß und 150 Kilogramm schwer wird – und das alles auf Beinchen, die so lang und so dünn sind wie sein Hals. Er hat weder Kropf noch Zähne und schluckt daher feste Dinge wie beispielsweise Steine, um mit ihrer Hilfe seine Nahrung im Magen zu zerkleinern. Zum Kuriosen passt, dass seine schönen, langen Wimpern sanfte Federn sind und die Füße aus nur zwei Zehen bestehen, die allerdings kräftige Krallen tragen und, wenn Gefahr droht, zu gefährlichen Killerwerkzeugen werden. Vor allem das schwarz-weiß gefiederte Männchen kann sich vehement zur Wehr setzten, sogar Elefanten und Löwen sollen vor ihm zurückweichen. Die schlicht in Erdbraun gehaltenen Weibchen wenden bei Gefahr eher die bekannte Taktik des Abtauchens an!

entsprechen und die zu Pulver zermahlenen Krallen in Ostasien als potenzsteigerndes Mittel gefragt sind – rein gar nichts bleibt übrig bei der Vermarktung des seltsamen Vogels.

Man kann sogar auf den Vögeln reiten, und Straußenrennen sind die unbestrittenen Höhepunkte jeder Besichtigung. Natürlich öffnen am Ende des Spektakels die farmeigenen Souvenirshops ihre Pforten und bedienen von der Designerhandtasche bis zum beleuchteten Lampen-Ei die gesamte Produktpalette. Ein Stadtspaziergang entlang der Hauptstraße zeigt hier und da hübsche viktorianische Domizile, das stattliche »Queen's Hotel« im Zentrum (1888), der imposante Bau des CP Nel Museum gleich nebenan und der historische Straußenbaron-Palast Foster's Manor in der Voortrekker Road sind die besten Fotomotive.

Unterirdisch: Cango Caves

Die etwa 20 Fahrminuten nördlich von Oudshoorn gelegenen Cango Caves gehören mit ihren zum Teil beleuchteten Hallen zu den schönsten Tropfsteinhöhlen der Welt und sind ein riesiges und deshalb tatsächlich ziemlich aufregendes Höhlensystem, das sich in Jahrmillionen entwickelt hat. Besonders für Kids sind die Höhlen der Hit! Berühmt ist die Van-Zyl-Halle: Sie wurde nach dem Mann benannt, der 1780 in die dunkle Unterwelt vorstieß, ist 70 Meter lang, 35 Meter breit, bis zu 17 Meter hoch und fasst 1000 Personen. Wegen ihrer hervorragenden Akustik werden hier immer wieder Konzerte veranstaltet. Früher wurden die Cango Caves von den San und Khoikhoi, den Ureinwohnern Südafrikas, als Unterschlupf genutzt. Werkzeugfunde und Malereien belegen, dass die Höhlen schon vor etwa 10 000 Jahren von Menschen bewohnt waren.

Straußenfarmen gibt es reichlich rund um Oudtshoorn wie diese am Fuß des Swartberg-Passes.

Infos und Adressen

SEHENSWÜRDIGKEITEN
CP Nel Museum. 3 Baron van Reede St., Tel. 044/272 73 06, www.cpnelmuseum.co.za

ESSEN UND TRINKEN
Jemima's Restaurant. Feinschmeckerrestaurant. 94 Baron van Reede St., Tel. 044/272 08 08, www.jemimas.com

Ocean Basket. Fisch und Seafood. 114 Baron van Reede St., Tel. 044/272 75 85, www.oceanbasket.com

The Black Swan. Restaurant und Wine Bar. 109 Baron van Reede St., Tel. 044/272 09 82, www.blackswanoudtshoorn.co.za

ÜBERNACHTEN
88 Baron van Reede. Stilvolles Guesthouse in der 88 Baron van Reede St. Tel. 044/272 52 88, www.88bvr.com

Adley House. Schönes historisches B&B. 209 Jan Van Riebeeck Rd., Tel. 044/272 45 33, www.adleyhouse.co.za

Buffelsdrift Game Lodge. Wilderness Lodge, Game Drives & Walks. An der R328, Cango Caves Rd., Tel. 044/272 00 00, www.buffelsdrift.com

Für den Snack zwischendurch ist bei Südafrikanern das Biltong-Trockenfleisch beliebt, das es in Oudtshoorn auch in der Straußenvariante gibt.

Möglichst schlank sein sollte man für den Abstieg ins unterirdische Labyrinth der Cango Caves, was Kids triumphieren lässt.

Hlangana Lodge. Vier-Sterne-Haus in einem Park, zentrumsnah. 51 North St., Tel. 044/272 22 99, www.hlangana.co.za

AKTIVITÄTEN
Cango Caves. Heritage und Adventure Tour 30 Kilometer von Oudtshoorn entfernt, Reservierung notwendig. Tel. 044/272 74 10, www.cango-caves.co.za

Cango Ostrich Farm. Show Farm. An der R328, Cango Caves Rd., Tel. 044/272 46 23, www.cangoostrich.co.za

Cango Wildlife Ranch. Abenteuerland mit Kinderzone, Croc Cage Diving, Raubkatzen und Show Farm. An der R328, Cango Caves Rd., Tel. 044/272 55 93, www.cango.co.za

Highgate Ostrich Show Farm. R328 Richtung Mossel Bay, Volmoed Rd., Tel. 044/272 71 15, www.highgate.co.za

Wilgewandel Holiday Farm. Abenteuer für Kids und Show Farm. An der R328, Cango Caves Rd., Tel. 044/272 08 78, www.wilgewandel.co.za

INFORMATION
Tourism Office Oudtshoorn. 80 Vortrekker St., Tel. 044/279 25 32, www.oudtshoorn.com und www.thegreatkaroo.co.za

23 Prince Albert
Zauber-Idylle in den Bergen

Das kleine Bergstädtchen Prince Albert liegt jenseits der Swartberge, gehört schon zur Großen Karoo und stellt ein ganz besonderes Kleinod dar. Umgeben von bizarren Gipfeln, deren Tops 2000 Meter erreichen, gedeihen in der paradiesisch anmutenden Enklave Oliven, Obst und Merinoschafe und sogar Wein. Wer von Oudtshoorn aus da hinaufwill, muss über den abenteuerlichen Swartberg-Pass oder durch den Meiringspoort.

Benannt nach dem Prinzgemahl Queen Victorias liegt der Ort 650 Meter über dem Meeresspiegel, ist mit seinen viktorianischen und kapholländischen Fassaden beinahe eine Art Freilichtmuseum und als Standort bei Naturfreunden und Wanderern sehr beliebt. Vor allem im Frühling, wenn die Obstbäume blühen und das Land von unzählbaren Wildblumen überdeckt ist, aber auch im südafrikanischen Herbst, wenn Prince Albert sein Olivenfest feiert, ist hier oben kaum mehr eine Übernachtung zu kriegen. Und im Sommer, im Dezember, wenn es in der Karoo besonders trocken und sehr heiß ist, hält das Bergdorf seinen Winterschlaf.

Wenn dem nicht so ist, bietet sich eine Reihe illustrer Aktivitäten an, zum Beispiel ein Besuch der Swartriver Olive Farm inklusive Verkostung, eine von Hobby-Astronomen geführte Sternegucker-Tour, ein Besuch von Gay's Dairy, wo es delikate Käse- und Milchprodukte gibt, oder der informative Ghost Walk nach Einbruch der Dunkelheit, auf dem die Geschichten vergangener Charaktere aus der Zeit Prince Alberts zu hören sind, deren Geister immer noch da irgendwo herumschwirren.

Mitte: Auf 1558 Meter Höhe frisst sich der Swartberg-Pass von Oudtshoorn ins malerische Prince Albert, wo die Mühen des Passfahrens in den Cafés der Kirkstraat schnell vergessen sind.
Unten: Kirkstraat in Prince Albert

Infos und Adressen

Fahrabenteuer Swartberg-Pass

Eine halbe Stunde nach Oudtshoorn biegt die Zufahrt zum Swartberg-Pass ab, der auch auf Thomas Bains Konto geht: Die 24 Kilometer lange und lebensgefährlich steile Trasse zwischen der Straußenstadt und dem durch Bergketten abgeriegelten Gebirgsort sollte sein größtes Bauabenteuer ein Meisterstück werden. Ende 1884 hatten 230 Zwangsarbeiter die schwierige Strecke von Prince Albert bis zum 1530 Meter hohen Swartberg-Gipfel geschafft, ab dem 10. Januar 1888 konnte der Pass, der heute Nationaldenkmal ist, genutzt werden. Wer sich traut, wird eine unglaubliche Serpentinenpiste über Gipfel und entlang haarscharf an Rändern steil abfallender Schluchten erleben, schroffe Abgründe, die den Schotter durch nichts weiter als kniehohe Natursteinmäuerchen trennen. Aber das Aussichtsszenario ist einfach fantastisch! Während mutige Lenker sich mühen, dürfen Beifahrer eines der schönsten Landschaftspanoramen Südafrikas erleben, wobei besonders die Abfahrt in Richtung Prince Albert zum Höhepunkt eines gigantischen felsigen Dramas gerät. Der Pass ist bei trockenem Wetter mit normalem Pkw passierbar, empfehlenswert aber nur für geübte, unerschrockene Fahrer.

Meiringspoort-Schlucht

Einmal oben drüber und einmal unten durch könnte der Slogan für die wesentlich einfachere, aber gleichwohl spektakuläre Rückfahrt lauten: Auf rund 20 Kilometern zieht sich die gut ausgebaute und geteerte Straße als nicht weniger große Ingenieursleistung durch bizarre Canyons und steil aufsteigende Felsgebirge, über sprudelnde Wasserläufe hinweg, was die Rückreise von Prince Albert nach Oudtshoorn ebenso aufregend, aber im Vergleich zum Swartberg-Pass nervlich zu einer ausgeglichenen Unternehmung werden lässt!

ESSEN UND TRINKEN

African Relish. Tolles Ambiente und Spitzenküche, aber nur Mi 18–21 Uhr mit Reservierung geöffnet! 34 Church St., Tel. 023/541 13 81, www.africanrelish.com

Karoo-Kombuis. Mini-Restaurant in Privathaus, alkoholische Getränke sind mitzubringen, Karoo-Lamm ist der immergleiche Renner! 18 Deurdrift St., Tel. 023/541 11 10

Q66. Restaurant in der »Karoo Lodge« mit authentischer Karoo-Küche. 66 Kerkstraat, Tel. 023/541 14 67, www.at66.co.za und www.karoolodge.com

ÜBERNACHTEN

De Bergkant Lodge & Cottages. Historisches Haus in der 5 Church St., Tel. 023/541 10 88, www.debergkant.co.za

Karoo View Cottages. Blick auf die Swartberge und Prince Albert. Tel. 023/541 19 29, www.karooview.co.za

Swartberg Hotel. Viktorianisches Dorfhotel mit schönem Interieur. 77 Church St., Tel. 023/541 13 32, www.swartberghotel.co.za

INFORMATION

The Prince Albert Tourism Association. Church St., Tel. 023/541 13 66, www.princealbert.org.za und www.thegreatkaroo.com

Die Piste über den 1583 Meter hohen Swartberg-Pass ist selbst für geübte Autofahrer eine große Herausforderung.

Ende des 18. Jahrhunderts entstanden die ersten Siedlervorposten und Missionsstationen im Bergland und auf den Hochebenen der Kleinen Karoo östlich von Kapstadt, aus denen sich prosperierende Orte wie Barrydale, Montagu, Seweeksport und Prince Albert entwickelten. Von Übel waren die miserablen Verkehrswege zur Küste, weshalb rund ein Dutzend Routen für wagemutige Lenker entstand.

Damals kam ein alter Haudegen aus Schottland gerade recht: Andrew Geddes Bain wurde zum Helden der Passstraßen, die er unnachgiebig durch und über die Gebirgsketten trieb. Unter abenteuerlichen Umständen entstanden Anfang der 1830er-Jahre der Oudeberg-Pass und der Van-Ryneveld-Pass bei Graaff-Reinet in der Großen Karoo, danach der Ecca-Pass zwischen Grahamstown und Fort Beaufort sowie der Michell's-Pass und der Bain's-Kloof-Pass bei Wellington.

Bevor der alte Andrew Geddes Bain verstarb, schaffte er noch eine ganze Reihe weiterer Wunderwerke, dann setzte Sohn Thomas die Ingenieurskunst seines Vaters fort und brachte noch mehr Bergstraßen auf die Beine, insgesamt 23! Die schönsten und bekanntesten: Meiringspoort (16 km, entstanden 1854–1858), Seweweekspoort-Pass (durch die Swartberge, 17 km, entstanden 1859–1862), Prince-Alfred's-Pass (zwischen Knysna und Uniondale, 70 km, entstanden 1863–1867), Seven Passes Road (zwischen George und Knysna, 75 km, entstanden 1867–1883), Tradouw-Pass (bei Barrydale, 13 km, entstanden 1869–1873).

Seweweekspoort-Pass

Atemberaubend und ziemlich aufregend ist eine Durchquerung des Seweweekspoort, einer engen Schlucht aus rötlichen Felswänden, die über die Bains-Passstraße die Kleine mit der Großen Karoo verbindet; sieben Wochen lang (»Sewe Weeks«) mussten sich Ochsenkarren auf der Strecke mühen! Östlich von George führt der Robinson-Pass über die Outeniqua-Berge nach Oudtshoorn, seine Eröffnung kam 1869 besonders den Federbaronen der Straußenstadt gerade recht, die sich über den neuen Zugang zur Küste zwecks Verschiffung ihrer Produkte in alle Welt freuten.

Outeniqua- und Montagu-Pass

Weil der zunehmende Verkehr zwischen Oudtshoorn und George bald nicht mehr bewältigt werden konnte, wurde 1942 mit dem Bau des Outeniqua-Passes begonnen. Das Mammutprojekt endete mit dem Zweiten Weltkrieg, als 200 italienische Zwangsarbeiter aus der Kriegsgefangenschaft entlassen werden mussten, sodass die Straße erst 1951 fertiggestellt werden konnte. Heute bildet sie eine großzügig ausgebaute Hauptverbindung auf der N12 zur Garden Route. Alternativ gibt es die gut befahrbare Nebenstrecke über den steilen Montagu-Pass.

Für Einsteiger ist die Seven Passes Route zwischen George und Wilderness der Traum von Kurven und bei Bikern besonders beliebt.

24 Matjiesfontein
Der Himmel über der Wüste

Ein Luftkurort sollte der kleine Bahnhofs-weiler inmitten der Großen Karoo werden, in dem von Kapstadt nach Johannesburg durchreisende Dampflokomotiven ihr Kühlwasser auffüllten. Weshalb die kuriose Wüstenortschaft noch heute voller Stolz einen viktorianischen Bahnhof vorzeigen kann und sein legendäres »Lord Milner Hotel«, das in seiner »Lairds Arms Bar« durstigen Gästen frisch gezapftes Fassbier ausschenkt.

Mitte: Landschaft vor Matjiesfontein
Unten: Kaum zu glauben, dass in einer so abgelegenen Halbwüsten-landschaft wie der Karoo ein einzi-ges Luxushotel entstehen kann, und sonst außer einem Bahnhof nichts: das »Lord Milner Hotel« in Matjiesfontein.

Ein Kuriosum ist schon die Geschichte: 1880 ließ sich der lungenkranke Schotte James Douglas Logan im extrem trockenen Wüstenklima der Karoo nieder, was seiner Gesundheit äußerst zuträglich war sowie dem Entschluss, hier einen privaten Kurort zu betreiben, wozu er die edle Herberge erbaute. Als Parlamentsmitglied kannte Logan die Kapstädter Gesellschaft, und schnell entwickelte sich die »Oase im Nichts« an der Bahnstrecke da draußen zu einem Tummelplatz der Prominenz und einem beliebten Erholungsziel. Zudem machte Logan mit einer englischen Dampfschifffahrts-gesellschaft Geschäfte, was ihm Nachschub an Erholungsbedürftigen in die abgelegene, aber klare Karoo-Luft lieferte. VIP-Besucher gab es damals schon, im Gästebuch stehen u.a. der Sultan von Sansibar, der Vater Winston Churchills, Sir Randolph Churchill, Cecil Rhodes und Edgar Wallace, der legendäre Krimi-Autor. Ende des 19. Jahrhunderts galt es als chic, mit dem Zug, der heute Trans Karoo Express heißt und immer noch fährt, aus Kapstadt nach Matjiesfontein zu dampfen, um ausgelassene Feste unter dem glasklaren Firmament des Wüstenhimmels zu feiern.

Matjiesfontein

Während des Burenkriegs zwischen 1899 und 1902 war Matjiesfontein Hauptquartier des Kapkommandeurs, 12 000 Soldaten waren hier stationiert und das Hotel diente als Lazarett. Seit 1975 ist der Ort in seiner Gesamtheit Nationaldenkmal, um das sich unendlich riesige Schafsfarmgebiete ziehen, und so bewirtschaften rund 1000 Einwohner in diesem Mikrokosmos eine Art Freilichtmuseum. Dazu gehören immer noch das beeindruckende »Lord Milner Hotel«, in dem sich Gäste in eine andere Zeit versetzt fühlen, das Postamt, das Landhaus der Schriftstellerin Olive Schreiner sowie das Mary Random Museum. Viele seiner Exponate gehen auf den Burenkrieg zurück. Wenn mehrmals wöchentlich der Luxuszug »Blue Train« in Matjiesfontein hält, erwacht das Leben in der Stille der Wüste: Wie in seinen besten Zeiten umschwirren dann Gäste aus aller Welt für eine Stunde den winzigen Ort, bis der Pfiff des Schaffners zur Weiterreise ertönt.

Licht der Sterne

Wer vom Charme der Großen Karoo infiziert ist, gönnt sich vielleicht eine Nacht in der legendären Herberge und lässt den Trans Karoo Express Richtung Kapstadt oder Johannesburg, je nachdem, einfach sausen – um Sterne zu gucken. Denn das Beste findet in der Karoo nachts statt, wenn es eiskalt wird und der Sternenhimmel so klar wie am Südpol ist. Dann versammeln sich in der Nähe von Sutherland Sternengucker aus aller Welt im South African Astronomical Observatory. Das seit 2005 installierte SALT-Teleskop (Southern African Large Telescope) ist elf Meter lang und ein Gemeinschaftsprojekt der Länder Südafrika, Deutschland, Polen, England, der USA und Neuseeland. Der extrem windige, kalte, aber trockene Standort liegt 1800 Meter hoch, die Sternwarte hat ein Besucherzentrum und kann besichtigt werden.

SEHENSWÜRDIGKEITEN
Sternwarte SALT. Observatorium bei Sutherland. SAAO, Old Fraserburg Rd., Tel. 023/571 12 05, www.saao.ac.za

ESSEN UND TRINKEN
Jupiter Bistro & Pub. Spezialisiert auf Karoo-Lamm. Jubilee St., Sutherland, Tel. 023/571 13 40, www.discoversutherland.co.za

Laird's Arms Bar. Im »Lord Milner Hotel«, Matjiesfontein, Tel. 023/551 30 11, www.matjiesfontein.com

Lord Milners Dining Hall. Stilvoll. Matjiesfontein, Tel. 023/551 30 11, www.matjiesfontein.com

ÜBERNACHTEN
Lord Milner Hotel. Matjiesfontein, Tel. 023/551 30 11, www.matjiesfontein.com

The Galaxy. Viktorianisches Sandsteinhaus. 7 Theron St., Sutherland, Tel. 023/571 12 41

The Jupiter Guesthouse. Idyllische Herberge. Jubilee St., Sutherland, Tel. 023/571 13 40, www.discoversutherland.co.za

INFORMATION
Matjiesfontein Tourism Bureau. The Post Office Shop Matjiesfontein, Tel. 023/551 30 11, www.matjiesfontein.com und www.thegreatkaroo.co.za

25 Karoo National Park
Karoo-Hauptstadt Beaufort West

Die beeindruckendsten Bilder der Karoo-Landschaften haben sich im Karoo National Park nordwestlich von Beaufort West versammelt: Vegetation sprießt nur spärlich in diesem steinwüstenartigen Gebiet. Temperaturunterschiede und geringe Niederschläge haben einzigartige Landschaftsbilder zustande gebracht, aus deren Leere sich bizarre kleine Tafelberge, die typischen »Koppies«, erheben.

Vereinzelt zeigen sich Farmhäuser in der Fläche, dort, wo Merinoschafe und Angoraziegen das Allerletzte vom Boden abknabbern, dann wieder dramatische Felsauftürmungen, und ähnlich wie im Namaqualand an der Nordwestküste Südafrikas explodiert auch hier in der Großen Karoo bei Regen die ausgedörrte Erdkrume: Unzählige Samen der Sukkulenten-Flora, die die Trockenheit überdauert haben, beginnen dann blitzschnell zu keimen, und ein bunter Blütenteppich überzieht für ein paar Tage das Land.

Schatz im Nirgendwo

7000 Pflanzenarten sind innerhalb des 80 000 Hektar großen Areals nachgewiesen und den kurzzeitigen, aber luxuriösen Überfluss seiner Wüstenflora wissen Bergzebras, Spitzmaulnashörner, Kudus, Elandantilopen, Spring- und Gemsböcke und der selten gewordene Schwarze Adler zu schätzen. Sowie seit einigen Jahren auch Löwen. Insgesamt tummeln sich 64 Säugetier- und 59 Reptilienarten im völlig zu Unrecht von Besucherströmen weitgehend ausgesparten Nationalpark,

Mitte: Durch die trockenen und bizarren Landschaften des Karoo National Park führen der Springbok Hiking Trail und der Fontjeintjieskloof Trail.
Unten: Stopover auf der N1 zwischen Johannesburg und Kapstadt: Beaufort West

Karoo National Park

der trotz seiner lebensfeindlich erscheinenden Natur auch an die 200 Spezies der Vogelwelt versammelt. Neben einigen Off-Road-Strecken gibt es zwei geteerte Fahrstraßen, auf denen sich das Gebiet im eigenen Pkw erkunden lässt, Lehrpfade und Wanderwege führen durch diesen naturgeschützten Teil der Karoo, darunter ein »Fossil Walk«, der 50 Millionen Jahre alte Versteinerungen aus prähistorischer Zeit vorstellt.

Beaufort West

Die 1818 nach Henry Somerset, dem 5. Herzog von Beaufort, benannte Stadt wurde vom karrierebewussten Sprössling Lord Charles Henry Somerset, damals Gouverneur der Kapkolonie, gegründet, um einen Stützpunkt im Hinterland zu haben. Heute ist die »Hauptstadt der Karoo« wegen ihres trockenen Klimas ein beliebter Winterferienort, wenn es am Kap stürmt und regnet. Bei teils frostigen Temperaturen gibt es hier dann blauen Himmel und Sonne satt, während das umliegende Bergland mit Schnee bedeckt ist.

Drei neogotische Kirchen, einige hübsche, koloniale Architekturbauten sowie das 1864 errichtete Stadshuis in der Donkin Street (heute Museum) stellt das 40 000 Einwohnerstädtchen Besuchern vor, dessen berühmtester Sohn der weltbekannte Herzchirurg Christiaan Barnard ist. In der Dutch Reformed Church neben der Stadthalle war Vater Barnard als Pastor tätig, Sohn Christiaan wuchs im Pfarrhaus in einfachen Verhältnissen heran. Die hübsche Kirche aus dem Jahr 1872 bildet zusammen mit Pfarrhaus und der Old Townhall nebenan den Museumskomplex Beaufort Museum, in dem es die Barnard-Ausstellung mit Relikten und Dokumenten der ersten, 1967 im Kapstädter Groote Schuur Hospital durchgeführten Herztransplantation gibt.

ESSEN UND TRINKEN

Ye Olde Thatch. Atmosphärisches Restaurant mit typischer Karoo-Küche und schönem Interieur. 155 Donkin St., Tel. 023/414 22 09, www.yeoldethatch.co.za

ÜBERNACHTEN

Beaufort Manor. Bildschönes Vier-Sterne-Gästehaus. 13 Bird St., Tel. 023/415 21 75, www.beaufortmanor.co.za

Leomonfontein Country House. Der besondere Luxus in einer ehemaligen Jagd-Lodge (1850). De Jagers Pass Rd., Tel. 023/415 28 47, www.lemoenfontein.co.za

Ye Olde Thatch. Charmantes Guesthouse. 155 Donkin St., Tel. 023/414 22 09, www.yeoldethatch.co.za

AKTIVITÄTEN

Karoo National Park. Wandern (Springbok Hiking Trail sowie Kurzwanderungen), Rundtour auf Karoo Trails. Infos an der Parkrezeption, www.sanparks.org

INFORMATION

Tourism Information Centre. Clyde House, 25 Donkin St., Tel. 023/415 14 88, www.beaufortwest.net und www.thegreatkaroo.co.za

Kinder in Beaufort West

26 Graaff-Reinet
Valley of Desolation

**Als Anfang des 19. Jahrhunderts der gro-
ße Track der Buren begann, die der britischen Kolonialmacht am Kap entfliehen
wollten, war das burisch geprägte und
1786 gegründete Graaff-Reinet eine bedeutende Etappe in der unwirtlichen Großen Karoo. Heute ist die viertälteste Stadt
Südafrikas am Fuß der Sneeuberg Range
mit mehr als 200 denkmalgeschützten
Gebäuden einer der am besten erhaltenen
historischen Orte des Landes.**

Während sich Ende des 18. Jahrhunderts Briten
und Holländer komfortabel am Kap eingerichtet
hatten, waren die Gegenden jenseits der großen
Bergketten, die die zugänglichen Küstenregionen
vom Inland trennten, großenteils noch unerforscht.
Dennoch machten sich burische Siedler in die hoch-
wüstenartigen Weiten auf, um dort erste Ortschaften zu gründen. Während Stellenbosch auf
die Jahreszahl 1679 zurückblicken kann, lässt sich
das weitere Vordringen der Europäer ins Landesin-
nere an den Gründungsjahren der Städte ablesen.

Kapholländisches Bilderbuch

Um 1770 kamen die ersten Pioniere bis in die Ge-
gend um das heutige Graaff-Reinet, das als Au-
ßenposten der Kapkolonie vom ehemaligen Kapgouverneur Jacob van de Graaff und seiner Frau
Cornelia Reinet gegründet wurde. Das Leben an
der Peripherie der Kolonie war mit stetigen Be-
drohungen durch die hier lebenden Xhosa und
Khoikhoi gefährdet, aber die Buren waren sture
Pioniere und riefen sogar eine eigene Republik
aus, weil sie sich der britischen Ordnungsmacht

Mitte: Karoo-Safari der exklusiven
Private Game Reserve Samara
nahe Graaf-Reinet
Unten: Lebendiges Architektur-
museum: das historische »Drostdy
Hotel« in Graaff-Reinet

Blick vom Valley of Desolation auf Graaff-Reinet

Einfach gut!

am Kap nicht beugen wollten. Mit Graaff-Reinet hinterließen sie Südafrika einen bezaubernden Architekturtraum, der sich am besten durch eine gemächliche Rundfahrt mit der Pferdedroschke erkunden lässt. Wem das zu kitschig ist, erschließt sich das entspannte Künstlerstädtchen eben zu Fuß.

Auf der Liste der Sightseeing-Stopps stehen über 200 denkmalgeschützte Bauten, und natürlich Museen: das Hester Rupert Art Museum, dessen Gebäude einst der Londoner Missionsgesellschaft gehörte und das heute zeitgenössische Kunst ausstellt, das Old Library Museum mit Sammlungen historischer Kleidungsstücke, Felsmalereien der San sowie Fossilien, deren lebende Exemplare vor etwa 230 Millionen Jahren die prähistorischen Sumpfgebiete der Karoo bewohnten, und das Pfarrhaus aus dem Jahr 1812, ein schönes Beispiel kapholländischer Baukunst, das heute das Heimatmuseum Reinet House beherbergt.

Als Wundertüte antiquarischer Kuriositäten setzt sich der Graaff-Reinet-Club in Szene. Jagdtrophäen wie Elefantenfüße und ähnliche exotische Reliquien gehören zur Ausstattung der historischen Männerbastion, zu der Frauen damals keinen Zutritt hatten. Zu den herausragenden Gebäuden

KULINARISCHE ROUTE

Karoo-Küche mit Lamm-, Reh- und Wildfleisch:

De Camdeboo Restaurant. Feine lokale Spezialitäten im Drosty Hotel. 30 Church St., Graaff-Reinet, Tel. 049/892 21 61, www.newmarkhotels.com

The Coldstream Restaurant. Nicht zu verfehlen neben einer riesigen Norfolk-Pinie. Graaff-Reinet, Tel. 049/891 11 81.

Pioneers Restaurant & No 3 Pub. Ausgezeichnet für seine exzellente Karoo-Küche. Graaff-Reinet, Tel. 049/892 60 59, www.pioneersrestaurant.co.za

The Desert Springs Spur. Zentral, gut und preiswert. 22B Church Square, Graaff-Reinet, Tel. 049/892 32 02

Polka Restaurant. Gemütlich, mit Coffee-Shop und Bäckerei. Graaff-Reinet, Tel. 087/550 13 63

The Tower Restaurant at the Art Centre. Curries und Karoo-Lamm. Nieu Bethesda, Tel. 073/028 88 87, www.bethesdatower.co.za

The Karoo Lamb. Karoo-Spezialitäten. Nieu Bethesda, Tel. 049/841 16 42, www.nieu-bethesda.com

zählt auch die Drostdy in der Church Street, der 1806 erbaute Verwaltungssitz, in dem heute das noble »Drostdy Hotel« residiert. Mit Gerichtscafé, historischem Haupthaus sowie den restaurierten ehemaligen Sklavenquartieren am Stretch's Court, die als Suiten für die Übernachtungsgäste dienen, entfaltet es eine schöne koloniale Atmosphäre.

Valley of Desolation

Die Umgebung Graaff-Reinets, das idyllisch an einer Schleife des Sunday River liegt und im Norden vom über 2000 Meter hohen Sneeuberg-Gebirge gerahmt wird, beeindruckt durch seltene landschaftliche Schönheit. Im westlichen Teil des Cambedoo National Park, der Graaff-Reinet fast vollständig umgibt, liegt mit dem Valley of Desolation ein felsiger Höhepunkt der Großen Karoo. Das weitflächige Tal, aus dem sich Doloritfelsen erheben, bringt besonders abends im sanften Sonnenlicht eine hinreißende Bilderlandschaft auf die Beine. Schon die Anfahrt ist ein Erlebnis: Verwitterungserosion hat das skurrile Tal im Verlauf von Millionen Jahren geschaffen, wobei spektakuläre, bis zu 120 Meter aufragende Steinsäulen entstanden sind, die wie Skulpturen in dem 19 000 Hektar großen Areal stehen. Mit 1316 Metern ist der Spandaukop die dritthöchste Erhebung Camdedoo, weitläufig breitet sich der Reyneveld's-Pass-Stausee aus, der zahlreichen Vögeln einen idealen Lebensraum bietet.

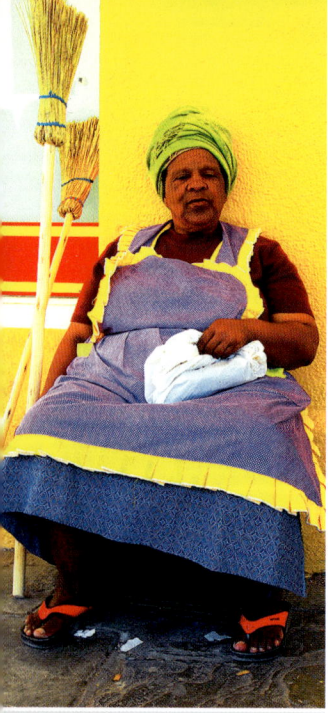

Oben: Bizarre Verwitterungserosion: die Natur im Valley of Desolation, dem »Tal der zerplatzten Steine«
Unten: Den besten Kontakt zu den Einwohnern Graaff-Reinets gibt's gleich vorm Haus!

Infos und Adressen

SEHENSWÜRDIGKEITEN

Owl House Nieu Bethesda. 50 Kilometer nördlich von Graaff-Reinet liegt der bezaubernde Bergort Nieu Bethesda: Das kuriose Owl House der Künstlerin Helen Martins ist jetzt ein vielbesuchtes Museum. Martin St., Tel. 049/841 16 42, www.theowlhouse.co.za

Bethesda Arts Centre. Die traumhafte Lage des Dörfchens zieht zahlreiche Künstler an – im Arts Centre hat sich ein Kollektiv von 15 einheimischen Kunstschaffenden zusammengefunden, Verkauf von Skulpturen, Bildern und Keramik in zahlreiche Galerien. www.nieubethesda.info

ESSEN UND TRINKEN

Gordon's Restaurant. »Slow Karoo Food at it's best«, lautet die Eigenwerbung des Kulinarik-Tempels, den man unbedingt ausprobiert haben muss! 100 Cradock St., Tel. 049/892 45 75, www.asghouse.co.za

ÜBERNACHTEN

Andries Stockenström Guest House. Old Manor House aus dem Jahr 1819 mit eleganter Ausstattung. 100 Cradock St., Tel. 049/892 45 75, www.asghouse.co.za

Drostdy Hotel. Fünf-Sterne-Traum im Herzen der historischen Altstadt. 6280 South, 30 Church St., Tel. 049/892 21 61, www.newmarkhotels.com

Villa Reinet Guest Lodge. Denkmalgeschützte, gemütliche Lodge mit sehr netten Gastgebern (Nick & Ailsa Grobler). 83 Somerset St., Tel. 049/892 55 25, www.villareinet.co.za

AKTIVITÄTEN

Camdeboo National Park. Der 19 000 Hektar große Park umschließt Graaff-Reinet fast vollständig. Neben seltenen Vogelarten an den Ufern des Ryneveld's-Pass-Stausees kommen Springbockarten und Bergzebras in diesem Wanderparadies vor. www.sanparks.org

INFORMATION

Graaff-Reinet Tourism Office. Church St., Tel. 049/892 42 48, www.graaffreinet.co.za und www.thegreatkaroo.co.za

Museum in einem ehemaligen Amtsgebäude in Somerset East südwestlich von Graaff-Reinet

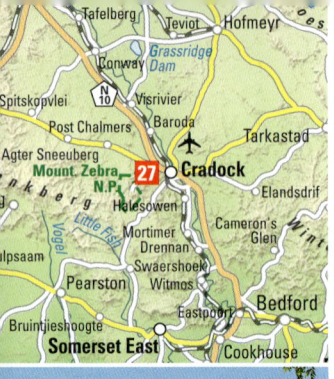

27 Cradock
Zebra Mountain National Park

Im »Land des großen Durstes«, wie die Buschmänner die trockene Karoo-Steppe nennen, ist das 1813 als Grenzposten der Kapkolonie gegründete Cradock ein Kleinod im fruchtbaren Tal des Fish River. Geld ließ sich auf den ausgedehnten Flächen vor allem mit Merinoschafen verdienen, heute ist Cradock ein geschäftiges Handels- und Landwirtschaftszentrum.

Wie es sich gehört, steht in der Ortsmitte die der Londoner Kirche St. Martin's in the Field nachempfundene Dutch Reformed Church aus dem Jahr 1867, und natürlich lassen sich hier und da schöne alte Gebäude aus längst vergangenen Zeiten entdecken. Das 1825 als Pfarrhaus erbaute Great Fish River Museum gehört zu den historischen Kolonialperlen mit dazu, aber deshalb reist niemand nach Cradock.

Bergzebras und Bücher

Bekannt wurde das am Fischfluss prosperierende Städtchen durch die südafrikanische Schriftstellerin Olive Schreiner (1855–1920), deren deutscher Ursprung auf einen Methodisten-Missionar in Witteberge, Lesotho, zurückgeht. Lange vor der Apartheid ging die Autorin gegen den viktorianischen Rassendünkel sowie den Imperialismus der Weißen an, wurde mit ihrem Roman *Story of an African Farm* berühmt, und landete dafür während des Burenkriegs in einem Internierungslager. Im Wohnhaus, in dem sie von 1867 bis 1870 lebte, ist heute das Museum Olive Schreiner House untergebracht, Olive Schreiner's Tomb, ihre Grabstätte südlich der Stadt, ist eine Wallfahrtstätte.

Mitte: Cradock entstand 1812 und wurde nach John Francis Cradock, dem Gouverneur der Kapkolonie zwischen 1811 und 1813, benannt.
Unten: Im Zebra Mountain National Park konnten Hunderte vom Aussterben bedrohte Bergzebras Überleben.

Die größte Attraktion der Region ist der Mountain Zebra National Park 25 Kilometer westlich der Stadt. Nur rund 100 Tiere der aussterbenden Spezies Cape Mountain Zebra waren in den 1930er-Jahren weltweit noch vorhanden, eine Handvoll in der bis zu 2000 Meter hohen Bergwelt westlich von Cradock, weshalb hier 1937 ein 6600 Hektar großes Schutzgebiet entstand, um die bedrohten kleinen Bergzebras zu retten. Heute leben hier wieder an die 600 der seltenen Tiere im Nationalpark, neben Springböcken, Kudus, Antilopen, Wüstenluchsen, Pavianen und über 200 Vogelarten. Der Park lässt sich im eigenen Pkw erkunden, aber die beste Möglichkeit, Bergzebras zu Gesicht zu bekommen, ist – als einer von mehreren Naturpfaden – der 31 Kilometer lange Mountain Zebra Hiking Trail. Er führt durch die Fonteinkloof- und Grootkloof-Schlucht zum Banksberg, von dessen Gipfel sich fantastische Ausblicke auf den über 2000 Meter hohen Kompassberg, den höchsten Gipfel der Sneeuberg Mountains, bieten.

Geheimtipp Hogsback Nature Reserve

Das zauberhafte Hogsback liegt 1300 Meter hoch in den Amathole-Bergen zwischen Cradock und East London/Buffalo City, gehütetes und bildschönes Geheimnis und wohl auch deshalb bei Promis als Rückzugsort sehr beliebt: Angenehmes Klima mit ausgeprägten vier Jahreszeiten, ökologisch orientierte Ernährung und tiefe Ruhe mit Ausblicken auf bewaldete Täler und Berge machen Hogsback zu einem besonderen Reiseerlebnis; angeblich soll das Kleinod J. R. R. Tolkien (der in Bloemfontein lebte) zu einem seiner Schauplätze in *Der kleine Hobbit* inspiriert haben. Der zwei Kilometer lange Wanderweg *Military Path*, den britische Soldaten einst zwischen Fort Hare und Fort Michel anlegten, ist ein landschaftlicher Traum!

Infos und Adressen

ESSEN UND TRINKEN
Die Tuishuise Restaurant. Frühstück und Dinner in einem historischen Restaurant. 36 Market St., Cradock, Tel. 048/881 13 22, www.tuishuise.co.za

ÜBERNACHTEN
Die Tuishuise. Liebevoll eingerichtete Karoo-Häuschen als Stadtherberge. 36 Market St., Cradock, Tel. 048/881 13 22, www.tuishuise.co.za

Doornhoek Guest House. Komplett eingerichtetes viktorianisches Farmhaus mit drei Schlafzimmern sowie Familien-Cottages im Zebra Mountain National Park. www.sanparks.org

AKTIVITÄTEN
Wandern. Der Mountain Zebra Hiking Trail dauert drei Tage, www.sanparks.org; der Military Path in der Hogsback Nature Reserve eine knappe Stunde, www.hogsback.co.za

Wildwasser. Karoo River Rafting auf dem Fish River. Über: De Keur Farm zwischen Cradock und Middelburg, Tel. 084/429 99 44, www.karoo-river-rafting.co.za

INFORMATION
Travel and Tourism Garden Route. Cradock, Tel. 048/881 00 40, www.gardenroute.org/cradock und www.thegreatkaroo.co.za

28 Golden Gate Highlands
Freestate-Kapitale Bloemfontein

Jahr um Jahr wurde der 1963 gegründete Nationalpark aufgrund seiner schützenswerten Natur erweitert, sodass er inzwischen eine Fläche von über 100 Quadratkilometern umfasst. Das ist eine Menge Platz, aus dem der Generaalskop mit 2732 Metern eindrucksvoll herausragt. Für Bergwanderer sind die nördlich der Maluti-Berge Lesothos gelegenen bizarren Gebirgslandschaften ein Muss.

»Golden Gate« scheint aus der Welt, liegt aber verkehrsgünstig nahe an der N2 zwischen Durban und Johannesburg. Wer über Kimberley oder aus der südlichen Kapregion anreist, sollte die Historie der Freestate-Kapitale Bloemfontein auf keinen Fall auslassen: Burische Konsistenz wartet in allen Bereichen auf interessierte Besucher, ob als altkoloniale Prachtarchitektur wie der Fourth Raadsaal des »freien« Oranje-Staates, ob als historische Denkmäler wie das National Women's Memorial oder als Kriegsmuseum der burischen Republiken. Grüne Parkanlagen ergänzen das Bild in der »Stadt der Rosen« (Afrikaans: bloem fontein), die auch durch ihre besonders freundliche Atmosphäre auffällt.

Die leuchtenden Sandsteinfelsen der Golden Gate Highlands stellen eine der größten Attraktionen der Free-State-Provinz.

»Most dramatic landscapes«

Wohin die Blicke schweifen, zeigen sich zerklüftete Sandsteinformationen, die gerade bei spätem Licht zu impressionistischen Wunderwerken geraten, dann, wenn die Sonnenfarbe von Gold über Orange zu tief strahlendem Ocker wechselt und in

Landschaft pur: Golden Gate Highlands

der absoluten Stille skurriler Felsskulpturen letztendlich zu Rot. Nach dem Absacken des Feuerballs explodiert der Himmel darüber erst richtig. Wer »most dramatic landscapes« sucht, findet sich zwangsläufig im Golden Gate Highlands National Park wieder. Ein Besuch lohnt sich allein für dieses Sonnenuntergangsspektakel, und viele kommen tatsächlich »on time«, um sich nach dem Schauspiel gleich wieder davonzumachen. Allerdings verpassen die Expressreisenden andere eindrucksvolle Naturstimmungen, die grasbewachsene Berghänge, tiefe Schluchten und aufragende Felsklippen im Wechselspiel des Lichts hervorbringen.

Ruhe und Einsamkeit

Großstädter aus Johannesburg, Pretoria und Durban holen sich hier an den Wochenenden Frieden für die urbane Seele, der sich auf Knopfdruck einstellt, wenn Lämmer- und Bartgeier oder Felsenadler über Steilschluchten ruhig ihre Runden drehen, wenn Bergzebras, Springböcke und Antilopen zwischen Felssäulen stehen, reglos wie Bühnenstatisten. Sie und all die anderen aus der

Geheimtipp

AUF DEN SPUREN DER BASOTHO

Die Volksgruppe der Sotho siedelt nordöstlich von Johannesburg. Wie die Ndebele verzieren sie ihre Steinhäuser mit intensiven Farben und Steinmosaiken. Zwischen dem Golden Gate Highlands Park und dem Landstädtchen Harrismith liegt das Basotho Cultural Village, ein in den Nationalpark integriertes Schaudorf, das die traditionelle Lebensweise des aus Lesotho stammenden Bergvolks lehrreich vermittelt. Schauspieler führen allerlei Bräuche vor. Zum Programm des liebevoll hergerichteten Aktionsmuseums gehören auch Übernachtungen in Rundhütten (Rondavels), eine Wanderung zu Heilpflanzen und Felsbildern sowie Sotho-Kochkunst im eigenen Restaurant, selbst gebrautes Ingwer-Bier inklusive.

Basotho Cultural Village.
www.sanparks.org und
www.places.co.za

Einfach gut!

The Urban Hotel. Trendige Stadtherberge. Parfitt Ave., Bloemfontein, Tel. 051/444 31 42, www.urbanhotels.co.za

Jedidja B & B. Atmosphärisches Vier-Sterne-Gästehaus. 2A Innes St., Bloemfontein, Tel. 051/436 65 84, www.jedidja.co.za

De Oude Kraal Country Estate & Spa. Merinoschaffarm in fünfter Generation mit traditioneller Landküche. 35 Kilometer südlich von Bloemfontein, N1, Ausfahrt 153, Tel. 051/564 06 36, www.deoudekraal.com

Dersley Manor. Luxuriöses Gästehaus mit filmreifen Interieurs. 10 Dersley Rd., Bayswater, Tel. 051/436 52 71, www.dersleymanor.co.za

Bloemstantia. B & B mit geschmackvoller Ausstattung, Dinner auf Anfrage. 62 Eddie De Beer St., Dan Pinar, Tel. 051/436 43 15, www.bloemstantia.co.za

Primavera Guesthouse. Charmantes kleines B & B in einem verwunschenen Garten. 34A Waverley Rd., Waverley, Tel. 051/433 29 56, www.primavera.co.za

Orchid House und Naval Hill

harmlosen Wildtierabteilung machen den Golden Gate Highlands National Park zum idealen Refugium für Wanderer, die Einsamkeit und Ruhe suchen, sowie für Landschaftsenthusiasten, denen die »Big Five« nicht so wichtig sind. Das Nationalpark-Refugium heißt »Golden Gate« wegen der Landschaftsoptik zweier Felsklötze, die 100 Meter hoch sind und im goldenen Sonnenlicht wie ein Eingangstor erscheinen. Sie bergen zahlreiche Sandsteinhöhlen mit gut erhaltenen Gravuren und Zeichnungen der San und dienten während der Britisch-burischen Kriege flüchtigen Burenfamilien als Versteck vor den Engländern.

Paradies für Bergwanderer

Gut ausgeschilderte Wanderwege führen bis an die Flanke des Generaalskop heran, dahinter steigen die Gebirgsketten Lesothos auf 3000 Meter an. Einer der bekanntesten mehrtägigen Tracks ist der 33 Kilometer lange Rhebok Hiking Trail, der am Glen Reenen Rest Camp beim Parkeingang beginnt. Dort befindet sich auch der Ausgangspunkt zweier Fahrpisten, die zu den schönsten Attraktionen des Golden Gate National Park führen. Der Park hat ganzjährig Saison; im Sommer herrscht mildes Hochgebirgsklima mit angenehm kühlen Abenden. Zwischen Januar und Februar treten häufiger kurze, heftige Gewitter auf, was Wanderer bei der Ausrüstung berücksichtigen sollten. Im Winter zeigen sich die höchsten Gipfel Afrika-untypisch, weil häufig schneebedeckt. Nachts kann es dann frostig werden, aber tagsüber sind die Temperaturen ideal für Outdoor-Aktivitäten. Neben preiswerten Unterkünften bieten die staatlichen Rest Camps auch Ausritte zu Pferde an, kürzere geführte Wanderungen sowie Nachtsafaris. Auch lassen sich per Kajak oder Kanu die bildschönen Stauseen des Parks erkunden.

Bloemfontein entdecken

Ein Spaziergang durch das Zentrum der sechst-
größten Stadt Südafrikas offenbart nicht nur die
geschichtsträchtigen Insignien der Burenhochburg,
sondern auch wunderschöne Parkanlagen und
Museen sowie den Pulsschlag einer geschäftigen
Millionenstadt.

Ⓐ First Raadsaal – 1854 traf hier erstmals der
Volksrat des Freistaates zusammen, 95 St.
Georges Street.

Ⓑ Fourth Raadsaal – Beeindruckender Kuppel-
bau aus dem Jahr 1893. Das 2,5 Tonnen schwere
Eisentor stammt aus Paris.

Ⓒ Orchid House und Naval Hill – Bedeutsame
Orchideensammlung in der Union Avenue sowie
Blick auf Bloemfontein vom städtischen Hausberg.

**Ⓓ National Women's Memorial & Military Mu-
seum –** Ein 36,5 Meter hoher Sandsteinobelisk
gedenkt 26 000 burischer Frauen, die in britischer
Gefangenschaft umkamen. Das Kriegsmuseum mit
Exponaten des Burenkrieges liegt etwas südlich
des Zentrums.

Ⓔ Old Precidency – Präsidentenpalast (1886),
heute als Kulturzentrum für Musik, Tanz und Kunst
genutzt, 17 Pres. Brand Street.

Ⓕ Loch Logan Waterfront – Reizvolles Zentrum
mit Cafés, Bars, Restaurants und Shops,
www.lochlogan.co.za

Ⓖ King's and State President Park – 4000 Ro-
senbüsche, Zoo und Botanischer Garten.

Das Kriegsmuseum gibt den Besuchern einen Eindruck von den Auseinandersetzungen zwischen Briten
und Buren.

Clarens

Je nach Jahreszeit sind die staatlichen Camps rechtzeitig zu reservieren. Wenn das nicht klappt, freut sich eine Reihe empfehlenswerter Gästehäuser im nahen Kleinstädtchen Clarens, das seinen eigenen Reiz versprüht: Die »Perle des Orange Free State« wurde 1912 nach der schweizerischen Ortschaft benannt, in der Paul Krüger, der erste Burenpräsident und Initiator des Krüger-Parks, seine letzten Lebensjahre im Exil verbrachte. Zwischen zerklüfteten Kalkfelsen, goldfarbenen Feldern und saftigen Hügeln gelegen, trifft das idyllische Clarens mit frisch getünchten Häusern, gemütlichen Cafés, peppigen Galerien, Gourmet-Restaurants und feinen Hotels auf meist sehr überraschte Gäste.

GUT ZU WISSEN

UMKÄMPFT IM BURENKRIEG

Die Hauptstadt des (burischen) Oranje-Freistaates war während des Burenkrieges hart umkämpft: Britische Truppen schossen vom Naval Hill, Bloemfonteins Hausberg, mit Kanonen auf anrückende Buren, die ihr nationales urbanes Zentrum im Jahr 1900 an die britische Kolonialmacht verloren. Durch die Eingliederung des Oranje Free State in die Südafrikanische Union erhielt Bloemfontein den Sitz des Obersten Gerichtshofs und wurde damit zur dritten Hauptstadt des Landes.

Oben: Sunset im verschlafenen Agrarstädtchen Ladybrand
Mitte: Ladys in Bergville mit Einkauf bei stechender Sonne
Unten: Kuriosum der Flora: Der Elefantenbaum im Freistaat sieht tatsächlich so aus, wie er heißt!

Infos und Adressen

ESSEN UND TRINKEN

Cranberry's Restaurant. Seafood, Steaks und opulente Desserts. 37 Beeton St., Ladybrand, Tel. 051/923 15 00, www.cranberrycottage.co.za

ÜBERNACHTEN

Castle. Märchenschloss speziell für Familien mit Kindern. Abzweig R712 nahe Bokpoort Farm, Clarens, Tel. 083/268 04 97, www.castleinclarens.co.za

Cranberry Cottage. Verteilt auf verschiedene historische Gebäude aus der Zeit um 1900. 37 Beeton St., Ladybrand, Tel. 051/923 15 00, www.cranberrycottage.co.za

Golden Gate Highlands National Park. Bietet sehr unterschiedliche Domizile an: das »Golden Gate Hotel« (modern), Highlands Mountain Retreat (Luxuscamp für Naturliebhaber), Glen Reenen Rest Camp, Rondavels und Cottages sowie das »Noordt Brabant Guest House« (uriges Farmhaus). www.sanparks.org

Kalm Guesthouse. In einem riesigen Garten mit Bergblick. 484 Swart St., Clarens, Tel. 058/256 12 32, www.kalm.co.za

Relaxte Alltagsakrobatin in Vredeforts Main Street

Clarens: bestens geeignet für ein Stopover

Maluti Mountain Lodge. Rustikales Landhotel. Steil St., Clarens, Tel. 058/256 14 22, www.malutimountainlodge.co.za

Patcham Place. Außerordentlich hübsches B & B mitten in Clarens. 262 Church St., Tel. 058/256 10 17, www.patchamplace.co.za

EINKAUFEN

Loch Logan Waterfront. Großes Shoppingcenter. 105 Henry St., Willows, Bloemfontein, Tel. 051/448 36 07, www.lochlogan.co.za

INFORMATION

Bloemfontein Tourist Information. Tourist Centre, 60 Park Rd., Willows, Bloemfontein, Tel. 051/405 84 89, www.bloemfonteintourism.co.za

Free State Tourism Authority. 131 Nelson Mandela Drive, Bloemfontein, Tel. 051/411 43 00, www.freestatetourism.org und www.clarenstourism.co.za

METRO-POLITAN GAUTENG

29 Johannesburg
Drehscheibe der Kraft

Die Geschichte Johannesburgs handelt von Gold und von der berühmtesten Township der Welt, Soweto, von der größten Ansammlung an Golfplätzen im Land, dem umtriebigsten Drehkreuz im afrikanischen Luftverkehr mit über 20 Millionen Passagieren pro Jahr, von dem Knotenpunkt zahlreicher Autobahnen und Bahnlinien, einer hohen Kriminalitätsrate und Kulturdichte und vom größten Anteil an der Erwirtschaftung des südafrikanischen Bruttosozialprodukts.

Seit 1886 fiebert Jo'burg in einer Art permanentem Rauschzustand. Zuerst brachte das Gold schnelles Wachstum innerhalb weniger Jahre – und für viele Goldsucher und Minenarbeiter schreckliche Verhältnisse mit sich. Die meisten der Nichtweißen kamen als Kontraktarbeiter in die Minen und lebten unter erbärmlichen Umständen in Elendsquartieren. Nur für die zahlungskräftigeren gab es Vergnügen in Spielhallen, Bordellen und Bars. Mächtige Minengesellschaften entstanden, die das goldhaltige »reef« unter Jo'burgs Oberfläche gewinnbringend ausbeuteten. Die Western Deep Levels Mine etwa reicht über 3000 Meter tief in den Untergrund, nicht weit entfernt von den modernen Spiegelfassaden der schnelllebigen City.

Die Spuren der Freiheit

Die rote Spur des Freiheitskampfes führt Besucher zum Gandhi Square und zur ehemaligen Kanzlei Oliver Tambos und Nelson Mandelas, die als Rechtsanwälte gemeinsam gegen die Apartheid kämpften. Im berüchtigten Johannesburg Fort war

Seite 152/153: Johannesburg ist Südafrikas dickster Brocken und ökonomisch die Zugmaschine.
Mitte: Im feinen Stadtviertel Sandton sind gepflegte Gärten der Normalzustand.
Unten: Ghandi Square im Zentrum Johannesburgs

Der Business District Johannesburgs

schon Mahatma Gandhi inhaftiert, später Nelson Mandela. In Soweto steht das ehemalige Wohnhaus der Mandelas auf dem Programm (heute Museum), ein Stück weiter das von Erzbischof Desmond Tutu.

Das urbane Netzwerk

Nach dem Fall der Apartheid erlebte Johannesburg seinen brutalsten Wandel: Große Massen schwarzer Bewohner aus den Elendsquartieren vor den Toren der Stadt strebten nun in die City, während immer mehr Firmen, die ja mehrheitlich Weißen gehörten, ihre Standorte von dort verlegten, zum Beispiel in den neu geschaffenen feinen Vorort Sandton, der heute wie eine eigenständige und abgesicherte Stadt funktioniert. Johannesburgs Zentrum wurde zu einem Ort der Geisterstraßen zwischen Hochhausblöcken, wo die Kriminalität in astronomische Höhen stieg. Trotz des Niedergangs seiner City entwickelte sich Jo'burg andernorts rasant weiter, und die aufstrebende Stadt mit dem ausgezeichneten Höhenklima (1752 Meter) wurde zum Schmelztiegel aller Rassen und Hautfarben und zum schlagkräftigen Herzmuskel der neuen südafrikanischen Identität.

Geheimtipp

DEUTSCHE HANDELSSTATION

Spurensucher deutscher Siedlungsgeschichte kommen 50 Kilometer südöstlich von Johannesburg auf ihre Kosten – in Heidelberg! Die 1862 von Heinrich Julius Ückermann gegründete Handelsstation benannte der deutsche Kaufmann nach seiner Studien- und Heimatstadt am Neckar. Das hübsche Landstädtchen war während der Burenkriege sogar mal Hauptstadt der Südafrikanischen Republik und bietet einiges an Sehenswürdigkeiten. Zum Beispiel das Heidelberg Transport Museum im Sandsteinbau des Alten Bahnhofs (1895) mit historischen Dampfloks, Oldtimern und alten Motorrädern, die 1890 geweihte Klipkerk in der Verwoerd St. sowie das stadtnahe Suikersbosrand Naturreservat am Fuß des 1903 Meter hohen Suikersbos, in dem Wanderer Antilopen, Zebras, Gnus und 200 Vogelarten zu sehen bekommen.

Heidelberg.
www.heidelberggp.co.za

TOWNSHIP EXPERIENCE

Einfach gut!

Soweto mal ganz anders erkunden – auf dem Fahrrad! Teilnehmer haben garantiert einen aufregenden Tag mit den beliebten Halb- oder Ganztagesfahrten und erfahren eine Menge Details über das Stadtviertel: Historische Sehenswürdigkeiten stehen auf dem Programm, natürlich auch das bekannte Hector Pieterson Museum, das die wechselhafte politische Geschichte des berühmtesten Elendsviertels der Welt auf spannende Weise erzählt, und natürlich bleibt ausreichend Zeit, ein »Shebeen«, eine typische Townshipkneipe, zu besuchen, sowie Kostproben lokaler Spezialitäten zu nehmen, bevor die Biker durch die berühmte Vilakazi Street radeln, in der Präsident Nelson Mandela lebte und Erzbischof Desmond Tutu sein Haus hat.

Lebo's Soweto Bicycle Tours. 10823A Pooe St., Orlando West, Soweto, Tel. 011/936 34 44, www.sowetobicycletours.com

Immer gut drauf: schwarze Kids im Viermillionen-Township Soweto

Heute ist das aus Hunderten Stadtvierteln, Vorstädten und Townships zusammengesetzte urbane Netzwerk mit seinen Hochhauspalästen eine pulsierende Weltstadt. Und aus der alten Zeit ist gar nicht so wenig geblieben, denn sie existieren noch, die kolonialen Zeugen in Stein: die National Bank (1890) und die City Hall (1910) in der Market Street, die alte Post (1897) in der Rissik Street, die Public Library (1935) in der Simmonds Street, das Victoria House, das Market Building, das Cuthberts Building sowie der Supreme Court.

Vom 50. Stockwerk des Carlton Centre, das die nicht unpassende Bezeichnung »Top of Africa« führt, lässt sich bei guter Sicht das nur 50 Kilometer entfernte Pretoria ausmachen, der Sitz der südafrikanischen Regierung. Nur wenige Kilometer entfernt befindet sich der historische Themenpark Gold Reef City mit Livemusik, Bühnenshows, Straßentheater, Cafés, Kneipen und Restaurants. Der Vergnügungspark liegt auf dem Territorium der seit Langem geschlossenen Crown Mines, die von 1892 an rund 1400 Tonnen Gold ans Tageslicht befördert hatten! Eine Vielzahl an Museen sowie eine rekonstruierte Stadt aus stilechten viktorianischen Bauten (First National Bank, Rosie O'Grady's Action Bar sowie die Star-Newspaper-Redaktion) präsentieren dort das Johannesburg, wie es zu Zeiten seines Goldrausches einmal war.

»Urban renewal« – Stadterneuerung

Bald könnte Jo'burg's Downtown wieder glänzen. Beispiellose Revitalisierungsprogramme haben einst heruntergekommene Stadtviertel wieder zurückgeholt, dazu gehören Melville, Rosebank, Melrose Arch und Craighall Park. Damit das mit Johannesburgs ramponiertem Zentrum wieder so

Johannesburg

Johannesburg entdecken

Die Highlights Downtown Johannesburgs sollte man mit einem der zahlreichen Minibus-Veranstaltern abfahren und sich damit in sichere und kundige Hände begeben. Für die Guides ist Jo'burg ein Heimspiel, und es gibt 1001 Geschichten zu diesem Riesenkoloss zu erzählen!

Ⓐ The Top of Africa – Die mit 232 Metern höchste Aussichtsplattform des Kontinents bietet vom 50. Stock des Carlton Centre (Shoppingparadies!) einen beeindruckenden Überblick!

Ⓑ Museumskomplex – Museum Africa (themuseumafrica.org) und das Bensusan Photography Museum, in der Nachbarschaft Restaurants, Bars, Jazzkneipen und eine lebendige Kulturszene.

Ⓒ Market Theatre – Aus dem ehemaligen Obst- und Gemüsemarkt, Baujahr 1913, ist ein Kulturzentrum entstanden mit mehreren Theaterbühnen, Restaurants, Jazzkneipen und Galerien (www.markettheatre.co.za).

Ⓓ Nelson Mandela Bridge – 284 Meter lange Kabelbrücke und Produkt eines hyperteuren Stadtsanierungsprogramms, Wahrzeichen des »neuen« Johannesburgs.

Ⓔ Newton Cultural Precinct – Das ehemalige Industrieareal und No-go-Area ist heute Touristenattraktion, Kultur- und Kunstzentrum. Scibono Discovery Centre, Miriam Makeba St., Tel. 011/833 40 53

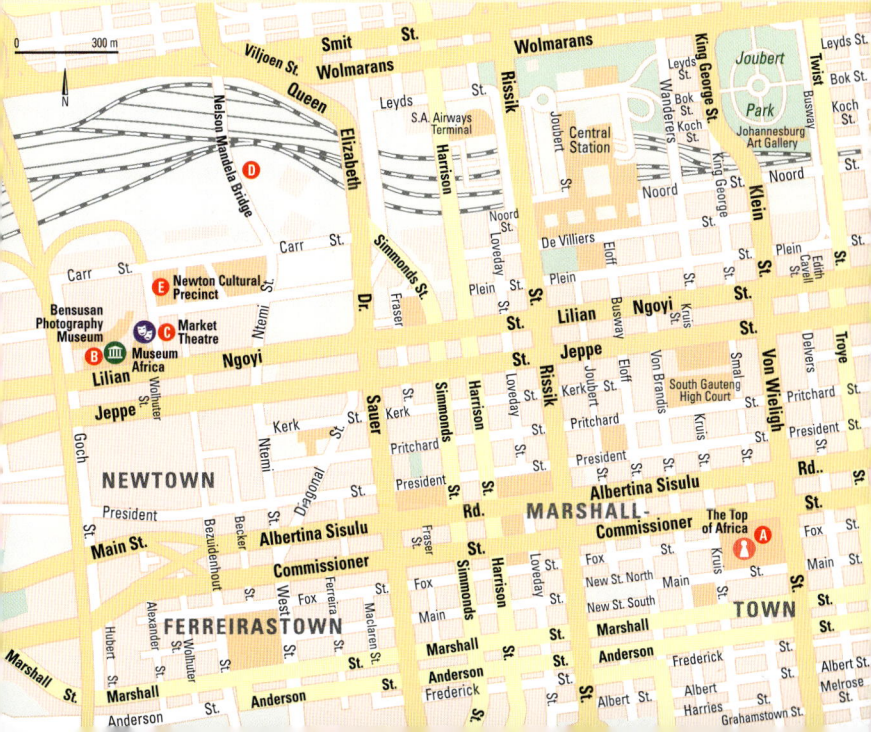

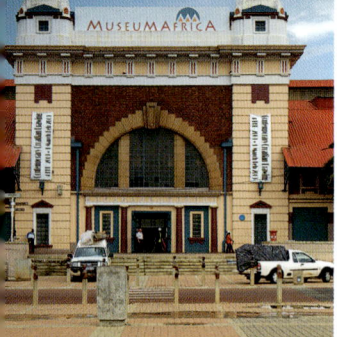

werden kann, schlägt auch hier die urbane Erneuerung kraftvolle Wurzeln. Investoren, Kunstschaffende und Marketingexperten haben die City neu entdeckt, wie Jonathan Liebmanns Happening-Meile »Arts on Main« beweist, wo die Kunst- und Intellektuellenszene sich ein sehr spezielles Zuhause geschaffen hat. Auch die Wohngegenden rund um einige der Johannesburger Universitäten sowie die Stadtviertel Melville und Braamfontein sind Künstler- und Designerareale und als kulturelle Treffpunkte bekannt. Hier findet Lebensart satt statt – nicht nur auf dem samstäglichen »Market on Main« oder in einer Sonnenliege auf der Dachterrasse der »The Beach«-Bar.

Besuchern ist Jo'burg im Alleingang dennoch nicht zu empfehlen. Unter sachkundiger Führung zeigen sich Nachtleben, Musikszene, Kunst und Galerien, prall gefüllte Shoppingmalls, szenische Kneipen und Gourmettempel in kaum vorstellbarem Überfluss, allein die Liste kultureller Ereignisse ist endlos! Edle Einkaufsmeilen in den Malls der vornehmen Vorstädte Sandton City, Rosebank und Parkhurst kontrastieren zu afrikanisch-bunten Märkten, die sich downtown auf Plätzen und Trottoirs ausbreiten, wo die Wahl schwerfällt: eher

Oben: Bombastischer Bau: das Heimatkundemuseum Museum Africa in Johannesburgs Stadtviertel Newtown
Unten: Immer noch ein gefährliches Pflaster: Downtown Johannesburg lässt sich nur durch eine organisierte City Tour machen.

GUT ZU WISSEN

VORSICHT GEBOTEN!

Johannesburg ist berüchtigt für seine Kriminalität, aber kein Grund zur Panik: Die meisten Verbrechen geschehen in den umliegenden Townships. Gleichwohl sind Touristen gefährdet, weshalb – wie überall in der Welt – Vorsicht geboten ist: Keine Kameras, keinen Schmuck, keine Wertsachen herumtragen und nicht allein ohne ortskundige Begleitung auftreten. Um Jo'burgs faszinierende Metro-Atmosphäre kennenzulernen, ist eine organisierte City Tour am besten.

Johannesburg

einen typisch afrikanischen Maisbrei »streetside«, also im Stehen, oder doch lieber ein fürstliches Dinner in einem der feinen Restaurants, deren Reservierungsnummern in den videoüberwachten besseren Wohngegenden stets griffbereit neben dem Telefon liegen ... und als Entree vielleicht eine Muschelsuppe mit frittiertem Seetang?

Paradies für Golfer

The Royal Johannesburg and Kensington Golf Club gehört neben weiteren 70 Golfplätzen ebenso zum Image der Stadt wie die Ghettos der Schwarzen, die Jo'burg in ausreichendem Maß besitzt. Darüber hinaus ist die Stadt für ihre boomende Hochzeitsindustrie berühmt: An Wochenenden wimmelt es nur so vor prachtvoll geschmückten Bräuten, denn die beinahe alles bietende Metropole ist eine grünende Urbanität mit einer bildschönen Umgebung – und das Klima ganzjährig perfekt mit trockenen, kühlen Wintern und sommerlichen Höchstwerten nicht über 28 Grad, was Hochzeitsfeiern in großem Pomp & Circumstances ganz offensichtlich beflügelt.

Während das Tempo der afrikanischsten aller südafrikanischen Metropolen zunehmend an Schärfe gewinnt, lässt sich bei alledem kaum mehr an Ochsengespanne und Goldschürfer denken, höchstens an George Harrison (nicht verwandt mit dem Musiker), der Johannesburgs Goldrausch auslöste: Der Prototyp eines Verlierers verkaufte seine schwer goldhaltige Erzader voreilig für ein paar Pfund Sterling, bevor er selbst spurlos verschwand. Wahrscheinlich – so wird über sein Schicksal spekuliert – hat ihn ein Löwe zerrissen, was für afrikanische Verhältnisse nicht das Schlechteste ist. Jedenfalls für einen, der im großen Poker um Geld und Macht nicht hart genug war und deshalb alles verlor.

Nicht verpassen

DIE VIER BESTEN LIVEMUSIK-RESTAURANTS

Chicago's Piano Bar. Atmosphärische Piano Bar im Glamour der 1920er-Jahre. Shop 15, Honeycrest Centre, Beyers Naudé Drive, Tel. 011/794 33 83, www.facebook.com/Chicagos.Piano.Bar

Katzy's. Die beliebte Zigarren-Lounge mit Restaurant bietet Live-Jazz von Dienstag bis Samstag. The Firs Shopping Centre, Oxford Rd./Bierman Ave., Tel. 011/880 39 45, www.katzys.co.za

Radium Beerhall. Historischer Pub mit Livemusik. Besonders zu empfehlen sind die mosambikanischen Garnelen, 282 Louis Botha Ave., Orange Grove, Tel. 011/728 38 66, www.theradium.co.za

The Orbit Jazz Club. Exzellente Küche und gute Musik fürs Ü40-Publikum. 81 De Korte St., Braamfontein, Tel. 011/339 66 45, www.theorbit.co.za

Bekanntes Blasinstrument: Die Vuvuzela wird in der Setswana-Sprache auch Lepatata genannt.

Infos und Adressen

Luxus-Safari-Zug: Rovos Rail Train beim Rangieren auf Johannsburgs Gleisen

ESSEN UND TRINKEN

Atholplaces Restaurant. Eines der besten Restaurants Johannesburgs. 90 Pretoria Ave., Atholl, Tel. 011/783 75 53, www.morukuru.com

Craft. Craft-Bier vom Fass. Probieren Sie den Muscheltopf! 33 4th Ave., Parkhurst, Tel. 011/788 71 11, www.craftrestaurant.co.za

Cube Tasting Kitchen. Experimentelles Zehn-Gänge-Menü, Reservierung erforderlich. 17 4th Ave., Parkhurst, Tel. 082/422 81 58, www.cubekitchen.co.za

DW Eleven-13. Eines der Top-Ten-Restaurants Südafrikas! Dunkeld West Shopping Centre, 10 Jan Smuts Ave., Dunkeld West, Tel. 011/341 06 63, www.dw11-13.co.za

Great Eastern Food Bar. Toller Rahmen und geniale Gerichte wie Sashimi Tacos. 53 Rustenburg Rd., Melville, Tel. 011/482 29 10

Little Addis Cafe. Äthiopisch in energetischer Streetside-Lage. 280 Fox St., Maboneng, Tel. 082/683 86 75, http://littleaddiscafe.wix.com/kassalittleaddiscafe

Nice on 4th. Entzückendes Café, berühmt für Toast-Frühstückskörbe. 37 4th Ave., Parkhurst, Tel. 011/788 62 86, www.niceon4th.co.za

Paul's Homemade Ice Cream. Eiscreme-Paradies. 27 Boxes Centre, 75 4th Ave., Melville, Tel. 011/485 01 04, www.paulshomemade.com

Sakhumzi Restaurant. Restaurant-Ikone auf der Vilakazi Street, in der Nelson Mandela lebte. 6980 Vilakazi St., Soweto, Tel. 011/536 13 79, www.sakhumzi.co.za

Carnivore. Steakhouse. 69 Drift Boulevard, Muldersdrift, Tel. 011/950 60 00, www.recreationafrica.co.za/carnivore

Chaplin's Grill. Zu empfehlen: der langsam gekochte Ochsenschwanz! 61 Woodlands Ave., Sandton, Tel. 011/886 88 66, www.chaplinsgrill.co.za

The Grillhouse. Achtung, auch Nachspeisen! Firs Shopping Centre, Oxford/ Biermann Rd., Rosebank, Tel. 011/880 39 45, www.thegrillhouse.co.za

ÜBERNACHTEN

Atholplace Hotel. »The best Boutique Hotel in Johannesburg« (Eigenwerbung), vom Fotografen Nicolas van Ryk persönlich getestet. 90 Pretoria Ave., Atholl, Tel. 011/615 43 03, www.morukuru.com

Four Seasons Hotel Westcliff. Stylisches Luxushotel mit atemberaubendem Blick über Johannesburg. 67 Jan Smuts Ave., Westcliff, Tel. 011/481 60 00, www.fourseasons.com/johannesburg

Liz at Lancaster Guesthouse. Ruhige und friedliche Atmosphäre, sehr familienfreundlich. 79 Lancaster Ave., Craighall Park, Tel. 011/442 80 83, www.lizatlancaster.co.za

The Peech Hotel. Schöne Abwechslung zu typischen Stadthotels: Fast alle Zimmer haben eine Terrasse mit kleinem Garten. 61 North St., Melrose, Tel. 011/537 97 97, www.thepeech.co.za

AUSGEHEN

Jo'anna Melt Bar. In der Bar dreht sich alles um geschmolzenen Käse. Sie liegt in der angesagten Seventh Street. 7 Seventh St., Melville, Tel. 072/733 59 66, www.facebook.com/JoAnnaMeltBar

Kitchener's Carvery Bar. Über 100 Jahre alt mit originalen Armaturen und Garnituren. Juta/De Beer St., Braamfontein, Tel. 011/403 01 66, www.kitcheners.co.za

Stanley Beer Yard. Biergarten mit Selbstbedienung, Livemusik und Retro-DJs; super Atmosphäre! 44 StanleyAve., Auckland Park, Tel. 011/482 57 91, www.44stanley.co.za/beeryard.html

EINKAUFEN

African Sculpture Market. Bemerkenswerte Skulpturen. Verlieben Sie sich bloß nicht in eine fünf Meter hohe Giraffe – die lässt sich nicht so einfach im Handgepäck mitnehmen. Preise sind verhandelbar. William Nicol Drive/Main Rd., Bryanston.

Sandton City. Mit einer Vielzahl von lokalen und internationalen Geschäften, Restaurants und Kino gibt es keinen besseren Ort, einen ganzen Tag nur mit Shoppen zu verbringen. Rivonia Rd. und 5th St., Sandton, Tel. 027/112 17 60 00, www.sandtoncity.com

AKTIVITÄTEN

Bungee Jumping von den Orlando Towers. Johannesburg hat zwar nicht den höchsten Bungee-Sprung in der Welt, aber den coolsten. Dynamo St., Orlando East, Tel. 071/674 43 43, www.orlandotowers.co.za

Dlala Nje Walking Tours. Entdecken Sie die Wahrheit über einen der berüchtigtsten, aber am meisten missverstandenen Vororte Johannes-burgs: Hillbrow. Johannesburg Inner City Adventures, Ponte City, Hillbrow, Tel. 011/402 23 73, www.dlalanje.org

Gold Reef City. Freizeitpark in Johannesburg. Northern Parkway/Data Crescent, Ormonde, Tel. 011/248 68 00, www.tsogosun.com/gold-reef-city-casino

Market on Main. Der Treffpunkt hipper Urbanos mit Galerien, Geschäften, Straßenverkauf sowie Obst- und Gemüseständen. Jeden Sonntag gibt es das Kunst- und Design-Happening »Arts on Main«. 245 Main St., Maboneng, www.marketonmain.co.za, www.artsonmain.info

INFORMATION

Johannesburg Tourism Company. 7th/Jan Smuts Ave., Parktown North, Tel. 011/214 07 00, www.joburgtourism.com, www.gauteng.net

Markttreiben in Heidelberg – bei Johannesburg!

BRENNPUNKT
Township

Township bei Port Elizabeth: Nicht jeder ist gleich wie der andere, und in einigen die Lebensqualität besser als in so manchen dunklen und kalten europäischen Wohnquartieren.

In Townships leben unvorstellbare Massen beengt und teilweise unter äußerst mangelhaften Bedingungen beieinander. Allein in der South West Township (So-We-To) von Johannesburg, die aus 32 verschiedenen Stadtteilen besteht, sind es etwa vier Millionen. Der glitzernden Metropole Kapstadt geht es nicht viel anders, und der Zustrom hält an: durch einheimische Südafrikaner, aber auch durch Elendsflüchtlinge aus anderen afrikanischen Ländern, die am Kap eine Hoffnung sehen.

Um die Entwicklung der Townships zu verstehen, hilft ein Blick auf die Siedlungspolitik des Apartheidregimes. Die Afrikaaner-Elite von damals löste das Rassenproblem auf ihre Weise: Mitten im südafrikanischen Staatsgebiet wurden nach Stämmen sortierte sogenannte Homelands geschaffen und den schwarzen Bewohnern als neue Heimat zugewiesen. Millionen Schwarzafrikaner mussten sich in diese Reservate zwangsumsiedeln lassen. Demzufolge lebten die Zulus in Kwazulu, die Xhosa in der Transkei und die Tswana in Bophutatswana.

Massenumsiedlungen

Die Kunststaaten hatten zwar eigene Regierungsstrukturen, waren aber vollkommen von der weißen Zentralregierung abhängig. Auf dieser Grundlage verschaffte sich die Apartheidgesellschaft eine »Weiße Weste«, weil das Land offiziell nun nicht mehr gemischtrassig war. Die Schwarzen in den Homelands galten als Ausländer und brauchten gültige Papiere, um in »weiße Gebiete« einreisen zu können. Als Nächstes mussten erweiterte Massenquartiere in der Nähe von Städten, Minen und Industrieansiedlungen her, damit die Homeland-Bewohner während ihrer Arbeitseinsätze notdürftig untergebracht waren. Damit war der Anfang für die Townships gemacht, die sich heute als riesige Slums geschwürartig um Südafrikas Metropolen ausbreiten.

Politische Herausforderung

Dass angesichts des zu erwartenden Zerfalls traditioneller Bindungen bei gleichzeitigem Entzug von Bildung und sozialer Versorgung in den rasant wachsenden Townships ein brisanter sozioökonomischer Cocktail aufkochen würde, war bei einem derartig abstrusen Gesellschaftsentwurf vorprogrammiert. Gezielt haben seitdem Regierungsprogramme versucht, den Zustrom in die Großstädte in geordnete Bahnen zu lenken, durch Erschließungen neuer Townshipgebiete, inklusive Parzellenvergabe mit Eigentumsrechten, Finanzierungshilfen, durch vorgefertigte Mini-Häuser, Sozial- und Krankenstationen sowie sanitäre Infrastruktur. Mit meist mageren Ergebnissen. Dennoch hat sich manches verändert, was die Eröffnung von Sowetos Supermall Maponya beweist, die für 50 Millionen Euro entstand und auf 65 000 Quadratmetern Fläche die vorhandene Kaufkraft absorbiert: Längst existieren im endlosen wellblechgedeckten Betonhäuserbrei Sowetos bürgerliche und luxuriöse Wohngegenden wie in Orlando West, wo Besucher aus Übersee gern nach dem Haus Winnie Mandelas fragen. Jimmys »Face to Face Tours« hatte nach dem Fall der Apartheid als einer der Ersten organisierte Touren in die Ghettos seiner schwarzen Brüder angeboten – mit großem Erfolg: Täglich lassen sich rund 1000 Besucher die Townships vorführen, wobei inzwischen mehr als drei Dutzend solcher Agenturen existieren, die auch Kneipenbesuche sowie Übernachtungen in Soweto organisieren (Infos unter www.soweto.co.za).

30 Pretoria
Die halbe Hauptstadt

Das südafrikanische Parlament tagt im fernen Kapstadt, aber offiziell ist Pretoria Regierungssitz. Der bezieht sein ruhiges Flair aus dem gemächlichen Gang der Verwaltung mit zahlreichen Amtsstuben. Natürlich war die »halbe Hauptstadt« auch mal eine ganze, nämlich die des einstigen Burenstaates Suid-Afrikaanse Republiek, in der die Handschrift der »Voortrekker« elegante Kolonialarchitektur präsentiert.

Die auf 1367 Metern Höhe und 50 Kilometer von Johannesburg entfernt liegende Zwei-Millionen-Stadt wurde im Jahr 1855 von Marthinus Wessel Pretorius, einem General der Voortrekker, gegründet. Im Herzstück der auf dem Reißbrett geplanten Stadt steht der Übervater der ehemaligen Burennation und Begründer des gleichnamigen Parks, »Ohm« (Onkel) Paul Krüger, in Form einer wuchtigen Sockelstatue auf Pretorias Church Square.

Ohm Krüger – verstaubt und vergessen

Das Werk des Bildhauers Anton van Wouw wurde 1899 in Rom in Bronze gegossen und nach Südafrika verschifft, wo es wegen des Anglo-Buren-Krieges vergessen verstaubte. 1925, zu Ehren seines 100. Geburtstags, landete Krüger dann auf dem Bahnhofsvorplatz und 1954 auf dem Church Square. Gleich dahinter befinden sich der Oude Raadsaal (1891), das Parlament der ehemaligen Burenrepublik, und der Justizpalast, dem Nelson Mandela seine Jahre auf Robben Island verdankte. Das monumentale Sandsteingebäude der Union

Grünanlage am Church Square in Pretoria, das sich heute auch Tshwane nennt und nur zur Hälfte eine Hauptstadt ist

UNESCO-Stätte Cradle of Humankind

Buildings, heute Regierungssitz, wurde
mit seinen imposanten Kuppeltürmen
vom südafrikanischen Architekten Sir Her-
bert Baker entworfen und zwischen 1910
und 1913 als 275 Meter langer Gebäudekomplex
an die Hänge des Meintjies Kop gesetzt. Eine
architektonische Perle ist das 1866 im feinsten
viktorianischen Stil erbaute Melrose House:
Prachtvolle Marmorsäulen, kunstvolle Bleiglas-
fenster und kostbare Mosaikböden machen das
historische Gebäude bis heute zu einem der
schönsten der Hauptstadt.

Jo'burgs ruhigere Schwester

Anders als Johannesburg lebt Pretoria von einer
immer noch eher konservativen Beamtenadminis-
tration, die das hauptstädtische Getriebe weitgehend prägt. Ein Glück, dass der Regierungssitz
viele Hochschulen hat und akademisches Jungvolk
auf die Beine bringt. Die beiden bekanntesten
sind die Universiteit van Pretoria und die University of South Africa, Letztere mit über 100 000
Studenten eine der größten Fernuniversitäten der
Welt. Die Liste der Sightseeing Stops ist lang: Das
naturkundliche Transvaal Museum und das Pretoria Art Museum stehen darauf, ganz sicher das

Nicht verpassen

DIE WIEGE DER MENSCHHEIT

Vierzig Kilometer süd-
westlich von Pretoria ver-
birgt sich bei Sterkfontein die
größte Fossilienstätte der Mensch-
heitsgeschichte exakt an der Stelle,
an der das Skelett des bisher ältesten menschlichen Fossilienfundes
der Welt freigelegt wurde. Weshalb
sich der Ort »Wiege der Menschheit«
nennt und samt seiner prähistorischen Exponate von der UNESCO
zum Weltkulturerbe ernannt worden
ist. Auf dem 470 Quadratkilometer
großen Gebiet befinden sich rund
40 Ausgrabungsstellen, seit 2005
dokumentiert das Cradle of Human-
kind-Informationszentrum die Evolu-
tionsgeschichte der letzten 40 Millionen Jahre auf edukativ nachhaltige
Weise.

Cradle of Humankind.
Kromdraai Rd., Tel. 014/577 90 00,
www.maropeng.co.za, mit dem
empfehlenswerten Restaurant
Le Sel @ The Cradle.
Tel. 011/659 16 22,
www.thecradle.co.za

Ndebele-Schaudorf Botshabelo bei Middelburg

Geheimtipp

DIE KUNST DER NDEBELE

Nicht weit von Pretoria befindet sich bei Middelburg die 1865 von den deutschen Missionaren Heinrich Grützner und Alexander Merensky gegründete Niederlassung der Berliner Missionsgesellschaft Botshabelo, die heute eine der schönsten Ndebele-Schausiedlungen mit Exponaten expressionistisch bemalter Häuserwände beherbergt. Eindrucksvoll sind auch die Entwicklungsphasen der Ndebele-Baustile von der einfachen Rundhütte bis zu den heutigen rechteckigen Grundrissen dokumentiert sowie neben der Malkunst (früher trugen die Traditionskünstlerinnen ihre leuchtende Farbgeometrie virtuos mit den Fingern oder mittels Hühnerfedern auf!) die typisch bunten Ndebele-Perlenarbeiten. Am bekanntesten sind die Ndebele-Perlenpuppen, die sich in beinahe jedem Souvenirshop wiederfinden.

Botshabelo Village.
www.mpumalanga.com

Kruger House Museum nahe der Grootkerk sowie das Sammy Marks Museum, wo das ehemalige Wohnhaus des südafrikanischen Industriellen interessante Einblicke in die Lebenswelt des 19. Jahrhunderts vermittelt, das National Cultural History Museum, das Old Capitol Theatre, das Hoofposkantoor (Hauptpostamt) und die drei erhaltenen historischen Wehrburgen der Stadt, Fort Schanskop, Fort Klapperkop und Fort West.

Hauptstadt der Blüten

Auf der Jacaranda-Route zeigt Pretoria im Rahmen drei verschiedener Stadtrundgänge seine schönsten Blumenstraßen: 70 000 ursprünglich aus Südamerika eingeführte Blütenträume verschaffen der Stadt ihren Beinamen »Jacaranda City« und verwandeln ab Oktober die Straßen in ein rosa-violettes Blütenmeer. Von den zahlreichen Parks der Blumenstadt sind vor allem der National Zoological Garden zu nennen, der mit über 700 Tierarten einer der größten und interessantesten Tiergärten weltweit ist, sowie Pretorias National Botanical Garden.

Im Süden der City, am Barea Park, ragt das wichtigste Historiendenkmal der Afrikaans sprechen-

Das historische Pretoria entdecken

Ein Spaziergang durch Pretoria, das seit 2002 umgetauft wurde und seither offiziell Tshwane heißt, zeigt seinen unverwechselbaren burischen Charakter. Zahlreiche historische Gebäude erinnern an die Gründerzeit, als 1855 Marthinus Wessel Pretorius hier sein Lager aufschlug.

A Church Square – Der alte Kirchplatz an der Church Street, heute die Hauptgeschäftsmeile der Stadt, kennzeichnet die Stelle, an der die Pretorius-Siedlung entstand. Hier steht die Bronzestatue Paul Krügers.

B Justizpalast, Parlament (Raadsaal), Staatsbank mit Münze – Die eindrucksvollsten Gebäude Pretorias gruppieren sich um den Church Square.

C Kruger House – In Laufnähe, 60 Church Street., liegt das ehemalige Wohnhaus des legendären Burenpräsidenten, heute ein Museum.

D City Hall – Rathaus in der Paul Kruger Street, Turm mit 32 Glocken sowie Statuen von Andries Pretorius und seinen Söhnen.

E Transvaal Museum – Gegenüber der City Hall mit naturgeschichtlicher Ausstellung.

F Melrose House – Viktorianische Architektur, Baujahr 1866, und eindrucksvolle Interieurs, 275 Jacob Mare St.

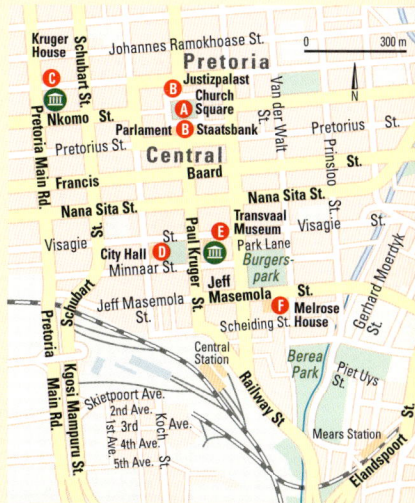

Pretorias Church Square: Die beste Perspektive auf die Stadt gibt es vom Freedom Park aus.

den Weißen auf: das bombastische Voortrekker-Monument. Der riesige Steinkubus ist 40 Meter hoch, lang und breit und erinnert mit seinem in Beton gemeißelten Relief aus 60 Ochsenkarrenwagen an den Großen Track der Buren, die in den 1830er-Jahren aus der britisch dominierten Kapprovinz nach Norden aufbrachen. Und, natürlich, an die Schlacht am Blood River (1838), in der die Zulus vernichtend geschlagen wurden.

Top Lebensqualität

Den Hauptstädtern liegen zahlreiche attraktive Naherholungsziele direkt vor der Nase. Zum Beispiel die Waterberg Mountains. Auf dem Weg dorthin ließe es sich in Heilbron oder Frankfort pausieren oder in den heißen Thermalquellen von Warmbad (Bela-Bela), die bei Gicht und Rheuma helfen sollen. In der Lapalala Wilderness machen Breit- und Spitzmaulnashörner, Büffel und Giraffen die Savanne unsicher. Wer auf der N1 weiter nach Pietersburg/Polokwane und darüber hinaus will, stößt auf die Kette der Soutpans-Berge. 1836 hatte hier der Voortrekker Louis Trichardt in der gleichnamigen Stadt (dem heutigen Makhado) auf beinahe 1000 Metern Höhe sein Lager errichtet.

GUT ZU WISSEN

UNBEUGSAM

Pretorias Zentralgefängnis war gefürchtet, sein Justizpalast verantwortlich für die Verhängung der Todesstrafe gegen Nelson Mandela, der Robben Island als Ikone des friedlichen Widerstands 27 Jahre lang überlebte. Am 10. Mai 1994 konnte er in Pretorias Union Buildings seine Antrittsrede als erster schwarzer Präsident der Republik Südafrika verlesen, auf dem Friedhof Mamelodi ruhen zahlreich einstige Mitstreiter, die durch das Apartheidsregime zu Tode kamen.

Oben: Staatstragende Architektur: In den Union Buildings auf der Meintjieskop-Anhöhe Pretorias tagt das südafrikanische Parlament.
Mitte: Hauptstadt der Blüten: Jacaranda City
Unten: Die grüne Gartenstadt zeigt ein beschauliches Tempo.

Infos und Adressen

SEHENSWÜRDIGKEITEN

Union Buildings. Die historischen Gebäude selbst sind nicht für Publikum geöffnet, aber ein Besuch der herrlichen Anlage wird belohnt durch einen tollen Blick über die Stadt! Government Ave., Tel. 012/300 52 00

Voortrekker Monument. Das wichtigste Denkmal der Buren. Eeufees Rd., Groenkloof, Tel. 012/326 67 70; Tel. 012/323 06 82, www.vtm.org.za

ESSEN UND TRINKEN

Hinterland Vleishandelaar. Schönes Terrassenrestaurant. Das Fleisch kommt direkt aus der Kalahari und der Karoo. The Club Retail Park, Pinaster Rd./18th St., Hazelwood, Tel. 012/340 00 82, www.hinterlandvleis.com

La Madelaine. »La Madelaine« lebt nicht nur von den Kochkünsten des Küchenchefs, sondern durch die Persönlichkeiten seiner deutschen Betreiber Karine und Daniel Leusch und den tollen Weinen.

Voortrekker Monument in Pretoria

Feines koloniales Ambiente: »Illyria House« in Pretorias vornehmen Stadtviertel Muckleneuk

Praktischerweise gibt es gleich nebenan ein gemütliches Gästehaus. 122 Priory Rd., Lynnwood Ridge, Tel. 012/361 36 67, www.lamadeleine.co.za

La Terrasse Rooftop Café. Düfte und Aromen aus Nordafrika. Abends geschl., 435 Atterbury Rd., Menlo Park, Tel. 012/346 57 13, www.moroccanhouse.co.za/rooftop-cafe.php

ÜBERNACHTEN

Bohemian Lodge. Im Herzen der berühmten Waterkloof Ridge und im Einzugsgebiet zahlreicher Botschaften befindet sich dieser Geheimtipp. 389 Eridanus St., Waterkloof Ridge, Tel. 012/460 12 19, www.bohemianhouse.co.za

Illyria House. Koloniales Anwesen mit Wellness und Candlelight-Dinner im Stadtteil Muckleneuk, Bourke St., Muckleneuk Hill, Tel. 012/344 51 93, www.illyria.co.za

INFORMATION

Tshwane Tourism. Kingston House, 311 Eastwood St., Tel. 012/358 16 75, www.tshwanetourism.com und www.pretoria.co.za

31 Sun City
Pilanesberg National Park

Millionen internationale und einheimische Besucher lassen sich jährlich durch ein Panoptikum der Verrücktheiten schleusen, und selbst der hartgesottenste Kritiker der Institution »Vergnügungspark« wird das weltberühmte künstliche und kunstvolle Spaß-Territorium anschließend ungläubig verwundert kopfschüttelnd verlassen – aber immerhin dabei mitgeholfen haben, für Tausende heiß begehrte Arbeitsplätze zu sichern.

Zwei Stunden von Pretoria und Johannesburg entfernt, am Fuße des 1687 Meter hohen Pilanesberg, liegt der größte Vergnügungspark, der jemals aus afrikanischem Wüstenboden gewachsen ist, Sun City. 1977 wurde das südafrikanische Las Vegas in die Savannenlandschaft des ehemaligen Homeland Bophuthatswana gestampft und diente zu Apartheidszeiten vornehmlich als Amüsierpark der weißen Gesellschaft. Seither pilgern täglich Tausende in ihr Achtes Weltwunder, um funkelnde Luxushotels, glitzernde Kasinos und die schrillsten Diskotheken zu erleben.

Das Spaß-Eldorado bietet Millionen Besuchern pro Jahr Arenen für Pop-, Rock- und Sportveranstaltungen, Golfplätze, Kinos, reichlich Abenteuerspielplätze zur Ausübung von Extremsportarten, Wassersport und Strandvergnügen inklusive, und das alles mitten in der Wüste. Auf riesigen Flächen verarbeiten künstlich angelegte Strände stilechtes Beach Life, und wer zwischendurch einen Kick braucht, schlendert nachmittags zur Fütterungszeit zum Crocodile Sanctuary, wo ein ebenso spannendes wie grausames Spektakel den müdes-

Mitte: Weltweiter Run: Millionen kommen jedes Jahr ins Vergnügungseldorado Sun City.
Unten: Badelandschaft inmitten trockener Ödnis: der Vergnügungspark Sun City in der Wüste

Entstanden auf nutzlosem Wüstenboden: Sun City

ten Strandschläfer in Sekundenschnelle hellwach macht. Und damit all das auch Eltern viel Spaß macht, gibt es im Kinderparadies jede Menge Programm für die Kids.

Die versunkene Stadt

1992 ließ Wüstenschlosserfinder Sol Kerzner, einer der reichsten Unternehmer des Landes, seine tempelartige Lost City dazubauen, die an den Mythos eines versunkenen afrikanischen Reiches anknüpft und in Anlehnung an Disney World die perfekte Illusion inszeniert: Erdbeben werden per Lautsprecher angekündigt (und finden natürlich auch statt), im Valley of the Waves sind herrliche Sandstrände von Wellen umspült, die es eigentlich gar nicht gibt, was übrigens auch auf das offizielle Zahlungsmittel zutrifft, denn das sind hier nicht südafrikanische Rand, sondern »Sunbucks«, mit denen sich tatsächlich etwas kaufen lässt. Die Krönung von Kerzners Vergnügungsvision stellt der Märchenpalast »The Palace«, ein Luxushotel, das inmitten eines künstlichen Regenwaldes residiert. Die Edelherberge mit dem absolut unschlagbaren Ambiente zählt zu den besten Hotels der Welt, ist von einem großartig angelegten Botanischen Garten umgeben und wartet mit atembe-

Nicht verpassen

HARTBEESPOORT NATURE RESERVE
Auf dem Weg zum Pilanesberg National Park führt kein Weg an diesem Naherholungsgebiet der Metropoliten vorbei: Zwischen Pretoria und Rustenberg erstreckt sich der 160 Kilometer lange und bis zu 1852 Meter hohe Bergzug der Magalies-Berge, größte Attraktion ist der Hartbeespoort-Stausee. Aufgrund der touristischen Anziehungskraft haben sich hier diverse Tierparks, Lodges, Hotels und Restaurants sowie eine Seilbahn, die Hartbeespoort Dam Cableway, etabliert, was vor allem für Familien mit Kindern interessant ist. Freizeitaktivitäten: Wandern, Paragliding, Reiten, Wassersport und das Lesedi Cultural Village, ein Schaudorf, das aus typischen Siedlungen der vier südafrikanischen Stämme Zulu, Xhosa, Pedi und Sotho besteht.

Lesedi African Lodge. Lesedi Cultural Village, Tel. 012/305 13 94, www.lesedi.com und www.magaliesberg.co.za

raubenden Interieurs auf. Dazu bietet sie mit dem Gary Player Country Club und dem Lost City Golf Course zwei 18-Loch-Golfplätze.

Wildlife nebenan

Wer zwischen Blackjack und Roulette Wildtiere besichtigen will, kann das gleich mit erledigen – im benachbarten Pilanesberg National Park, der zu Unrecht unterbewertet erscheint, weil er in einem Atemzug mit den Vergnügungszentren von Sun City und Lost City genannt wird. Immerhin ist Pilanesberg so groß wie der Bodensee und der viertgrößte Nationalpark des Landes, besticht durch weitläufige, liebliche Savannenlandschaften sowie beeindruckende Felsformationen, die um den Mankwe-See im Krater eines 1,2 Milliarden Jahre alten erloschenen Vulkans aufragen. Dort gibt es nicht nur das komplette Sortiment der »Big Five«, sondern auch Vertreter anderer exotischer Wildtierarten wie Giraffen, Nilpferde, Zebras und Hyänen, auch seltene Rappenantilopen und die beinahe schon ausgerotteten Afrikanischen Wildhunde. Auch die Vogelwelt ist mit über 300 nachgewiesenen Arten in der wuchernden Vegetation reichhaltig vertreten.

Oben: Mit dem Gary Player Coutry Club und dem Lost City Golf Course bietet Sun City zwei 18-Loch-Golfplätze.
Unten: Nicht weit von Sun City wartet der Pilanesberg National Park mit den »Big Five« und vielen anderen Wildtierkollegen auf.

GUT ZU WISSEN

BRANDUNG IN DER WÜSTE
Unterhalb des »Palace of the Lost City« führt eine Brücke, die alle 30 Minuten in einer Art technischem Erdbeben zischt, dampft und wackelt, zum »Valley of the Waves«. Die Wellen der künstlichen Badelagune sind computergesteuert, alle 90 Sekunden kommt »King Surf«, eine opulente Zwei-Meter-Woge. Eine aufwendige Hydraulik befördert Tausende Liter Wasser in ein Wasserfallreservoir, das dann in den 6500 qm großen Badepool rauscht.

Infos und Adressen

ESSEN UND TRINKEN

Marulla Grill Restaurant. Dinner nach der Safari mit Blick auf ein Wasserloch. Pilanesberg National Park, Tel. 014/552 60 00, www.pilanesberg-game-reserve.co.za

The Palace on Plum. Neben dem »Crystal Court Restaurant«, »The Palace Gazebo« und »The Grill Room« einer *der* Gourmettempel! »The Palace of the Lost City«, Rustenburg, Tel. 014/557 43 07, www.suninternational.com

ÜBERNACHTEN

The Palace of the Lost City. Rustenburg, Tel. 014/557 43 07, www.suninternational.com/palace

Buffalo Thorn Lodge. Die Gesamtzahl der Gäste ist auf zehn Personen begrenzt. Black Rhino Game Reserve, Pilanesberg, Tel. 082/229 11 58, www.buffalothornlodge.co.za

Shepherd's Tree Game Lodge. Fünf-Sterne-Haus mit exzellentem Wellnesscenter und Spa mitten in der Wildnis des Pilanesberg National Park. Tel. 014/55 13 91 00 12, http://shepherdstreegamelodge.info

Sun City Resort. Der Hit für Familien mit Kindern und beliebt bei Flitterwöchnern. Rustenburg, Tel. 014/557 10 00, www.suninternational.com

Tshukudu Game Lodge. Die Bush Lodge liegt am Hang eines Hügels, bietet eine super Aussicht und deshalb Wildbeobachtungen ganz ohne Game Drive. Tshukudu Game Reserve, Hoedspruit, Tel. 015/793 24 76, www.tshukudulodge.co.za

AKTIVITÄTEN

Heißluftballonsafari. Die Safari im lautlosen Schwebezustand ist eine spannende Erfahrung für Frühaufsteher! Start ist vor Sonnenaufgang! Airtrackers Hot Air Balloon Safari, Rustenburg, Tel. 014/552 50 20, www.hotairballoonsafarisa.co.za

Foyer des »Palace of the Lost City«, Sol Kerzners Luxushotel, das inmitten eines künstlichen Regenwalds liegt.

INFORMATION

North West Parks and Tourism Board. Heritage House, Cookes Lake, 30/31 Nelson Mandela Drive, Mafikeng, Tel. 018/397 15 00, www.tourismnorthwest.co.za und www.suninternational.com

SÜDAFRIKA
auf Schienen

Drei große Zugunternehmen bieten Safari im Pullman-Waggon an. Im Bild ist Rovos Rail unterwegs im Westkap.

Wie kein anderes afrikanisches Land lässt Südafrika ganz normale, aber auch sehr spezielle Nostalgie- und Safarizüge durch Wüsten, Savannen und an Traumküsten entlangrollen, was ein spezielles Publikum findet. Auf einer solchen Reise durch die Zeit gilt in besonderer Weise: Der Weg ist das Ziel. Und der findet on board ziemlich aufregend ratternd und rumpelnd zu jeder Sekunde mitten in Afrika statt. Auf Schienen.

Einer der bekanntesten ist der Safarizug Shongololo Express, der auf seinen Routen Southern Cross, Dune Express und Good Hope die Garden Route entlang bis nach Durban hinauffährt, sogar bis nach Namibia und zu den Victoriafällen in Simbabwe. Wobei das zielführende Abenteuer hauptsächlich nachts passiert, denn tagsüber geht es bei diversen Stopps auf Safari und Landexkursionen.

Von Kapstadt bis Victoria Falls

Die beiden anderen Eisenbahnlinien Rovos Rail und Blue Train bieten ebenfalls ein spektakuläres Sightseeing-Programm an. Mehrmals im Jahr veranstaltet Rovos Rail Sechstagesfahrten von Kapstadt zu den Victoriafällen mit vier Nächten an Bord sowie einer Hotelübernachtung in Pretoria. Die Rovos-Programmreise »Cape Town Journey« beispielsweise geht ab Kapstadt nach Pretoria – mit organisierten Exkursionen: In Matjiesfontein bleibt ausreichend Zeit zur Besichtigung des kuriosen Karoo-Städtchens sowie für einen Drink an der Bar des legendären »Lord Milner Hotel«. In der Minenstadt Kimberley wird mit dem legendären »The Big Hole« das größte handgegrabene Loch der Welt besichtigt und natürlich das Diamond Mine Museum. Eine Fahrt mit der historischen Straßenbahn ist inklusive. Golfer können sich über eine »Golf Safari« per Zug freuen, die von Johannesburg nach Sun City führt. Danach geht es in die südlichen Drakensberge zum 18-Loch-Champagne-Sports-Resort und weiter nach Durban und Swasiland. Letzteres versammelt einige der besten Golfplätze im südlichen Afrika auf seinem Territorium. Zum Abschluss steht Safari im Krüger-Park auf dem Programm.

Nostalgischer Luxus

Wer nach Belegen für Luxus sucht, findet beispielsweise in jedem Abteil des komplett renovierten Blue Train sein eigenes Badezimmer, Telefon und TV sowie natürlich Aircondition. Für Eisenbahnfreunde entfaltet sich der wahre Luxus bei einem Blick in den Maschinenraum einer Dampflokomotive, mit blitzblanker Messing- und Chrommechanik. Der Service auf den berühmten Sightseeing-Zügen von Rovos Rail, Shongololo und Blue Train lässt kaum Wünsche offen und das Ambiente stimmt: Als filmische Endlosschleife zieht draußen Out of Africa-Kino vom Allerfeinsten vor den Zugfenstern vorbei, während drinnen die Atmosphäre stilvoller Kolonialinterieurs Lust auf den ultimativen Genuss machen. Bei Rovos verraten die Buchungsklassen Pullman, Deluxe und Royal den individuellen Anspruch auf Exklusivität. Informationen zu den historischen Zuglinien: www.rovos.co.za, www.shongololo.com, www.bluetrain.co.za

MPUMALANGA UND LIMPOPO

32 Madikwe Game Reserve
Safari für Erwachsene und Kinder

Drei Fahrstunden nordwestlich von Johannesburg, an der Grenze zu Botswana, liegt eines der größten Wildschutzgebiete Südafrikas, das Madikwe Game Reserve. Mit 760 Quadratkilometern feiner Savannen- und Flusslandschaften ist Madikwe das Ergebnis eines staatlichen Experiments der Renaturierung unrentabler Farmgebiete und der Wiederauferstehung ursprünglicher Wildnis. Vertreten ist das komplette Dschungelbuch.

Hunderte Dickhäuter durchstöbern Madikwes Busch- und Baumvegetation auf der Suche nach Nahrung, und oft genug hinterlassen sie ein Chaos aus abgebrochenen Zweigen, zertrampelten Jungbäumen und abgeknickten Ästen. Zu Beginn waren es gerade mal 25, als 1991 die ehemaligen Farmgebiete zum Naturpark erklärt wurden.

Großprojekt für den Tierschutz

»Operation Phoenix« hieß die spektakuläre Unternehmung, die sie hierhin brachte, zusammen mit anderen wilden Kollegen aus dem Artenregister. Zur Durchführung dieses Mammutprojekts gehörte das Errichten endloser Kilometer zweieinhalb Meter hoher, elektrischer Zäune, der Abbruch vorhandener Gebäude und Siedlungen, das Planieren von Fahrpisten, die Konzessionsvergabe zum Bau von Game Lodges sowie die Umsiedlung ganzer Dörfer. Antilopen, Zebras, Giraffen, Wasserböcke und Gnus kamen durch Aufkäufe und Umsiedlun-

Seite 176/177: Königin der Tiere im Krüger-Park: Als wüsste die Löwin genau über ihre Außenwirkung Bescheid.
Mitte/unten: Madikwe Game Reserve: Eine Wunderwelt für sich ist speziell dieses Tierreservat, das auch Safaris für Kids anbietet.

Madikwe Game Reserve

gen aus anderen Teilen des südlichen Afrika in ihr angestammtes Gebiet zurück. Insgesamt waren das 8200 Tiere aus 28 Großwildarten. Und natürlich gibt es hier auch die »Big Five«, also Löwen, Büffel, Elefanten, Rhinozerosse und sogar Leoparden. Weit über 20 Lodges haben sich inzwischen im malariafreien Madikwe etabliert, die meisten davon im Fünf-Sterne-Bereich.

Safari für Kinder

Eine der ersten Unterkünfte im neu geschaffenen Madikwe war »Jaci's Lodge«, die 1999 mit ihrem Programm »Safari für Kinder« zu einem durchschlagenden Erfolg wurde. Hier sind Kinder und Jugendliche jeden Alters willkommen, denn ein speziell auf sie abgestelltes Angebot bietet vom Dschungelabenteuer bis zum Fährtenleserkurs alles, was spannend ist und erklärt beiläufig die aufregende Tier- und Pflanzenwelt der Wildnis in der Praxis. Wie bauen Webervögel ihre Hängenester? Wie weit springen Löwen bei der Jagd? Das und noch viel mehr erfahren schon die Kleinsten bei den Kindersafaris auf dem »kiddies drive«, der mittlerweile von vielen Lodges und Parks angeboten wird. Auch Eltern profitieren, weil sie ihre lieben Kleinen unter professioneller Aufsicht wissen, während sie selbst ungestört auf Safari sind oder abends beim Feuerschein in Ruhe dinieren.

Die Tierbeobachtungen machen die Kleinen bis zum Alter von sieben Jahren mit einem eigenen Führer, der auf Interessen, Alter und Aufnahmefähigkeit der Kinder eingeht. Darüber hinaus bietet »Jaci's« besondere Safariprogramme für die Altersgruppe zwischen drei und zwölf Jahren an, die über die üblichen Kinderangebote hinausgehen: Speziell geschulte Führer geben Kurse im Spurenlesen, gehen mit den Kleinen auf die Pirsch und

Einfach gut!

ÖKO-LODGE ALS GEMEINSCHAFTS-PROJEKT

Die Buschherberge auf der Tweedepoort Ridge eröffnet mit ihrer reetgedeckten Hauptlodge aus Naturhölzern einen traumhaften Blick auf die Inselberge der Tiefebene. Gebaut haben sie Mitglieder des Stammes der Balete mit Unterstützung der Wildlife Ranger der North-West-Parks-Behörde sowie Regierungsexperten, und sie ist eine der ersten gemeindeeigenen Safari-Lodges Südafrikas. Die Balete sind hundertprozentiger Eigentümer und betreiben die Luxus-Lodge selbstständig. Nach harten Ausbildungsprogrammen sichern über zwei Dutzend Balete-Angestellte ein Einkommen für ihr Dorf Lekgophung, das von einer Reihe weiterer Dienstleistungen profitiert. Die Öko-Lodge zählt zu den interessantesten Beispielen südafrikanischer Communitiy Projects.

Buffalo Ridge Safari Lodge. Madikwe Game Reserve, Tel. 018/365 99 08, www.buffaloridgesafari.com

Luxus im Blätterwerk: »Madikwe Tree Lodge«

vermitteln Einblicke in traditionelle Handwerkstechniken der Einheimischen sowie das Leben im afrikanischen Busch.

Kinder im Busch

Geht es aktiv auf Pirsch, wird spielerisch vermittelt, wie viele Liter Wasser ein Elefant täglich durch den Rüssel saugt, warum Hippos zu den gefährlichsten Wildtieren zählen und welche Tierart als sechste im Bunde mit den »Big Five« das halbe Dutzend der afrikanischen Großwildtiere voll macht: die Wale vor Kapstadts Küsten natürlich, die jedes Jahr aus den eiskalten antarktischen Gewässern zur Südspitze Afrikas ziehen, um dort ihren Nachwuchs zur Welt zu bringen. Auf den Fahrten können die Kinder erfahren, was es tatsächlich mit den giftigen Schlangen auf sich hat und mit welcher Technik Löwinnen eine Antilope erjagen, nämlich im gemeinschaftlichen Verbund, und dass der König der Tiere, der mähnige Löwe, immer den ersten Zugriff beim gedeckten Tisch hat. Die Fakten um das Sexualleben der Großkatzen sind auch interessant: Alle paar Minuten besteigt der Herrscher des Rudels eine seiner Damen, und das geht mehr als 24 Stunden so.

Oben/Mitte: Safari in der Madikwe Game Reserve mit einem Mitglied der »Big Five« und einer großen Menge Federvieh
Unten: Sundowner zum Sonnenuntergang

GUT ZU WISSEN

GEFÄHRLICHE KRATZBÜRSTEN: RAUBKATZEN

Wenn Löwen angreifen, spurten sie 50 km/h schnell und springen zwölf Meter weit. Sie sind Nachtjäger wie Leoparden, aber auch tagsüber in Rudeln leicht auszumachen. Die gefleckte Raubkatze hingegen ist Einzelgängerin und bei Helligkeit wie vom Erdboden verschluckt. Die bis zu 100 Stundenkilometer schnellen eleganten Geparden sind vom Aussterben bedroht, weshalb Zuchtstationen versuchen, ihren Bestand zu sichern.

Infos und Adressen

ESSEN UND TRINKEN
Nando's Zeerust. Guter Zwischenstopp auf der Anfahrtsroute. Standard Bank Building, 38 Church St., Zeerust, Tel. 018/642 27 94, www.nandos.co.za

ÜBERNACHTEN
Farmhouse & Owner's House. Exquisite Madikwe-Lodges der Company Morukuru Family. 90 Pretoria Ave., Atholl, Johannesburg, Tel. 011/615 43 03, www.morukuru.com

Jaci's Lodges. »Jaci's Safari Lodge« zwischen prächtigen Tamboti-Baumkronen am Ufer des Marico-Flusses, Tel. 072/609 26 85, Tel. 083/303 08 85 sowie »Jaci's Tree Lodge« mit acht Baumhäusern aus Reet, Rosenholz und Palisaden auf bis zu sechs Meter hohen Stelzen im Blätterwald exotischer Tamboti- und Leadwood-Bäume. Tel. 083/276 23 87, www.madikwe.com

Mosethla Bush Camp. Rustikale Alternative zu teuren Edel-Lodges. Tel. 011/444 93 45, www.thebushcamp.com

Luxusdomizil mitten im Busch: »Jaci's Safari Lodge« in der Madikwe Game Reserve

Tau Game Lodge. Kleine Chalet-Anlage mit eigenem Wasserloch nahe der botswanischen Grenze in einem privaten Konzessionsgebiet. Tel. 011/466 87 15, www.taugamelodge.com

The Madikwe Collection. Mit der »Tuningi Safari Lodge« und der »Madikwe Hills Lodge« zwei feine Buschherbergen. Tel. 011/781 53 84, www.madikwecollection.co.za

AKTIVITÄTEN
Game Drives. Pirschfahrten (auch Night Drives) werden von den Lodges angeboten, Selbstfahren ist nicht gestattet.

INFORMATION
North West Parks and Tourism Board. Heritage House, Cookes Lake, 30/3l Nelson Mandela Drive, Mafikeng, Tel. 018/397 15 00, www.tourismnorthwest.co.za und www.madikwe-game-reserve.co.za

Boma-Dinner mit Lagerfeuer

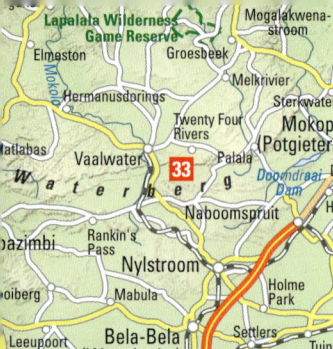

33 Waterberg Mountains
Mit dem Fahrrad ans Nashorn

Auf dem Weg ließe es sich in Heilbron oder Frankfort pausieren oder in die heißen Thermalquellen von Warmbad, dem heutigen Bela-Bela, steigen, dann taucht sie auf, die 150 Kilometer lange Gebirgskette der Waterberge. Beim Näherkommen zeigen sich zerklüftete Gipfel, schroffe Felswände und imposante Auftürmungen, die sich im Gebiet der Kransberge bis zu 2000 Meter in den azurblauen Himmel recken.

Eine ganze Reihe Wildschutzgebiete sind hier auf ehemals unrentablen Viehfarmen entstanden: die Welgevonden Game Reserve, die Ben Alberts Nature Reserve und die Waterberg Wilderness Nature Reserve sowie Reservate, die für ihre reichhaltige Nashornpopulation bekannt sind, die Waterberg Game Reserve, die Lapalala Wilderness Game Reserve und der Marakele National Park.

Waterberg Game Reserve

In der landschaftlich reizvollen Umgebung der Waterberge haben sich Tessa und Anthony »Ant« Baber auf der elterlichen Farm niedergelassen, die auf 1300 Metern Höhe liegt. Ants Vorfahren kamen 1864 vom Kap auf einem beschwerlichen Ochsenwagentrack, in den Waterberg Mountains wurden sie fündig, hier entstanden die altehrwürdigen Farmgebäude, die heute immer noch da sind. Schon als kleiner Junge, erzählt Ant, sei es sein großer Traum gewesen, die wilden Tiere, die vorher auf dem Territorium gelebt hatten (und manchmal noch weit draußen vor den Zäunen zu sehen waren), irgendwann einmal wieder zurück-

Mitte/unten: Alternative Safari: Auf dem Bike oder auf dem Rücken der Pferde geht es bis nahe an die wilden Exoten heran.

Waterberg Mountains

zuholen. Was auch ökonomisch Sinn macht: Auf dem gesamten Areal könnten nicht genügend Kühe weiden, um eine Existenz zu sichern.

Der Vater mühte sich noch als Viehzüchter, als der Sohn schon die ersten Wildtiere kaufte. Nashörner und Büffel sind nicht unter 20 000 Euro zu bekommen, Giraffen nehmen sich mit rund 2000 Euro pro Tier noch verhältnismäßig preiswert aus. Inzwischen leben auf dem 5000 Hektar großen Gelände mehr als 40 Wildarten – Breitmaulnashörner, Büffel, Giraffen, Zebras, Warzenschweine, Gnus, prachtvolle Säbelantilopen, seltene Nyalas sowie Oryx, Eland und Wasserböcke – friedlich nebeneinander. Mit viel Sinn für Interieur und Design entstand aus den ehemaligen Farmgebäuden ein architektonisch bestechendes Ambiente mit prachtvollen Natursteinmauern und ausladenden Reetdächern, was eine ganz besonders heimelige Atmosphäre schafft.

Waterberg Wilderness

Ins felsige und raue Terrain der Waterberg Wilderness Nature Reserve lässt es sich nur im eigenen 4x4-Fahrzeug einreisen. Vor allem während der Regenzeit verwandelt sich das sehr besondere Stück Natur fahrtechnisch zur »last frontier«. Und auch Game Drives müssen im eigenen Fahrzeug durchgeführt werden. Hügel und Täler wechseln sich ab, tief eingeschnittene schroffe Canyons durchsprudeln glasklare Bäche, was nicht nur Mountainbiker, Hiker und Angler hierher lockt: Eine reichhaltige Fauna bringt über 250 Vogelspezies und begeisterte Birdwatcher auf die Beine sowie Leoparden, Stachelschweine, Hyänen, Zebras, Giraffen, Gnus und ein ausreichend großes Sortiment an Antilopen, Paviane und Affen. Zwei sehr besonderen Exemplaren der Gattung Reptilien

Geheimtipp

MOUNTAINBIKEN UND REITEN

Was viele gelangweilt abwinken lässt, gerät für andere Safariliebhaber zum besonderen Erlebnis: In Ants Privatreservat gibt es keine Raubtiere. Dafür aber erstklassige Mountainbikes sowie an die 90 Reitpferde. Im Sattel lässt es sich auf Tuchfühlung an bis zu drei Tonnen schwere Rhinos heranradeln oder reiten, Zebras bestaunen oder ungewöhnliche Größenverhältnisse zwischen Ross, Reiter und Bike neben aufragenden Giraffenhälsen herstellen. Schnell kam den Besitzern die Idee, mit ihrer »Ant's Collection« ein Wildnisparadies für Eltern mit Kindern zu schaffen. Auf »kleine« Faulpelze wartet ein Zaubergarten mit Riesenpool und auf Kinder jeden Alters eine lebensverändernde Erfahrung durch spezielle Wildnisprogramme.

The Ant Collection. Waterberg Game Reserve mit den Lodges »Ant's Nest« und »Ant's Hill«. Bei Vaalwater, Tel. 083/287 28 85, www.waterberg.net und www.ridingsouthafrica.com

Oben: Die pflanzenfressenden Nashörner bleiben gewöhnlich sehr friedlich.
Mitte/unten: Safari für Kids ist natürlich nur möglich, weil es bei Ant keine Raubtiere gibt.

bieten die heiß gebackenen Felslandschaften ein ideales Habitat: der Schwarzen Mamba und dem afrikanischen Felspython, denen genug Kleinvieh in Form von Klippspringern, Wildschweinen und Mungos auf den Tisch kommt, wenn die nicht schnell genug sind.

Übernachtet wird im Waterberg Wilderness Camp, einem rustikalen, aber festen Zelt-Camp, das auf einer Anhöhe mit schönen Aussichten über das Bushveld positioniert ist, und ausreichend Annehmlichkeiten bietet. Vorräte müssen selber mitgebracht werden inklusive Trinkwasser.

Marakele National Park

Weit ab vom üblichen Safaritourismus liegt der Marakele National Park mitten im Zentrum der zerklüfteten Höhenzüge der Waterberg Mountains. Elefanten, Nashörner und eine ganze Reihe anderer Großwildtiere bevölkern die bildschöne Region – außer Löwen. Den weltweit größten Bestand an Kapgeiern, die vom Aussterben bedroht sind, lässt sich mit Hunderten von Brutpaaren im Nationalpark bestaunen, was Birdwatcher-Enthusiasten in großer Zahl anreisen lässt.

GUT ZU WISSEN

DREI TONNEN MASSE

Rhinos sind kurzsichtig, haben einen hervorragenden Geruchssinn und ein präzises Gehör – weshalb sie oft schreckhaft reagieren. Ihr einziger Feind ist der Mensch, durch Wilderei sind die friedlichen Vegetarier noch immer vom Aussterben bedroht. Die englische Bezeichnung Black und White Rhino hat nichts mit der Farbe zu tun: Irrtümlich war »white« aus »wide« geworden, was das Maul des Breitmaulnashorns im Unterschied zum Spitzmaulnashorn beschrieb.

Infos und Adressen

ESSEN UND TRINKEN

Sports on Main. Pizza, Burgers, Steaks und Seafood, auch Frühstück. 61 Davidson Street, Vaalwater, Tel. 014/755 35 67

ÜBERNACHTEN

Ben Alberts Nature Reserve. »Angasii Game Lodge«. Waterberg Bushveld, 7 km südwestlich von Thabazimbi, Tel. 014/784 04 97, www.angasii.co.za

Waterberg Wilderness Nature Reserve. Waterberg Wilderness Camp, Sterkrivier, R101, südwestlich von Mokopane, Naauwkloof 247, Tel. 083/700 28 21 und Tel. 082/926 07 82, www.waterbergwilderness.co.za

Marakele National Park. Das Tlopi Tent Camp am Matlabas River (Vierbettzelte mit Küche und Bad) und der Bontle-Campingplatz mit normalen Zeltplätzen. Nordöstlich von Thabazimbi. Tel. 014/777 17 45, www.sanparks.org

Welgevonden Game Reserve. Bezauberndes Reservat bei Vaalwater mit bildschöner Lodge. Tel. 014/754 89 14, www.welgevondengamereserve.org

Sundowner: klassisch Gin Tonic oder ein Sauvignon Blanc?

Vor allem Reiter kommen im eigenen Reitstall der Ant Collection unter sachkundiger Anleitung voll auf ihre Kosten.

EINKAUFEN

Black Mamba Centre. Der beste Souvenirshop Südafrikas! Zeederberg Centre, Main Rd., Vaalwater, Tel. 073/701 05 43, www.blackmambacompany.webs.com

AKTIVITÄTEN

Caesar's Bush Palace. Raubtierpark und Zoo mit Löwen, Tigern, Jaguaren, Leoparden, Wölfen und Affen. 57 Maaitjiesgoedfontein, Vaalwater, Tel. 083/267 70 16, www.bushpalace.co.za

INFORMATION

Limpopo Tourism Agency. Southern Gateway Ext. 4, N1 Main Rd., Polokwane, Tel. 015/293 36 00; Polokwane Visitor Information Centre: Tel. 015/290 20 10; Mall of the North: Tel. 015/290 11 82; Waterberg Tourism in Bela-Bela: Tel. 014/736 43 28, www.golimpopo.com

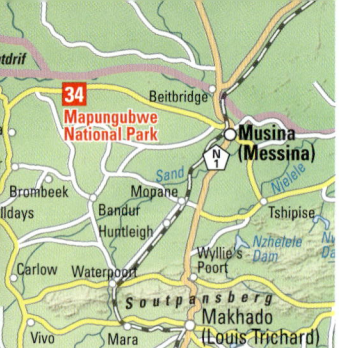

34 Mapungubwe National Park
Die versunkene Stadt

Im Dreiländereck zwischen Botswana, Simbabwe und Südafrika hält sich ein besonderes Juwel der Natur verborgen, weit abgeschlagen von den üblichen Routen, die Südafrikas touristische Highlights verbinden, der Mapungubwe National Park. Dieses lange Zeit isolierte und deshalb ursprüngliche Naturreservat bietet Antilopen, Giraffen, Wildhunde sowie der kompletten Familie der »Big Five« das geeignete Habitat.

Im fernen Grenzgebiet des Limpopo River, nach dem sich die nördliche Provinz benennt, versteckten sich früher Waffenschmuggler, Elfenbeinjäger und zwielichtige Subjekte aller Art, was zahllose Geschichten und geheimnisumrankte Anekdoten produziert hat. Wahr ist, dass hier das versunkene Königreich Mapungubwe zu vermuten ist, und tatsächlich: Möglicherweise liegt sie hier, die »versunkene Stadt«, die den Multimilliardär und Vergnügungsparkunternehmer Sol Kerzner beim Bau seines Dschungelimperiums Sun City/Lost City inspirierte.

Unter UNESCO-Schutz

Nur: Diese hier steht seit 2003 auf der UNESCO-Liste des Weltkulturerbes. Die kulturhistorischen Schätze des Mapungubwe bestehen aus einer Reihe archäologischer Fundstellen wie beispielsweise den Gräbern von Mapungubwe, die in den 1930er-Jahren entdeckt wurden. Über 20 Königsgräber aus der Eisenzeit wurden freigelegt, die Gold- und Elfenbeinschmuck, Geschmeide, Amu-

Mitte: Das neu eröffnete Informationszentrum erklärt Besuchern Mapungubwes sein UNESCO-geschütztes Weltkulturerbe.
Unten: Erfahrene Guides der Parkverwaltung begleiten ganztägige Exkursionen.

Mapungubwe National Park

lette, Haarschmuck sowie Glas- und Porzellanperlen enthielten. Wissenschaftler gehen davon aus, dass hier einst Tausende Menschen siedelten und es sich bei dieser versunkenen Stadt möglicherweise um die frühe Hauptstadt des Königreichs Groß-Simbabwe handeln könnte. Auch belegen Höhlenzeichnungen der San die Existenz einer eisenzeitlichen Kultur zwischen 700 und 900 n. Chr. sowie einer Hochkultur um 1250 n. Chr. mit einigen Siedlungen.

Zeugnisse uralter Kulturen

Insgesamt sollen in diesem Zeitraum an die 5000 Menschen hier gelebt haben, die ihre Existenz durch Schmelzen von Gold, Kupfer und Eisen sowie durch die Jagd auf Elefanten und Elfenbein bestritten und vom Handel lebten. Aufgrund von Funden und Zeichnungen lässt sich vermuten, dass es damals schon Handelsbeziehungen zu arabischen Kaufleuten gegeben haben muss, möglicherweise sogar zu Indien und China! Die Überreste einer steinernen Festung stammen wahrscheinlich aus dem 11. Jahrhundert. Archäologen gruben hier unter anderem das berühmte Goldene Nashorn aus, eine kleine Skulptur, die zu großen Spekulationen über das vergangene Königreich von Mapungubwe Anlass gab.

Das stille, abgelegene Naturparadies im Dreiländereck am Shashe River wartet mit einer Fauna auf, zu der 400 Vogelarten gehören. Darunter prächtige Adler, die majestätisch im Aufwind ihre Runden ziehen, aber auch Elefanten, die an den Ufern des Shashe ein Wasserparadies haben. Die Flora hat wunderschöne Mopane-Wälder und uralte Baobab-Riesen hervorgebracht, die ein Landschaftsbild aus skurrilen Sandsteinformationen und romantischen Flusslandschaften prägen.

Infos und Adressen

ÜBERNACHTEN

Staatliche Rest Camps. In den Camps Leokwe, Limpopo Forest Tented Camp und Vhembe Wilderness Camp lässt es sich komfortabel nächtigen. »Tshugulu Lodge« ist Mapungubwes schönste Herberge mit Pool und Aircondition, die Mapungubwe Mazhou Camp Site liegt unter Schatten spendenden Bäumen.

AKTIVITÄTEN

Archäologische Tour. Zu den wichtigsten Fundstätten organisiert die Parkverwaltung geführte, auch mehrtägige Exkursionen inklusive Übernachtung und Verpflegung.

Nachtsafaris. Night Drives sind nur mit erfahrenen Rangern und vom Park organisiert möglich.

Game Drive. Selbstfahrern stehen lediglich 30 Kilometer geteerte Pisten zur Verfügung, ansonsten ist Allradantrieb erforderlich.

Wildnis zu Fuß. Vom Park angebotene Morning Walks durch die Wildnis für maximal acht Personen.

INFORMATION

Mapungubwe National Park. Park Manager and Information Centre. Tel. 015/534 79 25, www.sanparks.org

Archäologische Fundstücke im Mapungubwes Interpretive Centre

35 Debegeni Falls und Tzaneen
Wander- und Naturwunderland

Teeplantagen, kristallklare Bäche und rauschende Wasserfälle machen die reizvolle Umgebung des 1912 gegründeten Farmerstädtchens Tzaneen zu einem idealen Zwischenstopp für Natur- und Wanderfreunde, was sich schon bei der waldreichen Anfahrt über den Magoebaskloof-Pass andeutet. Vom fruchtbaren Letaba Valley jenseits der Passhöhe liegt Krügers Phalaborwa Gate nur eine Autostunde entfernt.

Im Überfluss gedeihen hier Mangos, Avocados, Kiwis, Litschis, Tomaten, Zitrusfrüchte, Kirschen, Bananen, Macadamia- und Pekannüsse sowie Papayas. Auf den fruchtbaren Böden der subtropischen Region wächst beinahe alles, was Tzaneen und Umgebung zum Früchtegarten der Nordprovinz Limpopo macht. Bei ausreichenden Niederschlägen lassen die moderaten Temperaturen sogar Teebüsche grünen, weshalb sich im einzigen Teeanbaugebiet Südafrikas die Plantagen des Sapekoe Tea Estate ausbreiten.

Geheimtipp Wasserfallroute

Die Debegeni Falls im De Hoek State Forest sind nicht die einzigen Wasserfälle, die zum Baden einladen, und auch deshalb zählen die Wanderpfade der Komatiland Forestry Association bei Naturliebhabern zu den schönsten der Nordprovinz und werden als Geheimtipps gehandelt: Die Route des Debegeni Falls Trail führt über eine Länge von 21 Kilometern, der Dokolewa Waterfall Trail über 40 Kilometer durch ein vegetationsreiches Zauberland, für Übernachtungen stehen romantische

Mitte: Eine stilvolle Herberge in wunderschöner Naturumgebung ist das »Kings Walden Garden Manor« bei Tzaneen.
Unten: Straßenverkaufsstände gibt es im Obst- und Gemüseüberfluss des Früchtekorbs Tzaneen an allen Ecken.

Debegeni Falls und Tzaneen

Hütten zwischen rauschenden Wasserkaskaden und sprudelnden Bachläufen zur Verfügung. Das Städtchen Duiwelskloof (»Teufelsschlucht«), das sich in den waldreichen Bergen nördlich von Tzaneen versteckt, erinnert an strapaziöse Transporte burischer Ochsengespanne, die sich durch tiefe Canyons und über halsbrecherische Passrouten quälten, als es die viel bequemere Bahntrasse von Pietersburg, der Hauptstadt der Nordprovinz, bis ins Lowveld noch nicht gab.

Im nahen Naturreservat Modjadji Cycad Forest ist Südafrikas größter Bestand an Modjadji-Palmfarn-Bäumen (*Encephalartos transvenosus*) zu finden. Bei den hochwachsenden Bäumen handelt es sich um lebende Fossilien aus der Zeit des Mesozoikum vor rund 50 bis 60 Millionen Jahren! Der Legende nach hatte die Königin des aus Simbabwe hierher geflohenen Karanga-Stammes Regenmacherqualitäten, die solch urtümliches Wachstum möglich machte! An der Strecke zum Nachbarort Gakgapane thront der »Giant Baobab Tree« als einer der größten Affenbrotbäume der Welt, den sich eine Baumkneipe zunutze macht, die im Stamm des Riesen ihren Ausschank betreibt. Bei der Rückfahrt von Tzaneen ins 1887 gegründete Goldgräberstädtchen Haenertsburg ist der Forest Drive über die Passstraße nicht der einzige Weg aus diesem lieblichen Landschaftsparadies: Die George's Valley Road führt an ausgedehnten Mango-, Bananen- und Zitrusplantagen entlang, wo sich an zahlreichen Obstständen Vitamine für die Weiterfahrt tanken lassen. Wer ungefähr nach der Hälfte der Strecke dringend schon eine Pause braucht, sollte »The Wheelbarrow« (Rollstuhl) dazu nutzen: Ein deftiges Landfrühstück mit hausgemachter Marmelade und frisch zubereiteten Säften kommt dort sehr gesundheitsbewusst auf den Tisch! Wer zufällig im Juli hier vorbeifährt, kann das Avocado-Fest mitfeiern.

Infos und Adressen

ESSEN UND TRINKEN
Coach House Restaurant. Erstklassige Küche. Old Coach Rd., Agatha, Tzaneen, Tel. 015/306 80 00, www.coachhousehotel.co.za

ÜBERNACHTEN
Coach House Hotel & Spa. Fünf-Sterne-Haus. Old Coach Rd., Agatha, Tzaneen, Tel. 015/306 80 00, www.coachhousehotel.co.za

Glenshiel Hotel. Landhaus in den Magoebaskloof Mountains. Haenertsburg, Tel. 015/276 43 35, www.glenshiel.co.za

Hotel@Tzaneen. Modernes Haus in der Stadtmitte. Makakota St., Tzaneen, Tel. 015/307 75 34, www.hoteltzaneen.co.za

The Village. Schöne Lodge am Letaba River. Old Gravelotte Rd., Tzaneen, Tel. 015/307 26 79, www.fairviewlodge.co.za

AKTIVITÄTEN
Wandern im Mageobaskloof Forest. Erstaunliche Baumvielfalt, wild blühende Orchideen, über 300 Vogelarten. Komatiland Eco-Tourism, 10 Streak St., Nelspruit, Tel. 013/754 27 24, www.komatiecotourism.co.za

INFORMATION
Tzaneen Tourist Information. Agatha St., Tzaneen, Tel. 083/309 69 01, www.tzaneeninfo.com und www.golimpopo.com

36 Kruger National Park
Die Arche der Wildtiere

Eine Gesamtfläche so groß wie Bayern hält Südafrika in Form staatlicher und privater Wildreservate als Naturerbe der Menschheit für uns bereit. Was Unsummen an finanziellen Mitteln verschlingt in einem Land der sozialen Verwerfungen, aber auch Arbeitsplätze und Geld bringt. Seit dem Fall der Apartheid muss sich das bekannteste Tierparadies der Welt als Wirtschaftsbetrieb unter ökonomischen Bedingungen beweisen.

Beim Antritt Nelson Mandelas kam frischer Wind in die Politik und es etablierte sich ein neues Verständnis von Tierschutz Wirtschaftlichkeit. Das bedeutete, dass die bislang subventionierten staatlichen Parks umdenken und sich auf eigene finanzielle Beine stellen mussten. Aber wie? Im Krüger-Park sind Dutzende Camps zu unterhalten, Tausende Kilometer an stattlichen Zäunen (Kudu-Antilopen überspringen eine Höhe von 2,50 Metern!), 2500 Kilometer Straßen und Pisten, Verwaltungsgebäude innerhalb und außerhalb des Parks sowie das dafür notwendige Personal, das monatlich auf Bezahlung wartet.

Frischer Wind

Und natürlich tauchten mit der ersten frei gewählten und schwarzen Regierung zahlreiche Interessengruppen auf, die an den Parktoren rüttelten: die Urvölker der San und Khoikhoi mit ihren Ansprüchen auf Landrückgabe; schwarze Farmer und Kleinbauern, die abgetretenes Territorium zurückwollten; arme Dorfbewohner an den Parkrändern, die nicht mehr verstanden, warum sie hungern

Auch diese Giraffe gehört zum animalischen Inventar des Krüger-Parks, vor der hungrige Löwen nicht zurückschrecken. Wildtiere sind unberechenbar und greifen jederzeit an! Manchmal auch unvorsichtige Zweibeiner.

Auf Bush Trails zu Fuß an die wilden Exoten heran

Nicht verpassen

sollten, während marodierende Wildtiere ihre spärlichen Felder verwüsteten; sowie politische Gruppen, denen die Finanzierung der ehemaligen Spielwiesen weißer Großwildjäger und betuchter Fototouristen angesichts der sozialen Verwerfungen Südafrikas zu weit ging. Dazu muss man wissen, dass beispielsweise um die Siedlung Hazyview direkt vor den Grenzen Krügers in einem engen 30-Kilometer-Radius über eine halbe Million Menschen leben und das Gebiet damit nach Johannesburg die am dichtesten besiedelte Region ist. Mit einer Nord-Süd-Ausdehnung von 320 Kilometern und einer Fläche von Rheinland-Pfalz ist der Krüger-Park nicht gerade eine kleine Unternehmung.

Kostspieliges Inventar

Die Tiermengen, die der Park auf seinem Gebiet auflistet, sind gewaltig. Nur konkrete Zahlenbeispiele helfen der Fantasie: 114 Arten von Reptilien und 147 Säugetierarten bringen 3000 Flusspferde, 30 000 Zebras, 170 000 Impala-Antilopen, 30 000 Büffel, 9000 Giraffen, 1000 Leoparden und 300 Geparden in die Statistik. Vögel zählt niemand. Sie kommen auf 507 Arten, darunter sind auch die skurrilen Ausputzer, die Geier: Gaukler-, Ohren- und Wollkopfgeier, Weißrücken- und Kap-

ZU FUSS ZU DEN WILDTIEREN

Neben nächtlichen Wildbeobachtungen sind sogenannte Trekker Trails oder Bush Trails die besondere Spezialität Privater Games Reserves. Die Safaris zu Fuß sind so stark nachgefragt, dass sie mittlerweile als Wilderness Trails auch vom Krüger-Park unter Bezeichnungen wie »Bushmans Trail«, »Olifants Trail« oder »Wolhuter Trail« erfolgreich angeboten werden. Hautnah geht es bis an die Wildtiere heran, weshalb Ranger und Fährtenleser bewaffnet sind, denn aus dem Nichts können sie auftauchen, riesige Elefantenherden, gefährliche Büffelkolosse, Leoparden und Löwen. Weder Zaun noch den Schutz eines Safarifahrzeuges gibt es dann zwischen dem Menschen und der Wildnis. Angeboten werden dreitägig Kleingruppen in abgelegene Parkareale, übernachtet wird in Hütten.

Wilderness Trails.
www.sanparks.org

Geheimtipp

OUT OF AFRICA IN KRÜGERS NORDEN

Rund 400 Fahrkilometer liegen zwischen dem Pafuri Gate im abgelegenen nördlichsten Zipfel des Kruger-Parks und dem Kruger Gate im frequentierten Süden. Was ein Grund dafür ist, weshalb sich dort gleich zwei Konzessionsgebiete etabliert haben: The Outpost und das Pafuri Camp, beide im riesigen Makuleke Contracted Park, einer Game Reserve, die in Zusammenarbeit mit der lokalen Volksgruppe der Makuleke erschlossen wurde und einen Teil ihrer Erträge der lokalen Gemeinschaft zukommen lässt. Beide Standorte profitieren von der bildschönen Lage an den Ufern des Luvuvhu River im wenig besuchten Dreiländereck Südafrika, Mosambik und Simbabwe, und wer es sich leisten kann, erlebt hier sein *Out of Africa* in reinster Form!

The Outpost und Pafuri Camp.
www.seasonsinafrica.com und
www.returnafrica.com

Relaxen nach anstrengender Safari: Am Pool der »Singita Lembombo Lodge« im Krüger-Park

pengeier sorgen dafür, dass vom Abgenagten der Raubtiere nichts ungenutzt bleibt. Wer glaubt, die »Arche Noah Krüger-Park« sei ein Garten Eden, der sich auf paradiesische Weise selbst erhält, irrt. Elefanten, Löwen und die ganz besonders kostbaren Nashörner (die immer noch dem Aussterben durch Wilderei ausgesetzt sind) erfordern eine aufwendige Boden-Luft-Überwachung, damit das fragile ökologische Gleichgewicht keinen Schaden nimmt. Und damit die Ökonomie stimmt. Denn was der staatliche Tierschutz zum Wohle der Tiere vor allem braucht, sind gefüllte Kassen.

Wirtschaftsbetrieb Dienstleistung

Wie alle südafrikanischen Nationalparks ist der Krüger-Park professionell organisiert: Besucher können bei der Planung auf umfangreiches Material zurückgreifen, das auch im Internet steht. Es fehlt weder an detaillierten Karten mit genauen Landschaftsbeschreibungen der unterschiedlichen Parkregionen (Flusslandschaften, raue Steppen, Berg- und Schwemmlandschaften) noch an Informationen über die jeweils dort anzutreffende Tierwelt. Entfernungstabellen und Zeitfenster für Selbstfahrer sichern das rechtzeitige Ankommen an den Gates oder in den Camps vor Einbruch der Dunkelheit. Sehr nahe ans Wildtierparadies schaffen es Krügers Wilderness Trails, von denen es ein gutes Dutzend gibt: In Kleingruppen wird die Wildnis abseits jeder Zivilisation im Schutz bewaffneter Führer durchwandert und in einfachen Camps übernachtet.

Strenges Regelwerk

Geld bringen dem Krüger-Park 1,5 Millionen Besucher, die hier im eigenen Pkw auf die Pirsch gehen dürfen. Die beste Zeit für die Tierbeobach-

Kruger National Park

tung liegt zwischen den Trockenmonaten Juni und September, dem südafrikanischen Winter. Dann kann es nachts zwar empfindlich kalt werden, bis an die null Grad, allerdings kommen dann die Wildtiere vermehrt an die Wasserstellen, wo sich die Tierbeobachtung am einfachsten und am erfolgreichsten gestaltet.

Für die Durchführung einer individuellen Safari im eigenen Wagen gelten Regeln, die von den Park-Rangern stringent überwacht werden, also Achtung: Die Höchstgeschwindigkeit auf Krügers Teerstraßen beträgt 50 km/h, auf Pisten 40 km/h, in schwierigem Gelände auch schon mal 25 km/h, Radarmessungen versprechen saftige Bußgelder! Game Drives im offenen Wagen und auf Zweirädern (!) sind natürlich nicht erlaubt, ebenfalls unterwegs aussteigen nicht, auch wenn die Blase drückt, außer an speziell markierten Stellen – hinter jedem Busch könnte ein Löwe lauern – und wer einen Reifen wechseln muss, tut dies auf eigene Gefahr. Auch Körperteile aus dem offenen Wagenfenster halten ist nicht nur verboten, sondern ziemlich gefährlich: Hungrige Raubtiere könnten das als kulinarische Aufforderung begreifen! Im offenen Safarifahrzeug sind Safariteilnehmer

GUT ZU WISSEN

SELBER RANGER SEIN

Was tut man bei einem Schlangenbiss oder wenn Elefanten Scheinangriffe führen? Wie kommt man einem Leoparden auf die Spur? Wie reagiert man, wenn Flusspferde abtauchen und man in einer Nussschale von Boot sitzt? Bei Ranger-Kursen kann man lernen, was im Busch zum Überleben nötig ist. Sie werden in einigen Privaten Game Reserves sowie auch im Krüger-Park angeboten (www.ecotraining.co.za, www.moholoholo.co.za, www.morukuru.com/ranger).

Oben: Die Flusssenke des N'wanetsi River im Krüger-Park bietet zahlreichen Exoten die geeignete aquatische Grundlage. **Mitte/unten:** Zebras und Hippos am N'wanetsi

CAMPEN IM KRÜGER-PARK

Für Südafrikaner ist Campen im Freien das Allergrößte und im Krüger-Park ein sehr spezielles Erlebnis. Zu diesem Zweck existiert eine ganze Reihe Campingplätze, einer davon ist Tsendze Camp Site, und natürlich ist das Areal durch einen Zaun von den Wildtieren getrennt! Der Zeltplatz ist klein im Vergleich zu vielen anderen und sehr ruhig und privat. Die Parzellen sind durch dicht gewachsene Vegetation separiert. Am beliebtesten sind jene direkt am Zaun: Die Chance, des Nachts Löwen und Hyänen sehr nahe zu sein, ist dort besonders groß, wenngleich der Atemhauch einer aasfressenden Hyäne nicht zu den berauschendsten Wildtiererlebnissen zählt! Tagsüber schwirrt hier die Vogelwelt, nachts auch schon mal eine Eule!

Kruger National Park. Infos zum Campen, Tel. 013/73 56 53-5, -6, www.sanparks.org

Einfach gut!

in Begleitung eines erfahrenen Rangers sicher, weil Wildtiere das große Gefährt zusammen mit den Passagieren als Einheit begreifen und der Ranger ihre Reaktionen genau kennt. Dennoch sind die Tiere unberechenbar, besonders für unerfahrene Selbstfahrer, und das trifft keinesfalls nur auf Großkatzen wie Löwen und Leoparden zu. Elefant und Nashorn gelten im Allgemeinen als gutmütig und friedlich, was sich vom Büffel nicht unbedingt sagen lässt. Einmal richtig gereizt, gehören die Kraftpakete zu den angriffslustigsten Tieren im Busch. Eine der spannendsten Geschichten erzählt, wie einmal sogar ein Rudel Löwen von 200 Büffeln auf die Bäume gejagt wurde.

Über 200 Rangers arbeiten im Krüger-Park, deren Vorgaben zum Schutz der Tiere rigoros überwacht werden. Die staatlichen Rest Camps bieten Elektrizität, Krankenstation, Supermarkt, Waschsalon, Restaurant, Bistro, Telefon und Tankstelle sowie Unterkünfte vom Campingplatz bis zum klimatisierten Safari-Bungalow. Selbst die einfache Kategorie »Safari Tents« offeriert einen gewissen Luxus: Die Safarizelte verfügen über bis zu vier Schlafplätze, Kühlschrank und Ventilator. Übrigens: Im Krüger-Park ist eine Malaria-Prophylaxe auch während der Trockenzeit empfehlenswert.

Ein Park ohne Grenzen

Der neue Great Limpopo Transfrontier Park, den Nelson Mandela noch persönlich ins Leben rief, macht die Herausforderungen für die Menschen nicht geringer. Der Peace Park soll den südafrikanischen Krüger-Park, den Parque Nacional do Limpopo in Mosambik und den Gonarezhou-Nationalpark in Simbabwe langfristig vereinen und würde mit 35 000 Quadratkilometern so groß wie Baden-Württemberg sein, wenn die Grenzzäune endgültig fallen.

Versorgungsgebäude auf dem Campingplatz Tsendze Camp Site

Infos und Adressen

ANREISE

Mit dem Flugzeug. Über Kruger Mpungalanga International bei Nelspruit.

Mit dem Wagen. Ab Johannesburg/Pretoria über die N1/N4 oder ab Tambo International Airport über die N12 via Nelspruit.

ESSEN UND TRINKEN

Main Rest Camps. Die zwölf Hauptcamps bieten Tankstellen, Restaurants und Geschäfte mit Einkaufsmöglichkeiten. Ein großer Anteil der Nationalparkbesucher versorgt sich selbst.

ÜBERNACHTEN

Main Rest Camps. Hauptcamps mit Campingplätzen, einfachen Hütten, komfortablen Safarizelten und Bungalows. Dazu gehören:

Letaba Camp. Eines der Schönsten, am Letaba River.

Olifants Camp. Fantastischer Blick auf den Olifants River.

Satara Camp. Das zweitgrößte Krüger-Camp nahe der Flüsse Sweni, Nuanetsi und Timbavati.

Skukuza Camp. Mit einer Kapazität von 1000 Gästen das größte Camp und Standort der Krüger-Verwaltung.

Bushveld Camps. Fünf kleinere, eigenständige Camps.

Satellite Camps. Vier kleinere von den Haupt-Camps abgelegene Einheiten.

Wilderness Trail Camps. Sieben sehr einfache und mitten in der Wildnis gelegene Camps, die nicht eingezäunt sind.

AKTIVITÄTEN

Safari im eigenen Fahrzeug. Die besten Spots für die Tierbeobachtung verrät www.krugerpark.co.za

Kruger Camp Safaris. Alle Main Rest Camps bieten Game Drives an, www.sanparks.org

Wandersafaris im Krügerpark. Wilderness Trails durch die freie Wildbahn zirka 20 km pro Tag.

INFORMATION

South African National Parks. Website der Parkverwaltung mit allen Infos, parks.org

Kruger Lowveld Tourism. Nelspruit, Tel. 013/755 19 88, www.krugerlowveld.com

Abendliches Ambiente im Bungalow-Camp Satara im Krüger-Park

37 Private Game Reserves
Luxus pur in Krügers Vorgarten

Die bekanntesten der südafrikanischen Pritvate Game Reserves liegen mit etwa 200 Lodges und Wildlife Camps im Lowveld westlich des Krüger-Parks. Zäune gibt es keine zwischen Krüger und den privaten Schutzgebieten, was garantiert, dass der Tierbestand der gleiche ist. Die Klientel nicht. Nur wer sich Exklusivität leisten kann, ist in den Lodges der Private Game Reserves am richtigen Platz.

Gediegener Luxus findet sich in der Sabi Sand Game Reserve in Form von außergewöhnlicher Architektur und unvorstellbar schönen Interieurs zuhauf: im Bild die »Singita Boulders Safari Lodge«.

Zum Luxus der Privaten zählt nicht nur die spektakuläre Architektur sowie erlesene Interieurs der exklusiven Busch-Herbergen, die exakt dem *Jenseits von Afrika*-Klischee aus Film und Roman entsprechen. Vor allem aufgrund begrenzter Gästezahlen und einer sehr individuellen Gestaltung des Kerngeschäfts, der Safari, wird der Kontakt mit der Wildnis auf Exklusivbasis besonders eindrucksvoll. Hervorragend ausgebildete Wildlife Ranger geben einen fundierten Einblick in die Welt der Wildtiere, meist ist ein Fährtenleser mit von der Partie, auf jeden Fall eiskalte Drinks zum Sundowner-Buffet, und selbstverständlich sind alle Fahrzeuge über Funk vernetzt, sodass in kürzester Zeit sehr viele Tierarten zu sehen sind. Spezialität der Privaten sind Night Game Drives, Nachtsafaris, die in staatlichen Parks in der Regel nicht durchgeführt werden dürfen. Die abendlichen Ausfahrten im exotischen Dunkel der Savanne treffen ganz den Geschmack ihrer Teilnehmer, wenn sich Raubkatzen bei der Jagd auf Gnus, Antilopen und Zebras beobachten lassen.

Private Game Reserves

Nicht zum Vergnügen

Einfach gut!

Unter Einsatz von Scheinwerfern lässt sich hautnah miterleben, wie sich Löwinnen ein potenzielles Opfer in einer Gnu-Herde ausgucken, den Angriff taktisch anlegen und durchführen und eine der Großkatzen beim Finale das Huftier ruhig an der Kehle gepackt hält, bis ihm der Sauerstoff ausgeht. Derweil wartet der König der Wildnis im Hintergrund entspannt auf seinen Einsatz. Sobald sich die Staubwolken des Angriffs gelegt haben, erhält der Patriarch den Vortritt, erst dann werden die weiblichen Jäger den aufdampfenden Leib des Opfers in fressbare Stücke für ihren Nachwuchs zerreißen, wobei sich die Raubtiere nicht im Geringsten bei ihrer Fressparty stören lassen, selbst dann nicht, wenn eine Handvoll Fahrzeuge auf Wagenlänge um sie herumsteht.

Manchmal führt die Nahrungssuche von Wildtieren auch zu abnormen Zuständen, weshalb die Private Game Reserves nachts einen Night Manager beschäftigen, falls mal ein Nashorn durchs Zimmer läuft. Ganz abwegig ist das nicht. Die Belegschaft der noblen »Inyati Lodge« mag sich erinnern, wie einmal ein drei Tonnen schweres Nilpferd dem Sabie River entstieg, gemütlich über die grüne Wiese heraufschlenderte, grunzend das Luxusbuffet mit dem Hintern zum Einsturz brachte, um sich dann zum Entsetzen der festlich gestylten Dinnergäste im Swimmingpool zu versenken. Das Hippo saß nun mit wenig Wasser auf dem Grund des gekachelten Betonbeckens fest, und es dauerte eine Weile, bis ein Kranwagen in die Wildnis kam, um es aus seiner misslichen Lage zu befreien. Flusspferde sind die gefährlichsten Wildtiere überhaupt. Tagsüber kühlen sie sich gern im Wasser, nachts gehen sie an Land, um an den Ufern von Flüssen und Seen zu grasen. Stört man ihren Fluchtweg ins Wasser, greifen sie brutal

SAFARI FÜR ALLE SINNE

An der westlichen Grenze des Krüger-Parks hat der Brite Bernie Smith das charmante Wildlife-Refugium »Garonga« kreiert. Das exklusive Camp gilt als Geheimtipp: Lediglich zwölf Gäste finden in den sechs idyllischen Zeltbungalows Platz. Wer mag, schwebt im Microlight-Flugzeug über den Busch, zelebriert ein Bush Bath in der frei stehenden Badewanne oder verbringt mutig eine Nacht auf der hölzernen Dschungelplattform hoch über dem Jagdgebiet von Löwen, Hyänen und Leoparden – mit nichts weiter als einer Petroleumlampe, einer Matratze und einer gut gefüllten Kühlbox. Wer Garongas Baumhausplattform, die etwa 20 Fahrminuten vom Hauptcamp entfernt wie Tarzans Wohnzimmer aus der Wildnis ragt, am nächstfolgenden Morgen heil überstanden hat, ist reif für den Heimflug.

Garonga Safari Camp. Makalali Private Game Reserve, Tel. 082/440 35 22, www.garonga.com

197

Geheimtipp

Westlich des Krüger-
Parks engagiert sich ein
sehr besonderes Schutzge-
biet für den Artenschutz der Geparde, das Cheetah Research Centre.
Die hyperschnellen und außerhalb
von Parkgrenzen selten gewordenen
Raubtiere machen gern Jagd auf
Nutzvieh und werden deshalb von
Farmern häufig erschossen oder ver-
letzt. Noch lebende Tiere päppelt das
Cheetah-Zentrum zur späteren Aus-
wilderung wieder auf. Gleich nebenan praktiziert das Moholoholo Wildlife Rehabilitation Centre in ähnlicher
Weise den Erhalt gefährdeter Tierarten. Faszinierend ist auch der Khamai Reptile Park westlich von Hoedspruit, wo nicht nur die Kids lernen
können, was es mit gefährlichen
Giftschlangen auf sich hat.

Cheetah Research Centre.
www.hesc.co.za; Moholoholo
Wildlife Rehabilitation Centre.
www.moholoholo.co.za; Khamai
Reptile Park, www.khamai.co.za

an. Kommt man ihnen zu Wasser im
Boot zu nahe und überschreitet ihre Dis-
tanzgrenze, ist man möglichen Attacken
hilflos ausgeliefert.

Luxus pur im Sabi Sands Game Reserve

Die Privaten mit den berühmtesten Namen (Sabi
Sabi, Londolozi, Singita und Mala Mala) liegen im
weitläufigen Sabi Sands Game Reserve, in dem
sich eine ganze Reihe kleiner Schutzgebiete mit
ihren Lodges befindet und mit der ausgefallensten
Ambiance gegeneinander antritt. Das hat seinen
Preis, der in der gehobenen Klasse bei 800 Euro
pro Tag beginnt, um zahlungskräftigen Safari-
gästen ihr Afrika-Gefühl auf höchstem Niveau zu
verschaffen. Londolozi zum Beispiel bietet neben
seiner Hauptlodge mehrere kleine Camps, wobei
Wohnträume im klassischen Safaristil und romantische Abendessen im Kerzenschein unter funkeln-
den Sternen des glasklaren Savannenhimmels so
selbstverständlich sind wie Aircondition und private Mini-Pools.

Konkurrenz macht erfinderisch, weshalb sich Sabi
Sabi eine unterirdische Earth Lodge zugelegt hat,
die unauffällig aus einer Hügelgruppe ragt. Natürliche, organische Baustoffe sowie bepflanzte
Dächer halten sie perfekt underground, durch ge-
tarnte Sichtfenster lässt es sich auf gut frequen-
tierte Wasserlöcher blicken, sodass Elefanten,
Büffel, Giraffen und andere Tiere wie auf einer
Filmleinwand ihr Dschungelbuch spielen. An die
200 Mitarbeiter sorgen allein hier dafür, dass es
den Gästen im luxuriösen Untergrund an nichts
fehlt. Wem zwischen Tierbeobachtung, Safaris
und opulenten Gourmet-Genüssen noch Zeit
bleibt, kann sich im angeschlossenen Wellness-
paradies nicht nur meditativ Entspannung ver-

Romantischer Sunset in Sabi Sabi

Private Game Reserves

schaffen. Eine der urigsten Unterkünfte des Sabi-Sand-Reservats ist Kirkman's Kamp am Sand River, das es schon seit den frühen 1920er-Jahren gibt. Kirkman's gilt als eine der beliebtesten Lodges, im atmosphärischen Zentrum steht die »Kirkman's Homestead«, ein historisches Farmhaus, das mit feinen Interieurs ein Ambiente aus längst vergangenen Zeiten generiert. Hier bei einem Gin Tonic auf der Veranda zu sitzen, mit Blick auf gepflegte Rasenflächen, die im nächsten Moment zum Terrain von Löwen und Leoparden werden, gehört zu den herausragenden Momenten.

Private vor Krügers Parkgrenzen

Das fruchtbare Sabi-Sands-Areal gehört mit seinem Wasserreichtum und der landschaftlichen Schönheit der mit Akazien durchsetzten Flusssavanne zweifelsfrei zu den besten Spots innerhalb der Grenzen des Krüger-Parks, weshalb es hier die größte private Lodge-Dichte gibt. Doch auch westlich des Krüger-Parks findet man eine Reihe privater Lodges wie das Makalali Private Game Reserve, in das der Ethno-Architekt Sylvio Reich eine der wohl ausgefallensten afrikanischen Lodge-Architekturträume setzen durfte.

GUT ZU WISSEN

DICKHÄUTER

Elefanten leben in Gemeinschaften, werden bis zu vier Meter groß und wiegen bis zu sechs Tonnen. Damit es so weit kommt, müssen sie täglich 300 Kilogramm Grünzeug rupfen und rund 200 Liter Wasser trinken. Allein das Herz der Großohren wiegt 25 Kilo. Kühe stillen ihre Elefantenbabys vier Jahre lang und werden sehr nervös, wenn sie für ihre Kälber Gefahr wittern. Auch wenn Elefantenbullen über drei Meter lange Stoßzähne tragen, gelten sie allgemein als friedlich.

Oben: Ultramoderne Chalets der »Singita Lembombo Lodge« **Unten:** Büffel zählen zu den gefährlichsten Wildtieren des südlichen Afrika. Einmal gereizt, greifen die gehörnten Fleischkolosse kraftvoll an.

Infos und Adressen

ESSEN UND TRINKEN
Die luxuriösen Buschherbergen bieten Cuisine
vom Feinsten.

ÜBERNACHTEN
Kirkmans Camp. Seit 1920 am Sand River,
www.andbeyondafrica.com

Ngala Safari Lodge. Timbavati Game Reserve,
www.andbeyond.com

Chitwa Chitwa & Chitwa House. Sabi Sands,
Tel. 013/735 53 57, www.chitwa.co.za

Elephant Plains Game Lodge. Sabi Sands,
Tel. 013/744 08 76, www.elephantplains.co.za

Inyati Game Lodge. Sabi Sands,
Tel. 013/735 51 25 und 087/550 74 57,
www.inyati.co.za

Londolozi Camps. Sabi Sands,
www.londolozi.com

Mala Mala. Mala Mala Game Reserve,
Tel. 013/735 92 00, www.malamala.com

Mohlabetsi Safari Lodge. Im Balule Nature Reserve, Tel. 082/503 88 63, www.mohlabetsi.co.za

»Do it in style«: Die sündhaft teure Luxuslodge
»Singita Lebombo« liegt im Krüger-Park auf privatem Konzessionsgebiet – die Tiere sind aber die
gleichen!

Lounge der »Singita Ebony Lodge« in Sabi Sands

Sabi Sabi Earth Lodge/Bush Lodge. Sabi Sabi
Game Reserve, Tel. 013/735 52 61 und
013/735 56 56, www.sabisabi.com

Singita Lodges. Sabi Sands, Tel. 021/683 34 24,
www.singita.com

Ulusaba Game Reserve. Sabi Sands,
Tel. 011/325 44 05, www.virginlimitededition.com

Krügers Luxus-Lodges
**Private Luxusherbergen auf Konzessions-
gebiet des Krüger-Parks.** »Golden Kudus« nennt
Krüger seine Geldbringer, zur »Zweiklassenwildnis
im Staatspark« (s. S. 196) gehören:
Imbali Safari Lodges, Jock Safari Lodge, Lukimbi
Safari Lodge, Rhino Walking Safaris, Shishangeni
Private Lodge, Singita Lebombo Private Game Lod-
ge, Lion Sands Kruger National Park, Pafuri Camp,
The Outpost, www.sanparks.org/tourism/
accommodation/concessions.php

INFORMATION
Kruger Lowveld Tourism. Nelspruit,
Tel. 013/755 19 88, www.krugerlowveld.com

Sabi Sand Game Reserve. Parkverwaltung,
Tel. 013/735 51 02, www.sabisand.co.za und
sabi.krugerpark.co.za

Lodges, Camps und Trails

Krügers Areal teilt sich in drei Kategorien:
Den staatlich-öffentlich zugänglichen Park,
die privaten Game Reserves im südwestlichen
Teil, sowie Konzessionsgebiete, die Krüger
an private Safari Unternehmen verpachtet.

Krügers Rest und Bush Camps
- **Ⓐ** Satara
- **Ⓑ** Rodewal
- **Ⓒ** N'wanetsi
- **Ⓓ** Olifants
- **Ⓔ** Balule
- **Ⓕ** Letabe
- **Ⓖ** Talamati
- **Ⓗ** Orpen
- **Ⓘ** Skukuza
- **Ⓙ** Jock of the Bushveld
- **Ⓚ** Lower Sabie
- **Ⓛ** Pretoriuskop
- **Ⓜ** Malelane
- **Ⓝ** Crocodile Bridge Camp
- **Ⓞ** Berg-en-Dal Camp

Krügers Wilderness Trails
- **Ⓐ** Olifants Trail
- **Ⓑ** Sweni Trail
- **Ⓒ** Metsi-Metsi Trail
- **Ⓓ** Napi Trail
- **Ⓔ** Wolhuter Trail
- **Ⓕ** Bushmans Trail

Private Camps und Lodges
- **❶** Inyati Game Lodge – Sabi Sand
- **❷** Sabi Sabi Lodges – Sabi Sabi
- **❸** Mala Mala Camp – Mala Mala
- **❹** Singita Lodges – Sabi Sand
- **❺** Londolozi Camps – Sabi Sand
- **❻** Ngala Safari Lodge – Timbavati
- **❼** Chitwa Chitwa – Sabi Sand
- **❽** Elephant Plains Lodge – Sabi Sand
- **❾** Kirkmans Camp – Sabi Sand
- **❿** Ulusaba Game Reserve – Sabi Sand
- **⓫** Singita Lebombo – Krüger-Park

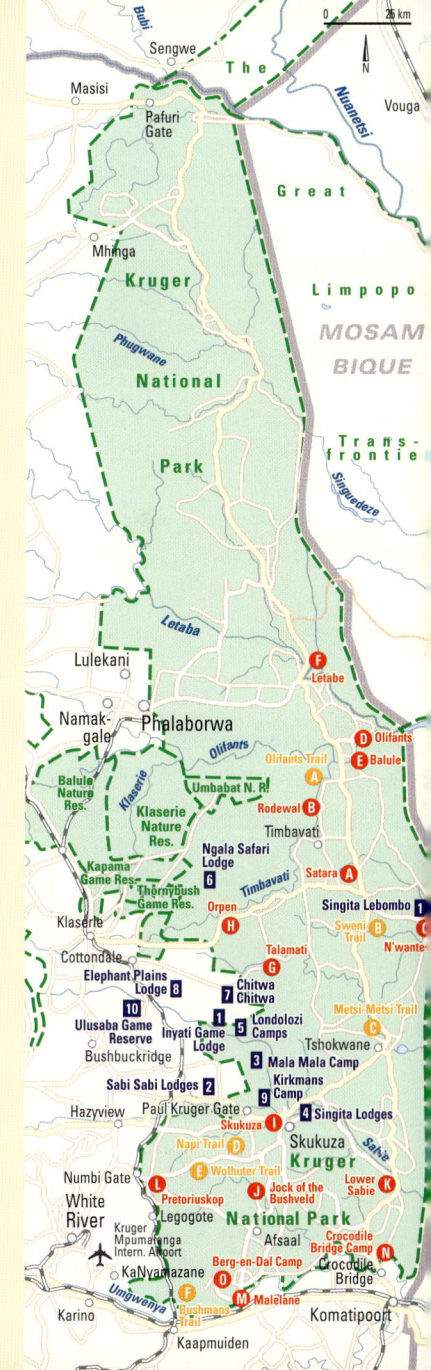

ZWEIKLASSEN-WILDNIS
im Staatspark

Einfach edel und nicht nur Fünf-Sterne: »Singita Lebombo«

Was anmutet wie eine Lizenz zum Gelddrucken, entpuppt sich als Gebot der Not: Der chronische Mangel an Finanzmitteln des südafrikanischen Nationalparks Board, das die Einnahmen aller staatlichen Nationalparks verwaltet und umverteilt, ließ die rettende Idee entstehen, wenig genutzte staatliche Naturschutzterritorien als Pachtland an Privatunternehmer meistbietend zu versteigern.

Für eine der dafür vorgesehenen Wildnis-Enklaven erhielt die Lodge & Safari Company Singita den Zuschlag. Woraufhin mit der »Singita Lebombo Lodge« ein Weltklasseprodukt unter dem bekannten Label »Krüger-Park« nach der Jahrtausendwende an den Start ging. Im Gästebuch stehen zahlreiche VIPs, darunter Thabo Mbeki, Nicolas Cage, Leonardo DiCaprio und Charlize Theron. Als eines der erlesenen Luxuszutaten wurde hier, mitten in den Lebombo Mountains im Grenzgebiet zu Mosambik, ein wohltemperierter Weinkeller aus den Felsen gestampft, in dem bis zu 3000 Flaschen ihren Platz finden. Natürlich auch Moët & Chandon, Dom Perignon, Laurent-Perrier und Billecart-Salmon, um nur einige der französischen Champagnermarken zu nennen.

Wer nicht mit perfekt geschulten Sommeliers über Rebsorten und Jahrgangsklassen diskutieren mag, findet selbstverständlich auch original Pilsener Urquell im Tulpenglas vor, und der Küchenchef darf versichern, dass es seine Crew mit dem feinsten Stadtrestaurant Kapstadts oder Jo'burgs aufnehmen kann.

Wohnträume im Busch

»Singita Lebombo«, Modern African Design pur, thront mit offenem Restaurant, großem Pool und einer stylischen Lounge-Halle auf einem Bergrücken. Glas, Stahlrahmen und kostbare Naturhölzer sind die sichtbaren Trägermaterialien, die gewagt als skulpturale Eingriffe aus dem Buschland lugen. Als Skulpturen begreifen sich auch formgebende Wandsätze und Vorsprünge, abgerundete Ecken und beinahe alle versammelten Interieurs. Eine ähnliche Handschrift tragen die ultramodernen Glaskästen der 15 Chalets, die mit Blick auf den Nwanetsi und den Sweni River aus der dichten Vegetation ragen.

Wer Kobras, Giftspinnen, Paviane und die Schwarze Mamba nicht fürchtet, könnte sich nachts der Aircondition entziehen, um auf der hölzernen Veranda zu schlafen – wo das Bett zur Nachtruhe schon vorsorglich und aufs Feinste bereitet ist, Taschenlampe und Druckluftnotsignal in greifbarer Nähe. Auch das Telefon steht nicht weit für alle Fälle, und wer vom ganz großen Abenteuer lieber die Finger lässt, könnte frühmorgens die romantische Außendusche nutzen. Wenngleich auch die wenig Platz lässt zwischen dem Brausekopf und der wilden Tierwelt da draußen, die sich ohne Abzäunung auf Lebombos 15 000 Hektar großen Pachtareal tummelt, das doppelt so groß ist wie die Nordseeinsel Föhr (»Singita Lebombo« und »Sweni Lodges«). Sabi Sands Game Reserve Tel. 021/683 34 24, www.singita.com).

38 Die Panorama-Route
Blyde River Canyon

Ziemlich beeindruckend ist es, von den Transvaaler Drakensbergen auf die 1000 Meter tiefer liegende subtropische Ebene des Lowveld hinunterzublicken, die sich in unendlicher Fläche bis nach Mosambik zieht. Mit tiefen, von Flussläufen eingefrästen Gräben geht dieser Bruch der Randstufe einher, mit Naturschauspielen sprudelnder Wasserfälle, beinahe senkrecht stehenden Felswänden und monumentalen Steinskulpturen.

Die einzige Straße, die die Landschaftsdramatik der nördlichen Drakensberge zwischen den Städtchen Sabie, Graskop und Pilgrim's Rest durchschneidet, heißt natürlich Panorama-Route. Beim anheimelnd hübschen Forststädtchen Sabie, das auf 1100 Metern am Fuß des 2286 Meter hohen Mount Anderson liegt, entspringt der Sabie River, der im benachbarten Krüger-Park Hunderttausenden Wildtieren als Tränke dient. Das Paul Kruger Gate, einer der Zugänge des Parks, sowie das Sabi Sand Private Game Reserve sind nur 50 Kilometer entfernt. Was auch ein Grund dafür ist, weshalb das 12 000-Einwohner-Städtchen eine ausgezeichnete touristische Infrastruktur für Besucher bereithält.

Angeln, wandern, Adrenalin-Sport

Forellenangler wissen das kühle Klima und den fantastischen Fischbestand zu schätzen, Wanderer die ausgedehnten Pinien- und Eukalyptuswälder, Outdoor-Aktivisten Reiten, Bungeespringen, Heißluftballonfahren, Mountainbiken und Wildwasser-

Mitte: Leuchtende Felswände, rauschende Wasserfälle und sprudelnde Stromschnellen kennzeichnen den Fanie Botha Hiking Trail. **Unten:** Die zylindrischen Felslöcher der Bourke's Luck Potholes entstanden durch reißende Strömungen.

Goldgräberstädtchen Pilgrim's Rest, »Royal Hotel«

Rafting. Jenseits des malerischen, 1490 Meter hoch gelegenen Bergorts Graskop windet sich die R523 rasch dem berühmten Blyde River Canyon zu und eröffnet mit God's Window gleich zu Beginn das unglaublichste Landschaftsszenario. Schon die aquatischen Stationsnamen der kurvigen Panorama-Route sprechen für sich, zahlreich schicken Wasserfälle rauschende Kaskaden bis zu 70 Meter in die Tiefe und erfinden mit den Sabie Falls, Bridal Veil Falls, Forest Falls, Lone Creek Falls, Horseshoe Falls, Mac-Mac Falls, den Lisbon Falls, den Berlin Falls und den London Falls gleich noch die Wasserfall-Route.

Nach God's Window und dem Weitblick über das Lowveld tief unten wartet die nächste Sensation mit The Pinnacle, einer massiven Felssäule, die skurril aus den Schluchten aufragt. Ruhe suchenden Naturliebhabern ist das zerklüftete Bergparadies auf zahlreichen Wanderwegen zu empfehlen, beispielsweise auf dem Blyderivierspoort Hiking Trail mit Übernachtungen in rustikalen Unterkünften zwischen Paradise Camp und der Old Mine Hut, wo am Lagerfeuer die alten Zeiten der Pioniere und des Goldrausches lebendig werden.

Nicht verpassen

DIE ALTE GOLD-GRÄBERSTADT

1873 wurde der Goldgräber Allec Patterson am Pilgrim's Creek fündig, ab 1895 kaufte die Transvaal Gold Mining Estate Ltd. zahlreiche Claims von mühsam schuftenden »diggern« auf, sodass ihr bald der ganze Ort gehörte. Heute leben ein paar Hundert Einwohner in Pilgrim's Rest vom historischen Nimbus ihres Goldgräberstädtchens, das zum Nationaldenkmal erklärt wurde. Ein Prachtstück ist Alanglade, das herrschaftliche Direktorenhaus, das als Museum typische Interieurs aus der Goldgräberzeit so authentisch präsentiert, als wären seine Bewohner noch da. Tatsächlich zu erleben ist die alte Zeit im viktorianischen »Royal Hotel«. Wer nicht übernachtet, der sollte sich wenigstens einen Drink an der »Church Bar« genehmigen, wo sich am Tresen die alten Pionier- und Goldgräberzeiten herbeiträumen lassen.

Pilgrim's Rest.
www.pilgrims-rest.co.za

Die wilden Schluchten des Blyde River Canyons

Einfach gut!

Sprudelnde Krater

Noch verrückter sind die Gesteinsformationen von Bourke's Luck Potholes, kuriosen Steinkratern, deren ausgewaschene zylindrische Strudellöcher vor Jahrmillionen durch Erosion reißender Strömungen entstanden sind. Ein Rundweg führt über Brücken, die die Schluchten der Flüsse Treur und Blyde River miteinander verbinden. Benannt wurde das Naturphänomen nach Tom Bourke, der hier im Jahr 1870 seinen Goldfund machte. Wie Bourke's Luck Potholes sind auch die beeindruckenden Steinklötze der Three Rondavels gut besucht, die über der 700 Meter tiefen Schlucht des Blyde River thronen und die zu den meistfotografierten Motiven Südafrikas gehören. Die Felsformationen ähneln afrikanischen Rundhütten und tragen deshalb ihren merkwürdigen Namen. Vom Aussichtspunkt geht der Blick über ein optisches Märchenland, dort, wo der Blyde River eine enge Schleife zieht und seine Wassermassen glitzernd zu Tal bringt. In den umliegenden Berghöhlen sind Leoparden zu Hause, Paviane, Antilopen und Perlhühner stehen auf ihrem Speiseplan, in den Vorsprüngen der Felswände nistet der Schwarze Adler, der in seinen

Fanie Botha Hiking Trail

Der Fanie Botha Hiking Trail gilt als einer der spektakulärsten in ganz Südafrika, führt mit grandiosen Ausblicken an den Attraktionen der Blyde River Canyon Nature Reserve vorbei, ist 80 Kilometer lang und lässt sich in fünf Tagen organisiert oder individuell mit Übernachtungen in einfachen Hütten erwandern. Teilstrecken sind möglich. Im südafrikanischen Hochsommer steigen die Tagestemperaturen hier beträchtlich! Infos Footprint Hiking Club, www.footprint.co.za und www.kruger-lowveld.com

🅐 **Einstieg** – In der Nähe der Lone Creek Falls beim Parkplatz an der Ceylon Forest Station führt ein Fußweg zur Ceylon-Hütte.

🅑 **Ceylon Hut bis Maritzbos Hut** – Tagespensum 8,7 km. Es geht an den bildschönen Lone Creek Falls vorbei. Von Maritzbos führt ein Abzweig Tageswanderer auf einem relativ leichten Wanderpfad (9 km) wieder zurück zur Ceylon-Hütte/zum Parkplatz.

🅒 **Maritzbos Hut bis Stables Hut** – Tagespensum 12 km. Die Strecke führt durch herrliche Wälder und an Wasserfällen vorbei. Drei-Tages-Hiker können hier abzweigen und über die Bridal Veils Falls 15 km zum Einstiegspunkt zurückwandern.

🅓 **Stables Hut bis Mac Mac Hut** – Tagespensum 16,4 km. Bergaufstrecke via Mount Modie mit Ausblicken ins fantastische Sabie Valley. Von hier aus geht's wieder bequem abwärts bis zur Mac-Mac-Hütte.

🅔 **Mac Mac Hut bis Graskop Hut** – Tagespensum 11 km. Zur Graskop-Hütte via The Bonnet oder mit einem Abzweig über die Mac Mac Pools (22,3 km).

🅕 **Graskop** – Ende des Fanie Botha Hiking Trail beim Städtchen Graskop.

Paradies für Hiker: Blyde River Canyon

weiten thermischen Segeltouren den Canyon nach Kleintieren absucht.

Panorama ohne Ende

In der Region sind beachtliche Bergriesen beheimatet: Im Süden stehen Spitzkop (1984 m), Madunusa (2053 m) und Mount Carmel (1271 m), mittendrin The Peak (2231 m), im Norden der Marepeskop (1944 m). Die Zufahrten in dieses Berg-Naturspektakel ringen mit fantastischen Serpentinen dem südafrikanischen Straßenbau Bewunderung ab. Eine der schönsten geht über den Long Tom Pass auf 2150 Metern. Seine kuriose Bezeichnung leitet sich von den schweren burischen Geschützen ab, die während der Burenkriege bei Devil's Knuckles auf die angreifenden Briten warteten. In den rötlichen Gesteinsschluchten des 30 Kilometer langen Blyde River Canyon, der zu den größten Naturwundern Südafrikas zählt, hat zu Goldgräberzeiten mancher Desperado sein Glück in Form blitzender Nuggets gesucht, aber nur wenig ist davon überliefert. Und so stehen Besucher manchmal stumm und ergriffen vor den Gräbern des historischen Friedhofs in Pilgrim's Rest und studieren die wenigen Inschriften, die noch zu entziffern sind.

GUT ZU WISSEN

MOTORRADPARADIES

Tierisch gut macht sich die Panorama-Route auf zwei Rädern im kurvigen Auf und Ab, weshalb sie zuweilen zur Rennstrecke heimischer Motorrad-Clubs wird, deren Mitglieder rudelweise auf schweren Maschinen den Geschwindigkeitskick suchen. Wer unbedingt auf eine Maschine muss, um den Kick südafrikanischer Motorrad-Freaks selbst zu erleben, kann sich eine ausleihen (www.karoo-biking.de, www.capebiketravel.com und www.bmw-motorrad.co.za).

Oben/unten: Für die vor Jahrmillionen durch Erosion entstandenen Schluchten rund um die Berlin Falls und die Bourke's Luck Potholes sollte man Zeit mitbringen, ein Rundweg führt über Brücken, die die Schluchten der Flüsse Treur und Blyde River verbinden.

Infos und Adressen

SEHENSWÜRDIGKEITEN

Museen in Pilgrim's Rest. Pilgrim's Rest Information Centre, www.pilgrims-rest.co.za

ÜBERNACHTEN

Blyde River Canyon Lodge. Am Eingang zur Blyde River Canyon Nature Reserve, Tel. 015/795 53 05, www.blyderivercanyon.co.za

Graskop Hotel. Gemütliche Herberge in Graskop. Tel. 013/767 12 44, www.graskophotel.co.za

Lone Creek River Lodge. 255 Old Lydenburg Rd., Sabie, Tel. 013 764 26 11, www.lonecreek.co.za

Rissington Inn. Geschmackvoll gestaltete Country Lodge auf einem großen Parkareal zwischen Drakensbergen und Krüger-Park. Hazyview, Tel. 013/737 77 00, www.rissington.co.za

Royal Hotel. Main St., Pilgrim's Rest, Tel. 013/768 11 00, www.pilgrimsrest.org.za/royal.htm

Sabie Townhouse. Gästelodge. Power St., Sabie, Tel. 013/764 22 92, www.sabietownhouse.co.za

EINKAUFEN

Casterbridge Farm Shopping Centre. Boutiquen, Shops, Souvenirläden, Kunst & Kitsch bei White River. Tel. 013/751 15 40, www.casterbridge.co.za

Riverside Mall. Shopping Centre in Nelspruit. Cnr R40 White River Rd. und Govt Boulevard, Tel. 013/757 00 80, www.riversidecentre.co.za

AKTIVITÄTEN

Adrenalin und Outdoor. Sabie River Adventures mit Abseiling, River Rafting und Quadbiking. Tel. 013/492 00 71, www.sabieriveradventures.co.za

Wandern. Dutzende Wanderwege durchziehen die Blyde River Canyon Nature Reserve wie etwa der Hippo Trail und der Leopard Trail. Einer der schönsten ist der fünftägige Fanie Botha Hiking Trail. www.footprint.co.za und www.krugerlowveld.com

Hausverschönerung im Goldgräberstädtchen Pilgrim's Rest, das mit seinen altkolonialen Häuschen aus Holz wie ein Freilichtmuseum ist

INFORMATION

Mpumalanga Tourism. Hall's Gateway an der N4, Nelspruit, Tel. 013/759 53-00, -01, www.mpumalanga.com, www.sabie.co.za und www.graskop.co.za

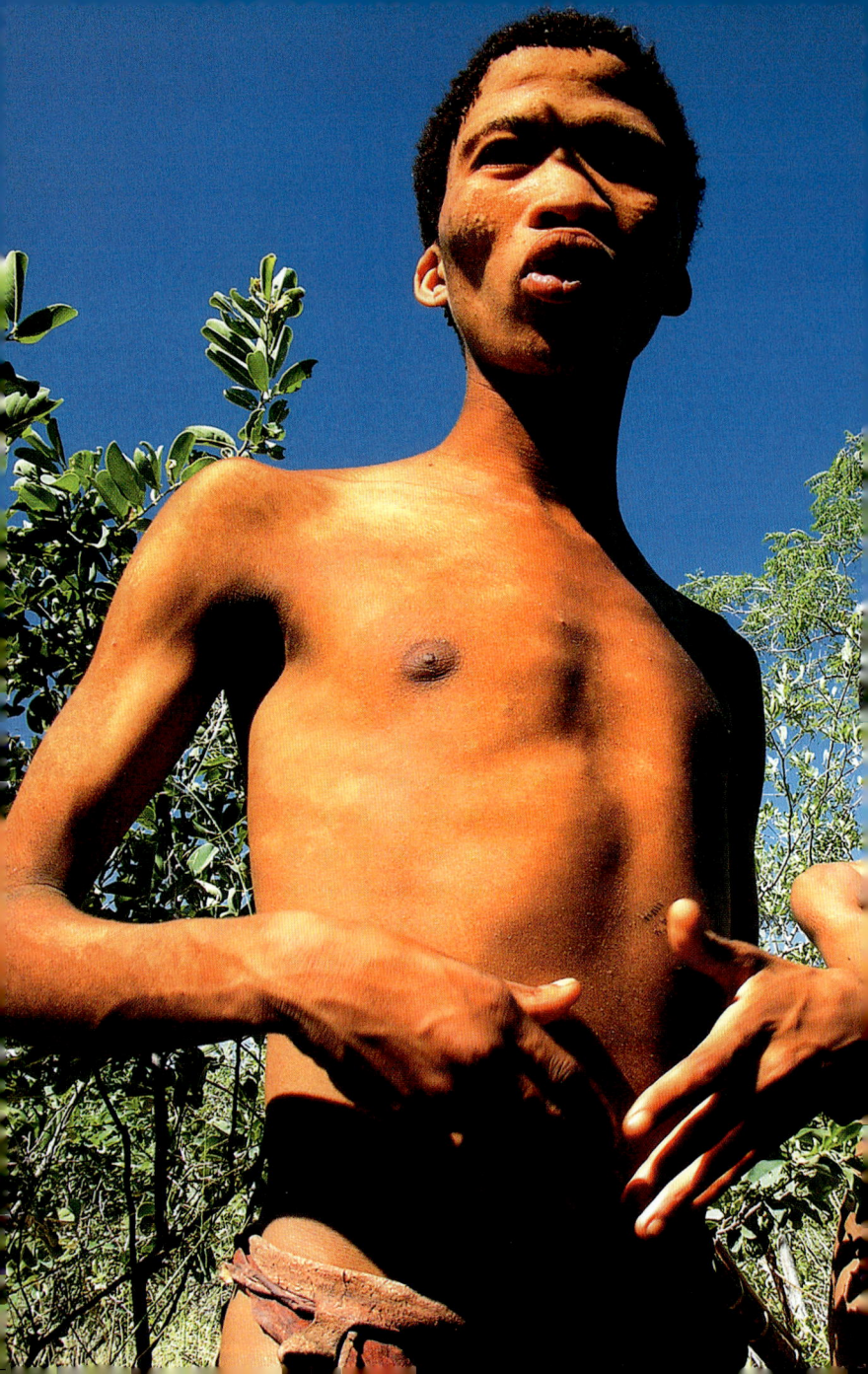

NORTHERN CAPE UND KALAHARI

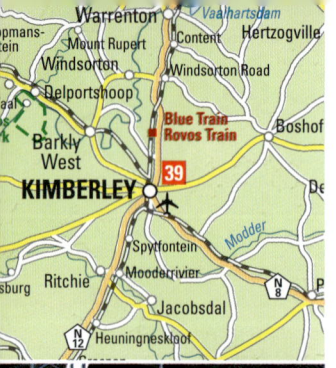

39 Diamantenstadt Kimberley
Alles dreht sich um edle Klunker

800 Meter tief und 0,5 Kilometer breit ist das größte von Menschenhand gegrabene Loch der Welt: Zwischen 1871 und 1914 schafften Glücksritter und Arbeitssklaven aus aller Welt 22,6 Millionen Tonnen Abraum hier weg, mit einer Gesamtausbeute von 14,5 Millionen Karat! »The Big Hole« machte Cecil Rhodes, Südafrikas Staatsgründer und Begründer des De-Beers-Konzerns, reich – und mit ihm die Diamantenmetropole Kimberley.

Zu verdanken war das alles dem 15-jährigen Erasmus Jacobs, der 1866 auf der Farm seines Vaters auf einen merkwürdigen Brocken gestoßen war. Es handelte sich um einen Diamanten von 21 Karat. In Scharen reisten Diamantengierige auf Ochsengespannen an, und Kimberley entstand. Schon bald gab es eine richtige Straßenbahn, die immer noch fährt, elektrisches Licht (derweil Johannesburg gerade erst gegründet wurde) und reichlich Bars und Bordelle, wenn auch die Umstände für die schuftenden Minenarbeiter alles andere als rosig waren. Vor allem herrschte Mangel an Wasserversorgung und Kanalisation für die rund 50000 Diamantsucher, die in armseligen Hütten und Zelten ein knochenhartes Dasein führten.

Stadt der Diamantenjäger

Kimberleys Wohlstand lässt sich an stattlichen Villen ablesen, in denen die Diamantenbarone residierten. Zum Beispiel Cecil Rhodes. Der spätere

Seite 210/211: Junge Buschmänner aus dem Volk der San, die als Ureinwohner vom Untergang ihrer sozialen Strukturen bedroht sind
Mitte: Der Zug zwischen Kapstadt und Johannesburg hält im Bahnhof von Kimberley.
Unten: Kimberleys Big Hole

Stadtrundgang durch Kimberley

Ein Spaziergang durch Kimberleys historische Innenstadt ist eine Diamantenzeitreise. Berühmte Charaktere wie der deutschstämmige Ernest Oppenheimer und Cecil Rhodes prägen die abenteuerliche Geschichte der Minenstadt.

Ⓐ Africana Library – Fantastische Bücher- und Schriftensammlung, 65 Du Toitspan Rd., Tel. 053/83 0 62 47

Ⓑ City Hall – Das Rathaus am Market Square, 1899 im neoklassizistischen Stil errichtet, beherbergt auch das Tourismusbüro.

Ⓒ De Beers Consolidated Mines Limited Head Office – Das viktorianische Gebäude in 36 Stockdale Street war das Hauptbüro von Cecil Rhodes und dann Sitz der De Beers Mining Company.

Ⓓ Dunluce House – 1897 vom Diamantenhändler Gustav Bonas im viktorianischen Stil errichtet in der 10 Lodge Road, Tel. 053/839 27 22, Besichtigungen über das nahe McGregor Museum.

Ⓔ Humphreys Art Gallery – Gemäldesammlungen bedeutender nationaler wie auch englischer, flämischer und französischer Künstler. 1 Cullinan Crescent, Tel. 053/83 11 72-4, -5, www.whag.co.za

Ⓕ Big Hole und Kimberley Mine Museum – Blick ins größte von Menschenhand geschaffene Loch der Erde mit Diamantenausstellung und Freilichtmuseum historischer Häuser. Tucker Street, Tel. 053/839 46 00, www.thebighole.co.za

Ⓖ Star of the West Pub – Die legendäre Kneipe liegt nahe des Big Hole und Kimberley Mine Museum, 22 Tucker Street.

Ⓗ Tram Service Market Street – Mit der historischen Straßenbahn kann man von der City Hall zum etwa zwei Kilometer entfernten Big Hole fahren.

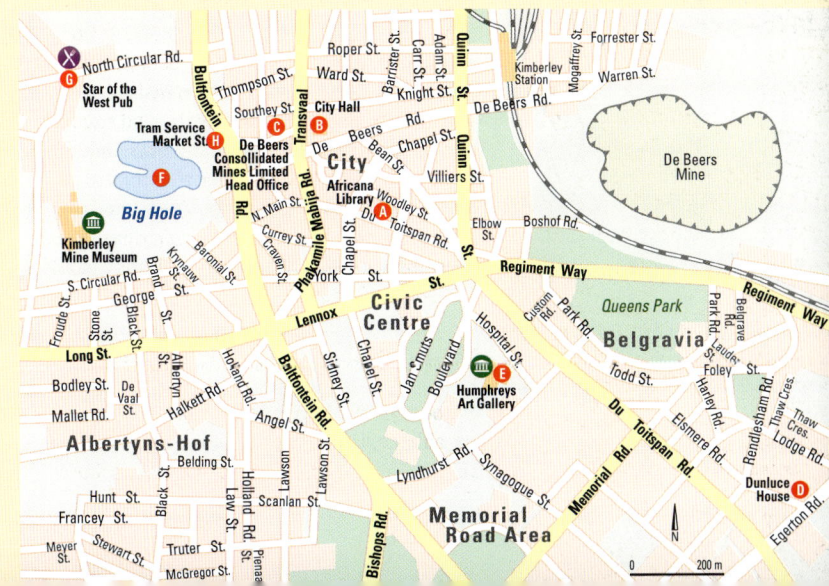

SÜDAFRIKAS JÜNGSTER NATIONALPARK

Geheimtipp

Achtzig Kilometer südwestlich von Kimberley befindet sich
an der N12 Richtung Kapstadt Südafrikas jüngstes Nationalparkwunder,
der im Juni 2007 eingeweihte Mokala National Park. Das 27 500 Hektar
große Schutzgebiet aus weiten Sand-
ebenen und sanft geschwungenen
Hügeln liegt zwischen der Kalahari-
und Karoo-Wüste und garantiert ein
stilles Tier- und Naturerlebnis. Es
gibt einige spezielle Allradstrecken,
ansonsten ist der Park aber mit normalen Pkw zu befahren. Wer ein wenig frequentiertes Safariparadies
sucht, kann hier Antilopen und Gnus
sichten, Büffel, Giraffen, Kudu, Oryx
und Steppenzebras, und sogar seltene Breit- und Spitzmaulnashörner.
Zur Übernachtung stehen unterschiedliche Unterkünfte zur Verfügung, die
schönste heißt »Mosu Lodge«.

Mokala National Park.
www.sanparks.org

Die Vergangenheit verfolgt die historische Diamantenstadt auf Schritt
und Tritt.

Premierminister der Kapkolonie kaufte um 1888 eifrig Claims auf, bis beinahe alles in der Hand seiner Minengesellschaft De Beers war. Aber nicht nur Diamanten waren das große Geschäft der Region, auch Kupfer, Eisen, Asbest, Magnesium und andere wertvolle Rohstoffe wurden in unvorstellbaren Mengen an die Oberfläche befördert. Stündlich fährt die liebevoll restaurierte Straßenbahn aus dem Jahr 1913 die zwei Kilometer lange Strecke zwischen Big Hole und Kimberleys Rathaus, wobei ein Stopover am Haltepunkt »The Star of the West« (1873), Südafrikas ältester Kneipe, nicht zu verpassen ist.

Interessant ist eine Tour zu den Diamantensuchern der Gegenwart, die in der hitzeglühenden oder je nach Jahreszeit frostig kalten Dornbuschsteppe westlich von Kimberley immer noch ihr individuelles Fördergeschäft betreiben. Oft müssen die vom Diamantenfieber Beseelten monatelang schuften, bis sie überhaupt einen Edelstein finden. Vom großen unterirdischen Reichtum träumt dennoch jeder.

Die Oppenheimer-Connexion

An der Old de Beers Street steht sehr fotogen die City Hall aus dem Jahr 1899. Der neoklassizistische Prachtbau tritt als Miniaturausgabe des Weißen Hauses auf, was einen Blick auf die ehrgeizigen Ambitionen der neureichen Stadtväter von damals wirft. Eine Menge Stadtgeschichte gibt's im Oppenheimer House, ohne das ein Besuch der Diamantenstadt nicht denkbar ist. Das Wohnhaus wurde von Ernest Oppenheimer, der aus Friedberg in Hessen stammte und als erster Bürgermeister die Geschicke Kimberleys lenkte, in der Lodge Road Nr. 7 in Auftrag gegeben. 1929 übernahm Papa Oppenheimer die Leitung von De Beers, Sohn Harry folgte ihm nach und wurde zu einer der großen Figuren im südafrikanischen Diamantenkartell.

Infos und Adressen

ESSEN UND TRINKEN

Annabell's. Feines Restaurant mit lokalen Produkten im »Halfway House Hotel«. 229 Du Toitspan Rd., Tel. 053/831 63 24, www.halfwayhousehotel.co.za

Butler's Restaurant. Sehr romantisches Ambiente, was hier auf den Tisch kommt, nennt der Chef »Art of Food«! 7 Lodge St., Belgravia, Tel. 053/832 26 68, www.theestate.co.za

Star of the West Pub. Eine der ältesten Kneipen Südafrikas (1873). North Circular Rd., Tel. 053/832 64 63, www.kimberley.co.za

ÜBERNACHTEN

Edgerton House. Komfortables Guesthouse mit Pool am Queens Park. 5 Edgerton Rd., Belgravia, Tel. 053/831 11 50, www.edgertonhouse.co.za

Gum Tree Lodge. Backpacker- und Jugendherberge, etwas außerhalb. Ecke Hull St./Old Bloemfontein Rd., Tel. 053/832 85 77, www.gumtreelodge.com

Kimberley Club and Boutique Hotel. In historischem Ambiente residierte schon Cecil Rhodes. 72 Du Toitspan Rd., Tel. 053/832 42 24, www.kimberleyclub.co.za

Abbau durch Hightech und Maschineneinsatz

Eine Handvoll Museen wie das Bergbaumuseum und das Diamantenmuseum stellen Technik und die größten Klunker von damals aus.

Protea Hotel Kimberley. Modernes Vier-Sterne-Haus direkt am The Kimberley Big Hole. West Circular Rd., Tel. 053/802 82 00, www.proteahotels.com

The Estate Private Hotel. Eleganz im historischen Oppenheimer House. 7 Lodge St., Belgravia, Tel. 053/832 26 68, www.theestate.co.za

AUSGEHEN

Flamingo Casino. Transvaal Rd., Tel. 053/830 26 00, www.suninternational.com/flamingo

EINKAUFEN

Diamond Pavilion Shopping Mall. Oliver Rd., Tel. 053/832 92 00, www.diamondpavilion.co.za

INFORMATION

Sol Plaatje Tourism Department. 121 Bultfontein Rd., Tel. 053/830 80 08, www.kimberley.co.za

Sol Plaatje Local Municipality. Civic Centre, Jan Smuts Boulavard, Tel. 053/830 69 11, www.solplaatje.org.za

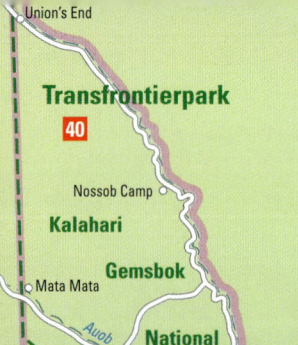

Union's End

Transfrontierpark
40

Nossob Camp

Kalahari

Gemsbok

Mata Mata

Auob

National

40 Sandwunder Kalahari
Kgalagadi Transfrontier Park

Die schönsten Gebiete auf südafrikanischer Seite umfasst der ehemalige Kalahari Gemsbok National Park und auf der botswanischen Seite der Gemsbok National Park, beide existieren schon seit den 1930er-Jahren. Zur Jahrtausendwende unterschrieben die Präsidenten Botswanas und Südafrikas ein bis dahin beispielloses grenzüberschreitendes Projekt und riefen damit den neuen Kgalagadi Transfrontier Park ins Leben.

Dort, wo sich das zentrale Hochland zum sogenannten Bushveld oder Lowveld absenkt, weit oben im Norden nach Namibia und Botswana hin, beginnt die Kalahari. In den riesigen Gebieten am Rand der Northern Cape Province bedecken dicke Lagen rötlichen Sandes weite Ebenen, die im südafrikanischen Sommer vor Hitze flimmern. Das kann unangenehm werden, vor allem, wenn glühend heiße Sandstürme über das ausgetrocknete Land ziehen. Die Kalahari-Wüste gilt mit 1,2 Millionen Quadratkilometern als das größte zusammenhängende Sandgebiet der Welt und ist um ein Vielfaches so groß wie Großbritannien. Mit ihren gewaltigen Sanddünen, die je nach Sonnenstand extrem wechselnde Farbspiele vorführen, zählt sie zu den spektakulärsten Erlebnissen des südlichen Afrika.

Das Windrad im Kgalagadi Transfrontier Park pumpt Wasser aus dem Grund der Kalahari, das die Wildtiere des Nationalparks überlebensfähig macht.

Überleben im Sand

Die Kalahari verteilt sich auf die drei aneinandergrenzenden Länder Südafrika, Botswana und Namibia und ist Heimat der San-Buschmänner sowie Tausender Wildtiere: Oryx-Antilopen, Hyänen,

Glühender Kalahari-Sand im späten Sonnenlicht

Wüstenluchse und -füchse, Streifen-
gnus, Schakale und Löffelhunde. Sogar
die seltenen Geparden zeigen sich dann
und wann und – mit viel Glück – besonders
prachtvolle Exemplare der massigen Kalahari-
Löwen.

Die Buschmänner gelten als die eigentlichen Ureinwohner des südlichen Afrika. Vor 3000 Jahren
reichte ihr unermesslich riesiger Lebensraum vom
Atlantik bis zum Indischen Ozean und vom Kap
bis nach Ostafrika. Zeugnisse ihrer Geschichte findet man in zahlreichen prähistorischen Felsmalereien, die Bilder aus ihrem Alltag zeigen: Jagd-
szenen, Figuren, Werkzeuge und Tiere. Von der
Forschung wird das Alter der Zeichnungen auf
500 bis 10 000 Jahre geschätzt. Zu Beginn des
20. Jahrhunderts noch vom Aussterben bedroht,
findet man die San heute ausschließlich auf dem
Gebiet der Kalahari. Dabei überlebten die klein-
wüchsigen Menschen, die sich in einer Sprache
aus eigentümlich klingenden Schnalz- und Klick-
lauten verständigen, Jahrtausende. Mit der Natur
im Einklang, hatten sie weder feste Behausungen,
noch kannten sie Vorratshaltung oder Besitz, da-

Geheimtipp

DER SOUND DER DÜNEN

Wer sich im Dreieck Kala-
hari, Tswalu und Upington
aufhält und von Sanddünen noch
nicht genug hat, sollte weiterreisen
nach Postmasburg: Das Minenstädtchen ist stolz auf seinen fast 50 Meter tiefen und mit Wasser gefüllten
Diamantenkrater sowie archäologische Funde, die nachweisen, dass
hier schon 700 n. Chr. Bergbau be-
trieben wurde. Postmasburgs Highlight ist die 20 Kilometer südwestlich
gelegene Witsand Nature Reserve,
die für schneeweiße Dünen und ihre
seltsamen »Roaring Sands« steht. Bei
der hier vorherrschenden trockenen
Hitze ist zwischen den bis zu 100 Meter hohen Wanderdünen tatsächlich
ein merkwürdiger Sound zu hören,
der bei weiter ansteigenden Temperaturen anschwellen und klingen
kann wie das Heulen eines Sturmes.

Witsand Nature Reserve.
www.witsandkalahari.co.za

für aber über 200 Kräuter, die sie zielsicher in der kargen Wüstenvegetation aufspüren konnten.

Das Bushman-Bataillon

Die meisten der San sind ihrer Kultur massiv entwurzelt. Manche verdingen sich als Tagelöhner auf Farmen, andere produzieren Souvenirs für Touristen oder erbetteln sich ein paar Rand als Fotomotive – wobei sie für gewöhnlich eine bessere Erfolgsquote verzeichnen, wenn sich ihre Frauen den fotografierenden Touristen barbusig präsentieren. Einige Lodges bieten romantische Übernachtungsprogramme in den riesigen Dünen der Kalahari an, für welche die naturkundigen San-Männer (»Spend a night with a bushman«, heißen Aktivitäten wie diese) gefragt sind. Ihren Wurzeln am nächsten und deshalb beinahe schon privilegiert verdienen sich andere ihren Lebensunterhalt mit ihren traditionellen Fähigkeiten als Fährtenleser in Game Parks und auf Safaris. Zu Apartheidzeiten wurde in der südafrikanischen Armee sogar ein Bushman-Bataillon geführt, was vielen San-Familien Einkommen und sozialen Status verschaffte.

GUT ZU WISSEN

LINDBERGH PRIVATE GAME ESTATE

Die historische Herberge liegt auf der Strecke zwischen Johannesburg und Tswalu und ist ein idealer Zwischenstopp für Reisende auf dem Weg zur Kalahari. Mit kolonialem Ambiente versprüht die ehemalige Farm, 1907 inmitten bildschöner Savannenlandschaften entstanden, den Charme alter Zeiten. Der nachmittägliche Game Drive ist zeitlich leicht zu schaffen, der Sundowner findet stilsicher auf einer Hügelgruppe statt, wenn die Sonne blutrot im Busch versinkt (Tel. 072/765 72 01, www.lindbergh.co.za).

Oben: Schakale im Kgalagadi Transfrontier Park
Unten: »Bosjemans« nannten die Buren die Ureinwohner, die San, deren Heimat ursprünglich das Gebiet des Kgalagadi Transfrontier Parks war.

Sandwunder Kalahari

Riesenpark der Einsamkeit

Einfach gut!

Großkalibrige Raubkatzen, steinzeitliche Buschleute, sandrote Dünenfelder und säbelgehörnte Antilopen beleben die flirrende Hitze. Am Abend blutet die Wüste in exklusiven Rotfarben, während die Sonne langsam versackt. Als Schattenrisse tauchen Büsche und Bäume aus dem zunehmenden Pastelllicht auf. Webervögel schwirren wie verrückt um ihre riesigen, klobigen Nester herum, die dunkel im Gegenlicht von ihren Wirtsbäumen hängen. Eiseskälte breitet sich schnell aus. »The Song of the Kalahari« nennen die Park-Ranger dieses beinahe außerirdische Drama, das sich allabendlich wiederholt.

»Ervaar die Wonderwereld van die Kalahari«, lesen Neuankömmlinge über die »dorstige Woestyn«, wenn sie sich in einem der drei Camps Mata Mata, Nossop und Twee Rivieren auf südafrikanischer Seite anmelden, um im eigenen Wagen auf Safari zu gehen, »plante, diere, voëls en insekte perfek aangepas in'n unieke eko-sisteem.« Auch überlebenswichtige Verhaltensregeln sind für die Wildnisbesucher gelistet: Wer hier unvorsichtigerweise aussteigt und sich fototechnisch zwischen einer Puffotter und einem Kalahari-Löwen nicht schnell genug entscheidet, hat die Anpassung ans Ökosystem verpasst.

Extrem und knochenhart

Besucher der Kalahari, die über rötlich glühende Sandberge und fotogene San-Frauen hinaus schnell Spektakuläres erwarten, könnten allerdings enttäuscht werden. Eine monotone, vertrocknete Landschaft brütet in großer Hitze erstarrt vor sich hin, es sei denn, ein paar Springböcke oder Antilopen hüpfen, vom Motorenlärm aufgeschreckt, von der Fahrpiste. Dabei ist die Kalahari gar keine reine Wüste, sondern nur eine Halbwüstenlandschaft,

TRAILS DURCH KGALAGADI

Der Park bietet zwei organisierte Allrad-Trails für maximal fünf Geländewagen mit Ranger als Tour Guide. Die Teilnahme setzt Selbstversorgung voraus (Campingausrüstung inklusive Wasser und Verpflegung sowie Brennholz und ausreichend Treibstoff), Kinder unter zwölf Jahren sind nicht zugelassen. Der Nossob 4x4 Eco Trail geht durch die roten Sanddünenfelder zwischen Twee Rivieren und Nossob Camp und dauert vier Tage. Die 50 Kilometer des Leeudril 4x4 Loop werden an einem Tag gemeistert. Der !Xerry Wilderness Trail ist ein Hiking Trail mit zwei Übernachtungen und geführten Wanderungen durch die Nossob-Region. Im südafrikanischen Winter müssen sich Teilnehmer auf Nächte mit bis zu minus 10 Grad Kälte einstellen, im Sommer auf bis zu 45 Grad plus!

Kgalagadi Transfrontier Park.
Tel. 054/561 20 50,
www.sanparks.org

Die Gene sind wichtig: Gnu-Bullen beim Kampf um die Gunst der Kuh.

219

deren weite Ebenen durchschnittlich um 1000 Meter über dem Meeresspiegel liegen. Der Wind hat den durch Erosion gewaltiger Felsmassen zurückgebliebenen Sand zu riesigen Dünen aufgeworfen und zu skulpturalen Wundern geformt, deren rote Färbung auf ihren hohen Gehalt an Eisenoxid zurückgeht. Entlang der beiden Trockenflüsse Auob und Nossob, die so gut wie nie »flüssig« sind (einige Male vielleicht in hundert Jahren!), bieten künstliche Wasserbohrlöcher mit sinnfälligen Bezeichnungen wie Lekkerwater und Dankbaar eine Chance, Tiere aus der Nähe zu sehen; Strauße, Sekretärsvögel und Braunadler lassen sich blicken, aber von Geparden und Löwen findet man in der Hitze des Tages meist keine Spur. Diesen begegnet man des Nachts, wenn außerdem Weißgesichtohreulen, Schleier- und Zwergohreulen sowie Perlkauze auf die Jagd gehen. Circa 200 mm jährlicher Niederschlag ermöglichen eine sparsame Vegetation aus Sukkulenten, Büschelgras und Zwergsträuchern. Zu den wenigen Bäumen gehört der bis zu 15 Meter hochwachsende und für die Kalahari typische Kameldorn, die Schönheit in das karge Land bringen.

GUT ZU WISSEN

TRACKS IM NIRGENDWO

Südafrikas 4x4-Infrastruktur: Im |Ai-|Ais/Richtersveld Transfrontier Park auf beinahe allen befahrbaren Pisten, im Karoo National Park auf zwei Routen; nördlich von Kapstadt der 55 Kilometer lange Hex River Trail, die Cederberg- und Wupperthal-4x4-Routen sowie der Dunes 4x4 Trail bei Lambert's Bay. Tolle Küstenstrecken bieten die Wild Coast zwischen Coffee Bay und Hole in the Wall sowie Kwa-Zulu/Natal zwischen Rocktail Bay und Thonga Beach. Eine Herausforderung ist der 400 Kilometer lange und sandige Kalahari 4x4 Trail.

Oben: Kalahari: roter Sand, so weit das Auge reicht
Mitte: San-Frau mit Kind
Unten: San-Jungs im Kgalagadi Transfrontier Park

Infos und Adressen

ESSEN UND TRINKEN
Molopo Lodge Restaurant & Bar. Wildspezialitäten: Springbock-, Gemsbock- und Straußensteaks unweit vor den Parktoren. Tel. 054/511 00 08, www.molopo.co.za

ÜBERNACHTEN
Molopo Kalahari Lodge. Übernachten in reetgedeckten Rondavels (Rundhütten), Restaurant und Pub. Tel. 054/511 00 08, www.molopo.co.za

Staatliche Rest Camps im Nationalpark. Twee Rivieren (Hauptcamp und Informationszentrum am Parkeingang), Nossob und Mata Mata sowie drei Dutzend Caravan- und Zeltplätze mit Warmwasserversorgung. Rechtzeitige Buchung notwendig. Öffnungszeiten der Parktore je nach Jahreszeit zwischen 5.30 und 19.30 Uhr.

Staatliche Wilderness Camps. Die nicht eingezäunten Camps Bitterpan, Grootkolk, Kalahari Tented Camp, Kieliekrankie Wilderness Camp, Urikaruus Wilderness Camp und Gharagab Wilderness Camp haben maximal Platz für acht Gäste.

Tswalu Kalahari Private Game Reserve. Absoluter Luxus, geschmackvolle Interieurs, perfekte Lage! Die zwei Lodges »The Motse« und »Tarkuni« und das Sleep-out-Deck »The Malori« lassen keine Wünsche offen. Tel. 053/781 93 31, www.tswalu.com

AKTIVITÄTEN
Organisierte 4x4-Trails. Nossob 4x4 Eco Trail (dreitägig), Leeudril 4x4 Loop (eintägig).

Safari im eigenen Pkw. Rundfahrten mit normalen Pkw auf ausgeschilderten Parkpisten möglich.

Wandern. !Xerry Wilderness Trail (zweitägig).

INFORMATION
Kgalagadi Transfrontier Park. Auskünfte zu Camps und Trails im Informationszentrum in Twee Rivieren, Tel. 054/561 20 50, www.sanparks.org

Northern Cape Tourism Authority. Tourism House, 15 Villiers St., Kimberley, Tel. 053/832 26 57, www.experiencenortherncape.com

Luxus pur sind die Traumlodges der Tswalu Kalahari Private Game Reserve.

EXPERIMENT
für den Tierschutz

Auch hier wie überall ein seltener Gast: Nachttier Leopard in der Tswalu Kalahari Private Game Reserve

Nach sandiger Piste taucht jenseits der heiß gebackenen Ortschaft Hotazel »Tswalu« auf, was in der Tswana-Sprache so viel heißt wie »neuer Anfang«. Und der begann am Rand der endlosen Weite der Kalahari-Wüste zwischen den pittoresken Ketten der Korannaberge mit einem der größten privaten Tierumsiedlungsexperimente, die Afrika bislang gesehen hatte.

In Gang gebracht hatte das ausgerechnet ein Großwildjäger, der britische Multimillionär Stephen Boler, der zum fanatischen Tierschützer wurde, weil seine geliebten Nashörner vom Aussterben bedroht waren. Er fing damit an, Farmgebiete an den Ausläufern der Kalahari aufzukaufen, 28 Farmhäuser wurden abgetragen, 982 Kilometer Zäune eingerissen, 2300 Strommasten, 38 Wasserbehälter aus Beton, 200 Kilometer Straßen und 10 000 Stück Vieh mussten dem Renaturierungskonzept weichen. Bolers Traum, die Wildnis wieder auferstehen zu lassen und das Land den wilden Tieren zurückzugeben, konnte auf 100 000 Hektar, einer Fläche größer als Berlin, Wirklichkeit werden.

Biologische Ökonomie

Für rund sieben Millionen Dollar wurden 1100 Springböcke, 1100 Gnus, 420 Kudus, 650 Oryx- und Elandantilopen, 250 Zebras und Tausende weitere große Wildtiere angekauft. Seine sieben Löwen entwickelten schnell eine Vorliebe für die Zebras und Antilopen, die mit 10 000 Dollar pro Tier zu einer kostenträchtigen Löwen-Delikatesse wurden. Die Krönung waren acht Spitzmaulnashörner zu einem Gesamtpreis von 560 000 Dollar, von denen es weltweit nur noch ein paar Hundert gibt. In Wirklichkeit steht hinter der Romantik neu erschaffener

Wildnis nüchterne Kalkulation. Um festzustellen, wann die biologische Balance zu kippen beginnt, haben Reservate über Jahrzehnte hinweg ihre eigene Wissenschaft entwickelt. Mithilfe mühsamer Feldforschung wird die Botanik eines Gebiets bis ins Kleinste analysiert, um dann deren Tragfähigkeit mit dem Energiebedarf pro Kilogramm und Tiereinheit abzugleichen. Mit seinem Experiment hatte Boler für den Arterhalt der Wildtiere neue Maßstäbe gesetzt.

Tswalu finanziert sich aus Fotosafaris, Ökotourismus sowie Tierverkäufen aus Zucht und Überschüssen. Es stellt Hunderte von Arbeitsplätzen und verhilft bedrohten Arten zur Fortpflanzung unter menschlichem Schutz. Zweiflern, denen Elektrozäune, künstliche Wasserstellen, tierärztliche Betreuung und Hubschraubereinsätze ein flaues Gefühl bereiten, pflegte Boler zu sagen, dass ohne ökonomischen Input ökologischer Output nicht möglich ist. Renditen steuern eben die Kapitalströme selbst in der Wüste, und auf Tswalu gab es lange keine wilden Tiere mehr. Heute tummeln sich hier über 12 000 Exemplare. Sie werden jetzt sogar gezüchtet und in alle Teile Afrikas exportiert, dorthin, wo die Spezies längst ausgerottet sind. Bolers Vermächtnis hat mit Nicky Oppenheimer (mit dem Boler eng befreundet war) eine der reichsten Familien Südafrikas übernommen.

41 Augrabies Falls
Wasserspaß am Wüstenrand

Nur wenige Fahrstunden südlich der trockenen Kalahari rauscht Wasser satt: Die Augrabies Falls lassen den Oranje-Fluss (Orange River wie er auf Englisch genannt wird) mit 50 000 Kubikmetern pro Sekunde 56 Meter in die Tiefe stürzen. Bei der Hochwasserflut 1988 drückte der Oranje sogar unvorstellbare 7,8 Millionen Kubikmeter pro Sekunde durch die Schluchten – eine Traumvorstellung angesichts der kargen Wüstenlandschaften des kalaharischen Nordens!

Neben Giganten wie Niagara und Victoria Falls zählen die Augrabies Falls zu den sechs größten Wasserfällen der Welt! In mehreren Kaskaden rauschen die Wassermassen 190 Meter abwärts, weshalb die Sprache der Buschmänner sie als »Ort des großen Lärms«, *akurabis*, treffend beschreibt. Atemberaubende Wildwasserfahrten durch die kilometerlangen Canyons locken Aktivsportler aus aller Welt an diesen besonderen Abenteuerspielplatz, und natürlich war die Camel White Water Trophy auch schon da. Außer seinen donnernden Fällen hat der Augrabies Falls National Park die Steinlandschaft seines Moon Rock zu bieten, dessen Felsformation aus rötlichem Gneis und schwarzem Granit scharenweise Besucher anzieht. Extrem hohe Temperaturunterschiede haben durch Verwitterung skurrile Gebilde wie den rundlichen Mondfelsen und andere steinerne Extreme hervorgebracht, die es im Sommer locker auf eine Oberflächenhitze von bis zu 70 Grad schaffen. Wer dann immer noch auf dem schwarzen Granitbrocken herumklettert, dem schmelzen die Sandalen.

Mitte: Wildwasser-Eldorado Augrabies Falls: Mit ungestümer Gewalt drückt der Oranje hier durch wilde Schluchten.
Unten: Insel der Zivilisation am Rande der Kalahari: Upington – die rauschenden Wassermassen des Orannge River machen's möglich.

Infos und Adressen

Sprudelnde Lebenslust

Einen Steinwurf von den Falls entfernt zeigt sich die besondere Lebensqualität des Oranje, der sagenhafte 2160 Kilometer ostwärts am Mont Aux Sources in den Drakensbergen entspringt und hier mit seinen kühlenden Wassermassen nach der brutzelnd heißen Wildnis der nahen Kalahari zivilisatorische Annehmlichkeiten der gediegenen Art bietet: Das 1871 als Missionsstation gegründete Provinzhauptstädtchen Upington konnte sich an den fruchtbaren Flusslandschaften durch ausgedehnten Weinanbau und dem Export von Trauben, Obst, Getreide, Datteln und Baumwolle einen hinlänglichen Wohlstand erwirtschaften und ist mit Supermärkten, Tankstellen und Geschäften die einzige Versorgungsschaltstelle für ein riesiges Umland.

Ort aquatischer Stille

Wenn am Horizont die ausgedörrten Wüsten in bulliger Hitze nur so flirren, sorgen Upingtons Bewässerungssysteme für paradiesisch wohltuende Kontraste. Ein traumhaftes Ambiente verbreitet sich entlang des Oranje-Nordufers, weil sich dort exquisite Gästehäuser mit feinen antiquarischen Interieurs in liebevoll restaurierten georgianischen Villen etabliert haben, deren überbordende Gärten die naturbelassenen Wasserwelten des Oranje wie auf der Filmleinwand vorführen. Besonders sehenswert ist das Kalahari Oranje Museum. Das Kirchhaus, das im Jahr 1875 erbaut wurde, erklärt auf anschauliche Art und Weise die Siedlungsgeschichte am Fluss. In der nahen Spitskop Nature Reserve lassen sich außer Vertretern einer für den Landstrich typischen Fauna wie Zebras, Springböcke und Antilopen auch die eher untypischen Nachfahren von Kamelen blicken, die deutsche Soldaten nach dem Ersten Weltkrieg hier zurückließen.

ESSEN UND TRINKEN

Ocean Basket. Seafood-Restaurant mit feiner Küche. Shop 53, Kalahari Mall, Malherbe St./Van Riebeeck Rd., Upington, Tel. 054/331 24 59, www.oceanbasket.com

ÜBERNACHTEN

Dundi Lodge. Komfortable Wüstenherberge in Parknähe. Tel. 054/451 92 00, www.dundilodge.co.za

Le Must Premier Collection. Kolonialherbergen mit selten schönem Ambiente. 14 Budler St., Upington, Tel. 054/432 39 71, www.lemustupington.com

Restcamp Augrabies Falls National Park. Chalets und Campingplatz. www.sanparks.org

AKTIVITÄTEN

Augrabies Falls Rafting. Wildwasserfahrten mit Kalahari Outventures. Tel. 054/453 00 01, www.kalahari-adventures.co.za

Klipspringer und Dassie Hiking Trails. Dreitägig (40 km) und dreistündig. Tel. 012/428 91 11, www.sanparks.org

INFORMATION

Augrabies Falls National Park. www.sanparks.org

Upington Tourist Office. 4 Schroder St., Upington, Tel. 054/338 71 51, www.upington.co.za sowie www.northerncape.org.za und www.greenkalahari.co.za

42 Namaqualand
Im Wunderland der Wildblumen

Wenn in den ariden Landschaften des Northern Cape die Flora verrückt spielt und die Wüste nach Regen in einer Farborgie explodiert, zieht das Wunderland der Wildblumen nicht nur Botaniker an: Bunte Blumenteppiche poppen aus der vertrockneten Erde, was eingefleischten Namaqua-Fans die unglaublichsten Bilder beschert. Auch die Städtchen Springbok und das verschlafene Kamieskron erweckt dann neues Leben.

Springbok, das Zentrum des Namaqualand, entstand Mitte des 19. Jahrhunderts am Rande einer riesigen Kupfermine und ist heute die Metropole der nördlichen Wildblumengebiete. Einmal im Jahr, meist zwischen August und Oktober, also im jahreszeitenverkehrten südafrikanischen Frühling, erwacht die Stadt aus der Eintönigkeit: Wenn es Regen gibt und ein bunter Blumenteppich explosionsartig den ausgetrockneten Erdboden überzieht und das braungelbe Veld zu einem Farbenspektakel wird. An die 3500 Pflanzenarten (allein 1000 endemische!), darunter Aloen, Schwertlilien und Amaryllis, sind daran beteiligt, was der Region eines der faszinierendsten und nachgefragtesten Naturschauspiele im südlichen Afrika verschafft.

Etwa 15 Kilometer südöstlich von Springbok liegt das Gate zur Goegap Nature Reserve. Der merkwürdige Name geht auf die Sprache der Nama zurück und bedeutet »Wasserloch«. Daraus erklärt sich die Existenz von Springböcken, Oryxantilopen, Klippspringern, Steinböcken und selten ge-

Mitte: Im Wunderland der Wildblumen: was für eine Blütenpracht nach einem einzigen Regenfall, wenn die Wüste erblüht
Unten: Warten auf Regen wie Legionen von Fotografen, die zur rechten Zeit ins Namaqualand strömen: Springböcke

Durchs Namaqualand

Das Namaqualand erstreckt sich von der Südgrenze des Northern Cape bis hinauf zum Richtersveld. Das Gebiet ist ein Traum für Liebhaber menschenleerer Wildnis. Eine Fahrt am eiskalten Atlantik entlang der Diamantenküste ist schon ein Abenteuer für sich.

A Springbok – Ausgangspunkt. Auf der N7, der Cape Namibia Route, Richtung Orange River und namibischer Grenze in Vioolsdrift – oder auf der R355 nach Kleinsee am Atlantik.

B Kleinsee – Das Minenstädtchen am Atlantik scheint am Ende der Welt zu liegen. Übernachtung: Die »Houthoop Guest Farm«, Steenvlei, Kleinzee, Tel. 087/095 02 36, www.houthoop.info

C Port Nolloth – Kleines Hafenstädtchen, immer noch suchen Diamantenboote den Meeresgrund ab. Übernachtung: »Beach House Accommodation«, 1263 Voetbay St., Mcdougallsbay, Port Nolloth, Tel. 027/851 80 64, www.beachhouseportnolloth.co.za

D Alexander Bay – dieser allerletzte, 1836 von Sir James Alexander gegründete Diamantenvorposten. Nach »drüben« – über die Ernest-Oppenheimer-Brücke – geht es aber nicht: Das namibische Oranjemund ist nach wie vor Diamantensperrgebiet.

E Richtersveld Community Conservancy & World Heritage Site – Territorium der Nama-Bevölkerung von der Fläche des Richtersveld-Nationalparks, als »Richtersveld Cultural & Botanical Landscape« auf der UNESCO-Welterbeliste; Wander- und 4x4-Tracks, Camping, kulturelle Ethno-Events, Infos: Tourist Center in Eksteenfontein, Tel. 027/851 71 08, www.richtersveld.net und www.richtersveld-conservancy.org

F The Growcery Basis Camp – Orange River Rafting: Ab Springbok auf der N7 über Vioolsdrift Plot 215, Modderdrift. Hier findet in einer wunderschönen Landschaft »The Last Fronteer« auf den Fluten des Orange River statt, www.orangeriverrafting.com

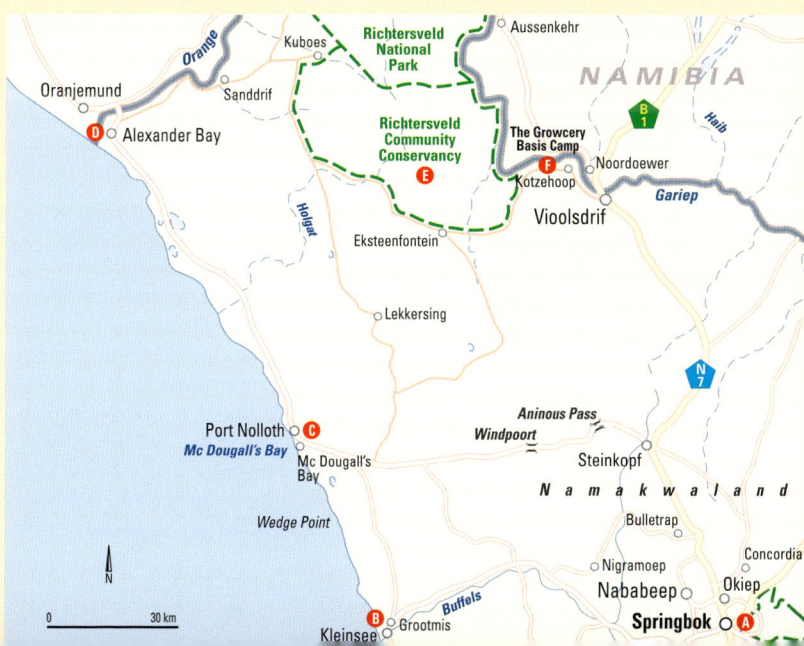

AB IN DIE WILDNIS

Einfach gut !

»The Great One«, der großen Fluss, wie ihn die Buschmänner nannten, stellt im Nirgendwo des Richtersveld eines der sinnlichsten Naturabenteuer und bringt längst verschüttete Pfadfinderträume zurück: Auf den gurgelnden Wassern des Oranje durch bizarre Felslandschaften zu treiben, an grünenden Ufern ein Camp aufzuschlagen und nachts in einen glasklaren Wüstenhimmel zu blicken, nichts als die Stille und funkelnde Sterne, das lässt sich nur auf einem River-Rafting- oder Kanu-Trip weitab von jeder Zivilisation genau so erleben. Die Teilnehmer sollten fit sein, gut Schwimmen können und bei der Wahl des Zeitfensters Temperaturen je nach Jahreszeit zwischen Null und 50 Grad einkalkulieren.

Orange River Rafting. Umkulu Safari & Canoe Trails, 89 George St., Strand, Tel. 021/853 79 52 und Tel. 027/761 80 07, www.orangeriverrafting.com

Harte Bedingungen für Autos: Die bleiben immer da, auch wenn sie tot sind, weil sie im trockenen Klima kaum rosten.

wordenen Bergzebras in dem extrem kargen Umfeld. Ein 4x4-Trail führt über steile Bergpisten durch das sehr besondere Pflanzenschutzreservat, in dem auf 150 Quadratkilometern Flächenausdehnung über 600 Blumenspezies heimisch sind. Auch für Mountainbiker und Wanderer stehen Tracks zur Verfügung – im Besucherzentrum kann man Geländewagen und Bikes für Touren anmieten.

Namaqua National Park

Südwestlich von Springbok profitiert das 550 Quadratkilometer große Wildblumenareal des Namaqua National Park von der Nähe des kalten Atlantiks. Aufgrund erhöhter Luftfeuchtigkeit bieten sich hier noch Farbenfreuden, wenn im Namaqualand andernorts schon längst wieder trockene Eintönigkeit herrscht. Hier aber sind die Farben der Wildblumen dauerhafter und so klar und überwältigend, dass das gebirgige, von Granitfelsen bestimmte Gebiet des Nationalparks (der immerhin vier Gipfel über 1500 und seinen Rooiberg mit 1700 Metern auf die Beine bringt) zu den Top-Zielen der Wildblumenfreunde zählt. Stopover-Tipp für die Rückfahrt nach Kapstadt: Ein kurzer Abstecher von der Nord-Südachse der N7 bringt Besucher nach Vredendal, ein belebtes Obst- und Weinbauzentrum im fruchtbaren Olifants-River-Tal. In den Weingütern kommen hauptsächlich trockene Weißweine in die Flaschen, deren Gehalt aus den glasklaren Wassern des Clanwilliam-Stausees über ein weitverzweigtes Kanalnetz gespeist wird. Ganz klar, was zu tun ist: Ausreichend Zeit auf der Weinroute verbringen – mit gourmettechnisch perfekt zubereiteten Kostproben frisch gefangener Frutti di Mare zum köstlichen Weißen. Und ins nahe gelegene Strandfontein fahren, wo es sich an der kühlen Atlantikküste genießerisch vom Genuss ausruhen lässt.

Infos und Adressen

ESSEN UND TRINKEN

Springbok Lodge Restaurant. Gemütliche familiäre Atmosphäre, Steaks, Pizza, Fisch & Burger. 37 Voortrekker St., Springbok, Tel. 027/712 13 21, www.springboklodge.com

ÜBERNACHTEN

Annie's Cottage Guesthouse. Ansprechende Zimmer in hübscher Lage. 4 King St., Springbok, Tel. 027/712 14 51, www.anniescottage.co.za

Bedrock Lodge. Rustikal in Cottages oder in einem alten Fischerhaus am Meer. 2 Beach Rd., Port Nolloth, Tel. 027/851 88 65, www.bedrocklodge.co.za

Kamieskroon Hotel. Treffpunkt der Fotografen: Fotoworkshops von März bis September. Old National Rd., Kamieskroon, Tel. 027/672 16 14, www.kamieskroonhotel.com

Masonic Hotel. Art-déco-Perle. 2 Van Riebeek St., Springbok, Tel. 027/712 15 05, www.jcbotha.co.za

Naries Namakwa Retreat. Stilvolle Unterkunft 20 Fahrminuten von Springbok entfernt Richtung Kleinzee. Kleinzee Rd., Tel. 027/712 24 62, www.naries.co.za

Modernes Stopover-Domizil an den Ufern des Olifants River: »Melkboomsdrift Lodge und B & B« in Vredendal

Springbok Hotel. Funktionales Hotel in zentraler Lage. 87 Van Riebeek St., Springbok, Tel. 027/712 11 61, www.jcbotha.co.za

Springbok Lodge. Seit 1947 im Familienbesitz, auch für Selbstversorger. 37 Voortrekker St., Springbok, Tel. 027/712 13 21, www.springboklodge.com

AKTIVITÄTEN

Goegap Nature Reserve. Südöstlich von Springbok, 4x4-Trails, Wander- und Mountainbike-Tracks, Wagen- und Bikeausleihe am Besucherzentrum. Tel. 027/718 99 06, www.sanparks.org

Namaqua National Park. Keine Übernachtungsmöglichkeiten, nur während der Frühjahrsblüte von 8–17 Uhr geöffnet. www.sanparks.org

INFORMATION

Springbok Tourism Office. Voortrekker St., Springbok, Tel. 027/71 28 03-5, -6, www.namakwa-dm.gov.za und www.namaqualand.com

»Melkboomsdrift« in Vredendal

43 |Ai-|Ais/Richtersveld
Transfrontier Park
für 4x4-Fans

Das beinharte, extrem karge und nicht selten in brutzelnder Hitze flimmernde Richtersveld ist zusammen mit dem namibischen Fish River Canyon unter der Bezeichnung |Ai-|Ais/Richtersveld Transfrontier Park bekannt und für Offroad-Fans ein fahrtechnisches Nirwana: In der dünn besiedelten und bildschönen Naturlandschaft lässt sich ein wilder Roadtrip fernab jeder Zivilisation verwirklichen. Aber auch exquisit wandern.

Die Richtersveld-Geschichte handelt von glühend heißen Tälern, aufragenden Felsmassiven und gefalteten Bergen und spielt in einer anderen Welt: Das bizarre Naturereignis stellt geografisch den Fortsatz des namibischen Fish River Canyon dar, gilt als eine der spektakulärsten Gebirgswüsten im südlichen Afrika und ist auf einer Rundstrecke für Fahrzeugtypen mit ausreichender Bodenfreiheit offen – allerdings in weiten Bereichen nur auf 4x4-Trails für hartgesottene Offroad-Lenker. Die klimatischen Bedingungen sind extrem, je nach Jahreszeit liegen die Celsiusgrade zwischen Null und 50° C, und sowieso ist Regen hier ein seltener Gast, aber ganz fort ist das Leben dennoch nicht. Menschliches existiert in Form viehzüchtender Nama, den Nachkommen der Khoi, die in der Sprache der seltsamen Klicklaute kommunizieren.

Mitte: Die trockene und zuweilen brutzelnd heiße Schönheit des Richtersveld-Nationalparks ist nur was für hartgesottene Offroader mit entsprechender Ausrüstung.
Unten: Am besten mit GPS: Querfeldeinfahrt im |Ai-|Ais/Richtersveld Transfrontier Park

Klima extern

Die Tierwelt tritt mit 185 Vogelarten auf, darunter ist der Goliathreiher, die Ludwigstrappe und, an den Ufern des Orange River, der Schreiseeadler. In

|Ai-|Ais/Richtersveld

Zeiten besonders großer Hitze ist die Tierbeobachtung wie in der Kalahari kein leichtes Geschäft:
Springböcke, Bergzebras und Paviane suchen sich
schattige Plätzchen und geben sich nicht immer
freizügig zu erkennen. Wer extreme aber bildschöne und vor allem menschenleere Natur sucht,
wird sich mit einer Fahrt durchs Richtersveld Er-
lebnisse einfangen, die für immer und alle Zeit im
Kopf bleiben. Wofür schon der glasklare Nacht-
himmel sorgt, der Sternegucker begeistert, wenn
die Milchstraße wie eine Cirrus-Wolke dahin-
schwebt.

Hiken im Nowhereland

Wanderer kommen in der surreal anmutenden
Landschaft des Richterveld vorzugsweise während
des südafrikanischen Winters auf ihre Kosten. Allerdings sind die vom Park eingerichteten Wanderwege nicht wenig anspruchsvoll: Der Ventersvalle Trail
(42 km, 4 Tage), der Lelieshoek-Oemsberg Trail
(23 km, 3 Tage) und der Kodaspiek Trail (15 km,
2 Tage) führen durch die schönsten Teile des abgelegenen Bergszenarios, sind aber aufgrund der
klimatischen Bedingungen nur zwischen April und
September geöffnet und in Begleitung eines Füh-
rers zugängig. Übernachtet wird auf den mehrtägigen Trips in sogenannten Matjieshuise, in
Nama-Hütten aus geflochtenen Matten. Abstecher wert sind Porth Nolloth am eiskalten Atlantik
sowie Alexander Bay an der Mündung des Oranje.
Die Region zwischen dem namibischen Oranjemund und Alexander Bay wurde anderthalb Jahr-
hunderte lang vom De-Beers-Diamantenkonzern
kontrolliert und war für Besucher eine Terra inco-
gnita. So niedlich klingende Küstenortschaften
wie Kleinzee waren Sperrgebiet und durften nur
mit Genehmigung besucht werden, was der weit
abgelegenen Region bis heute einen ökologischen
Status quo beschert.

Infos und Adressen

ESSEN UND TRINKEN
Alle Vorräte müssen in den Park
mitgebracht werden.

ÜBERNACHTEN
Brandkaros Holiday Resort.
Schöne Idylle mit Pool zwischen
Alexander Bay und Richtersveld,
Tel. 027/831 18 56

Staatliche Restcamps. Gannakoe-
riep Wilderness Camp und De Hoop
am Orange River, wo es sich vortrefflich durch einen Sprung ins krokodil-
freie Nass erfrischen lässt. Rechtzeitige Buchung bei SanParks veran-
lassen, www.sanparks.org.za

The Growcery. Öko-Camp am
Orange River. Vioolsdrift Plot 215,
Modderdrift, Tel. 021/853 79 52,
www.orangeriverrafting.com

AKTIVITÄTEN
**Richtersveld Community Conser-
vancy & World Heritage Site.** Territorium der hier ansässigen Nama-
Bevölkerung von der Fläche des
Richtersveld-Nationalparks, das als
»Richtersveld Cultural & Botanical
Landscape« auf der UNESCO-Welterbeliste steht; Wander- und
4x4-Tracks, Camping, kulturelle Eth-
no-Events. Südlich von |Ai-|Ais/Rich-
tersveld, Tourist Center Eksteenfontein, Tel. 027/851 71 08,
www.richtersveld.net und
www.richtersveld-conservancy.org

INFORMATION
**|Ai-|Ais/Richtersveld Transfrontier
Park.** Parkverwaltung in Sendlings-
drift, Tel. 027/831 15 06,
www.sanparks.org

KWAZULU-NATAL

44 Durban
»City of Lights«

Eindeutig ist Durban die Strandhauptstadt Südafrikas! Ihre Lage am immer warmen Indischen Ozean bringt der »City of Lights«, wie sie sich selber gern nennt, ihren mediterran quirligen Lifestyle ein, wobei die Millionenmetropole nicht nur mit seiner Dolphin Coast im Norden und der Hibiscus Coast im Süden feinste Sandstrände betreibt, sondern mit der »Golden Mile« eine sechs Kilometer Beach-Promenade, an der alles geht!

Als Allererstes darf sich die Millionenmetropole an Südafrikas Ostküste mit ihrem prominentesten Sohn, Mahatma Gandhi, schmücken. Der junge indische Anwalt lebte zwischen 1893 bis 1914 in der Hafenstadt, bevor er (wie Nelson Mandela 100 Jahre später) als Symbolfigur für den gewaltlosen Widerstand und den Freiheitskampf mit friedlichen Mitteln in die Geschichtsbücher der Welt einging.

Im Stammland der Zulu

Das moderne Durban fußt auf einer bewegten Geschichte. Als der portugiesische Seefahrer Vasco da Gama am Weihnachtstag 1497 hier vor Anker ging, taufte er den Landstrich »Natal« zu Ehren der Geburt Jesu Christi. 1823 ließen sich die ersten Händler an der Bucht nieder, wenig später wurde aus Vasco da Gamas Ankerplatz ein betriebsamer Hafen, vor allem durch den Umschlag von Elfenbein. Aber bald gerieten die burischen »Voortrekker«, die mit ihren Ochsenwagengespannen vom britisch regierten Kap kamen, mit den kriegerischen Zulu aneinander. Die Eingeborenen

Seite 232/233: Coast- und Skyline der KwaZulu-Natal-Metropole und Mahatma-Gandhi-Stadt Durban
Mitte/unten: Durban: Am Kulminationspunkt der Surfer stoßen endlose Kilometer feiner Sandstrände der North und der South Coast aufeinander.

Rovos Rail mit Gegenverkehr in KwaZulu-Natal

unterlagen in blutigen Kämpfen. Wenig
später schlugen sich die Buren mit den
Briten, diesmal unterlagen die Buren.
1843 wurde Natal zur britischen Kolonie aus-
gerufen und die Stadt nach dem ehemaligen Kapgouverneur Sir Benjamin D'Urban benannt. Mitte
des 19. Jahrhunderts legten die neuen Herren riesige Zuckerrohrplantagen an, wozu indische Ar-
beitskräfte geholt wurden, 1883 lebten bereits
30 000 Inder in der Region.

Architektur und Business

Wirtschaft und Handel erblühten, viktorianische
Prachtbauten entstanden, die noch heute im alten
D'Urban Ville aufzeigen, was einmal war: 1863
das Gerichtsgebäude (heute The Local History Museum), 1885 das Rathaus (jetzt Hauptpost), 1894
der Hauptbahnhof (heute The Durban Exhibition
Centre) und 1910 die City Hall als monumentaler
Nachbau des Rathauses von Belfast. Auch das Alte
Fort, Baujahr 1842, taucht aus der Vergangenheit
mit einem sehenswerten Kriegsmuseum und dem
pittoresken Kirchlein St. Peter in Chains auf. Durban ist die zweitälteste unter den vier großen
Städten Südafrikas und nach Johannesburg und

Nicht verpassen

ZUGSAFARI DURCHS ZULULAND

Der dreitägige Rovos-Rail-
Trip ab Pretoria bietet eine
sehr spezielle Perspektive auf
das Stammland der Zulu, das heutige
KwaZulu-Natal. Tag eins zeigt zur
Mittagszeit die ersten Ausläufer der
Drakensberge, bevor sich der Zug
Richtung Majuba Hill bis auf 2146
Meter müht. Vor der Weiterfahrt am
nächsten Morgen geht eine frühe Sa-
faripirschfahrt durchs Nambiti Private Game Reserve, nach dem Brunch
on board findet im Städtchen Ladysmith ein Stopover-Programm zu den
Spionkop Battlefields statt, wo Zulu-
krieger gegen die burische Besat-
zungsmacht kämpften. Nach dem
Frühstück des dritten Reisetages hält
der Luxuszug im Bahnhof des Mid-
lands-Städtchens Lions River zwecks
Besuch der Ardmore Ceramics Gallery in Lidgetton, bevor es weiter
durchs Valley of a 1000 Hills zur
Endstation Durban geht.

Rovos Rail-Trip.
www.rovos.co.za

235

Einfach gut!

Shop till you drop: Wie Kapstadt ist Durban ein Paradies für Einkäufer: South Plaza Market.

Kapstadt mit über vier Millionen Einwohnern die drittgrößte. Sie ist der nie still stehende Motor der Provinz KwaZulu-Natal, betreibt den zweitgrößten Hafen Afrikas sowie den umschlagstärksten Zuckerterminal des Landes. Außerdem ist Durban Sitz finanzkräftiger Industrie- und Handelsunternehmen und versammelt in seinem International Convention Centre gelegentlich bis zu 10 000 Kongressteilnehmer aus aller Welt. Hotelneubauten schießen wie Pilze aus dem Sand, die Skyline zeigt: Hier ist Geld, hier werden Geschäfte gemacht. Business vor Schönheit ist auch heute noch die Devise, und so findet in Durban eine lebhafte Mischung aus Bombay, Afrika und Florida statt.

Gourmet–Metropole

Eine Reihe feiner Restaurants hat sich auf Fisch und Meeresfrüchte spezialisiert, wobei Frutti di Mare in Durban sowieso allerorts frisch auf den Tisch kommen. Die Langusten sind ein Traum, aber falsch machen kann man auch beim Standardgericht »line fish« nichts, der je nach Fang variiert. Eine Institution ist Durbans »Famous Fish Company«, Point Waterfront, direkt am Hafen und mit Blick auf vorbeifahrende Frachtschiffe aus aller Welt. Gourmettechnisch an zweiter Stelle sind indische Currys der kulinarische Renner. Folgerichtig findet man reichlich Restaurants der Kategorie »Jaipur Palace« und »Jewel of India«, wo Tandoori (würziges Huhn oder Hammelfleisch auf Reis oder Naan-Brot) ebenso zu den indischen Gourmet-Genüssen zählt wie ein Bombay Fish Curry.

Beach Life ohne Ende

Was kaum zu stören scheint: Der Mangel an urbaner Ästhetik ist locker kompensierbar – durch das milde subtropische Seeklima und endlose Strän-

Spaziergang durch Durban

Metropolitisch erscheint Durbans Waterfront, die Golden Mile mit Beach Front inklusive, besonders wenn nachts die Lichter glitzern. Tagsüber ist das der Treffpunkt aller Durbianer, egal, ob mit tropfnassem Surfbrett unter dem Arm oder mit dem Cocktailglas in der Hand. Aber auch downtown hat das alte D'Urban Ville Besuchern einiges zu bieten, wenn es Zeit für einen Rundgang in Ruhe gibt.

Ⓐ Victoria Market – Fleisch, Fisch, vor allem Gewürze und das quirlige, bunte und lautstarke Treiben vermitteln hier das Gefühl, in Indien zu sein.

Ⓑ City Hall – Gigantischer Ziegelbau aus dem Jahr 1910, innen drin residieren die Durban Art Gallery und das Natural Science Museum.

Ⓒ The Durban Local History Museum – Im ehemaligen Gerichtsgebäude, Durbans Old Court Hou-se aus dem Jahr 1865, mit sieben Museen, www.durbanhistorymuseums.or.za

Ⓓ uShaka Marine World – Riesiger Vergnügungspark mit Seeaquarium, Seehundstadium, Delphinstadium, Pinguingehege und jeder Menge Geschäfte und Restaurants, familienfreundlich, www.ushakamarineworld.co.za

Ⓔ Amphitheatre Gardens und Waterwonderland – Erholungs- und Vergnügungspark mit herrlichen Gartenanlagen, Wasserrutschen und Planschbecken für Kinder an Durbans North Beach.

Ⓕ Golden Mile – Prachtboulevard und praktisch das Wohnzimmer der Durbaniner direkt am Meer mit Hotels, Restaurants, Bars und Vergnügungszentren.

de direkt vor der Haustür –, weshalb die Golden Mile Durbans größte urbane Attraktion ist. Die Beachfront erstreckt sich auf sechs Kilometer Länge zwischen der Landzunge The Point im Süden und dem Umgeni River im Norden. Die Prachtmeile ist der Kulminationspunkt des lockeren Lebensgefühls der Durbianer mit zahllosen Restaurants, Bars, Pools und Vergnügungslokalen, und natürlich besetzen die erste Baureihe Fünf-Sterne-Herbergen sowie feine Gourmettempel. Hier, an der Marine Parade, treffen sich Surfer in ihren Szenekneipen zum Après-Surf, wenn die Sonne sinkt und den Weg frei macht für das quirlige Durbaner Nachtleben. Zwischen grellen Neonreklamen, Wolkenkratzern, Beachhotels, Feinschmeckerläden und Amüsierzentren führt nun die Metropole ihr Miami Beach auf oder, je nachdem, auch Miami Vice.

GUT ZU WISSEN

NICHT HARMLOS: DOWNTOWN

Ortsunkundige Besucher sollten sich vor allem im Stadtzentrum Durbans mit Umsicht bewegen; besonders im indischen Viertel um die Grey Street und die prachtvolle Juma Mosque sowie auf dem quirligen Victoria Street Market sind bevorzugt Taschendiebe im Einsatz. Wer keine City-Tour buchen mag, sollte auf keinen Fall allein unterwegs sein, und schon gar nicht nach Einbruch der Dunkelheit.

Oben: Gut gebuchter Friseursalon im Zentrum von Durban
Mitte: Das Rathaus von Durban (Bild), der Hauptbahnhof und das Gerichtsgebäude stammen aus den 1860- bis 1890er-Jahren.
Unten: Big City Meeting Point Durban Central

Infos und Adressen

SEHENSWÜRDIGKEITEN

Hai-Museum. The Natal Sharks Board,
1 A Herwood Drive, Umhlanga, Tel. 031/566 04 00,
www.shark.co.za

ESSEN UND TRINKEN

Joe Cool's. Durbans nachgefragtestes Pub-Restaurant an der Beachfront. 137 Lower North Beach, Tel. 031/368 28 58

The Cargo Hold Restaurant. Elegant und im oberen Preisniveau speist es sich mit Seeblick in der uShaka Marine World. 1 Bell St., Tel. 031/328 80 65, www.ushakamarineworld.co.za

ÜBERNACHTEN

Acorn B&B in Durban. Zentral gelegene, ehemalige Residenz im Kolonialstil. 3 Wolfenden Grove, Berea, Tel. 031/208 18 84, www.acornbandb.co.za

Blue Waters. Schönes und ruhiges Strandhotel. 175 Snell Parade/Marine Parade, Tel. 031/327 70 00, www.bluewatershotel.co.za

Sylvan Grove Guest House. Gepflegte, sehr ruhige Lage außerhalb von Durban. 49 Sylvan Grove, Umhlanga Rocks, Tel. 031/561 51 37, www.sylvangrove.co.za

Die Promenade an der Waterfront ist das verlängerte Wohnzimmer der Durbianer: Public Pool an der Marine Parade.

Alles ist möglich: Auch eine Rikschafahrt auf der Marine Parade Durbans.

The Balmoral. Historisches Beachfront-Hotel, eine elegante Perle an Durbans Golden Mile! 125 OR Tambo Parade, Tel. 031/368 82 00, www.raya-hotels.com

EINKAUFEN

Durban City. Shop till you drop: in der Grey Street, auf dem South Plaza Market (Walnut Street), in The Stables (Jacko Jackson Drive), in The Workshop (Samora Machel Street)

AKTIVITÄTEN

uShaka Marine World. Die Attraktion an Durbans Golden Mile: Nonstop-Entertainment mit Sea World, Wet'n Wild und uShaka Beach. www.ushakamarineworld.co.za

INFORMATION

Durban Tourism. 90 Florida Rd., Tel. 031/322 41 64, www.durbanexperience.co.za

KwaZulu-Natal Tourism. Ithala Trade Centre, 29 Signal Rd., Tel. 031/366 75 00, www.zulu.org.za

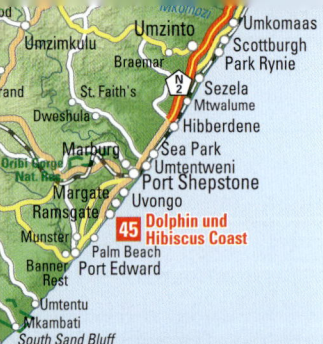

45 Dolphin und Hibiscus Coast
Oribi Gorge Nature Reserve

Auf rund 300 Kilometer erstrecken sich zwischen Port Edward im Süden und Richards Bay im Norden feine Sandstrände am immer warmen Indischen Ozean. Die Badeorte der Hibiscus Coast südlich von Durban reihen sich mit lebendigem Beachlife wie Perlen auf einer Kette aneinander, die der nördlichen Dolphin Coast leben vornehmlich von hochwertigen Senioren- und Ferienanlagen.

Schon ein Blick auf die Karte zeigt: Die Hibiscus Coast produziert Badeorte ohne Ende, was der südlich von Durban gelegenen Küste das umtriebigste und, durch baulichen Eifer, das strukturierteste Beachlife KwaZulu-Natals und ganz Südafrikas verschafft. Die Strände säumen Küstenwälder und subtropische Vegetation, nicht wenige tragen Auszeichnungen für exzellente Wasserqualität, Sicherheit, Service und Umweltfreundlichkeit. Alle sind auf familienfreundliche Badeferien fokussiert und durch Hainetze und Rettungsschwimmer gesichert.

South Coast und Oribi Gorge

Als Zwischenstopp zu empfehlen sind das beschauliche Port Edwards sowie die beiden Strandenklaven Margate und Ramsgate, wobei Letztere mit einem der besten Strände Südafrikas punkten kann. Aber natürlich strömen während der südafrikanischen Ferienmonate die Massen aus den Metropolen hierher, schließlich ist es an der Sunshine Coast KwaZulu-Natals auch dann warm genug für Badespaß, Surfen und Wassersport, wenn

Mitte/unten: Golfspieler steigen auch im »Coral Tree Colony B & B« in Southbroom ab, nirgendwo ist die Dichte von Golfplätzen so groß wie an der Hisbiscus Coast südlich von Durban.

Dolphin und Hibiscus Coast

es in Johannesburg, Pretoria und Kapstadt winterlich frisch ist.

Das Oribi Gorge Nature Reserve 20 Kilometer westlich von Port Shepstone, wo der Umzimkulvana River ein atemberaubendes Spektakel veranstaltet, zählt zu den besonderen Highlights. 400 Meter tief hat sich der Fluss hier in eine gewaltige Sandsteinschlucht eingegraben, was Bungee-Verrückten einen genial aufregenden Sprung verschafft, Stromschnellen, Felspools und Sandbänke produzieren ein paradiesisches Bild. Das 1837 Hektar große, dicht bewaldete Naturschutzgebiet bietet Wanderern mit gut ausgebauten Pfaden sowie Vogelfreunden mit über 350 Arten ein Refugium, das auch für längere Aufenthalte seinen Reiz hat.

Nördlich von Durban

Wie die Südküste ist der Abschnitt nördlich von Durban mit Infrastruktur gespickt, allerdings vornehmlich durch gehobene Ferienquartiere, exklusive Ruhestandsresidenzen, gut bestückte Shoppingzentren und feine Restaurants. Heute kommen im Stammland des legendären Zulukönigs Shaka, der Anfang des 19. Jahrhunderts eine straff organisierte Militärmacht gegen die weißen Eindringlinge aufstellte, zwischen ausgedehnten Zuckerrohrplantagen und der zerklüfteten Küste des Indischen Ozeans Golfspieler auf ihre Kosten, zum Beispiel auf den Plätzen des Prince's Grant Golf Estate bei Stanger und des Zimbali Golf Estate bei Ballito. Zwischen den recht attraktiven Strandorten Tongaat und Zinkwazi Beach tummeln sich Badegäste, Schnorchler und Taucher. Nicht ohne Grund bevorzugten früher betuchte »Zuckerbarone« die Mündung des Zinkwazi River: Flussadler ziehen über der weitläufigen Lagune ihre Runden, und Surfer lieben heute die Brandung der landschaftlich bildschönen und weitläufigen Bucht.

46 Drakensberg
Der Kamm des Drachens

Wer zum Drachenberg will, kommt an den Midlands nicht vorbei: Sanft geschwungene Hügellandschaften mit saftigen Kuhwiesen erstrecken sich nordwestlich von Durban, wo sich Pietermaritzburg als letzte britische Bastion versteht. Und als Tor zu einer der bizarrsten Landschaften KwaZulu-Natals – mit Highlights, deren Namen schon alles verraten: Tugela Falls, Cathedral Peak, Giant's Castle, Sani Pass, Bushmens Neck.

Das 1838 gegründete viktorianische Städtchen, das seine halbe Million Einwohner praktischerweise auch »Piemburg« oder noch kürzer »PMB« nennen, wartet mit immer noch sehr intakten Insignien des Britischen Empire auf. Adrett ziehen sich hölzerne Gartenzäune um akkurat geschnittene Rasenflächen und Bougainvillea-Sträucher, sauber gepflasterte Wege zieren nicht nur die Parklandschaften der schmucken Hauptstadt KwaZulu-Natals.

Very british: Pietermaritzburg

Eine Backsteinpracht ist Pietermaritzburgs City Hall, die als viktorianischer Architekturschatz zum Nationaldenkmal erklärt wurde und angeblich das größte Backsteingebäude südlich des Äquators ist. Immerhin ragt sein Glockenturm beinahe 50 Meter in den afrikanischen Himmel. In gleicher Weise beeindruckend präsentiert sich vis-à-vis das Gebäude der Tatham Art Gallery, die in einer beachtlichen Sammlung Gemälde und Skulpturen südafrikanischer und europäischer Künstler aus dem 19. und 20. Jahrhundert ausstellt; sogar Picasso-

Mitte: Viktorianische Backsteinpracht in Pietermaritzburg, das seine Einwohner liebevoll »Piemburg« oder PMB nennen.
Unten: Von »viktorianisch« haben diese Kids in den Drakensbergen ganz sicher noch nichts gehört.

Der Cathedral Peak ist 3004 Meter hoch.

Werke haben den Weg in die geschichtsträchtigen Hallen des ehemaligen
Obersten Gerichtshofs gefunden. Architektur aus längst vergangenen Zeiten ist das
aussagestärkste Thema dieser Stadt, auf der Liste
der fotogenen Stopps stehen das Macrorie House
(1862), das Old Government House (1860), das
Old Colonial Building (1899) und das Voortrekker
House (1847). In der Church Street erinnert die
Statue of Hope an Mahatma Gandhi, der 1893 im
Bahnhof von Pietermaritzburg aus dem Zugabteil
der ersten Klasse verwiesen wurde, weil dieses
Weißen vorbehalten war. Was den jungen Anwalt
politisierte und zum gewaltlosen Vorkämpfer gegen Rassismus und Unterdrückung machte.

Die Midlands–Meander–Route

Künstlerateliers, Töpfereien, Käsereien, Kräutergär-
ten und originale Pubs kennzeichnen die Lebensart zwischen den sanft gerundeten Hügeln der
Midlands. Die Route startet in Hilton, einem klei
nen Dorf nördlich von Pietermaritzburg, wo sich
Eisenbahnfreunde über das Natal Railway Museum freuen. Segler, Wassersportler, Wanderer und
Angler tummeln sich in der Albert Public Nature

Nicht verpassen

THE ROOF OF AFRICA

Wem das Dach Südafrikas
mit dem Drakensberg nicht
hoch genug ist, macht sich am
besten gleich auf die »Roof of Africa«-Route. Nach dem Einstieg beim
Städtchen Clarens wird es jenseits
der lesothischen Ortschaft Butha-
Buthe auf dem 2840 hohen Mon-
teng-Pass zwischen Mont Oux Sources (3282 m) und Cathedral Peak
(3004 m) spannend: Auf über 3000
Metern schlängeln sich die Passagen
durchs Hochgebirge. Eine Menge
Schnee gibt's im Winter rund um den
Wintersportort Oxbow, der dann zu
einem Skiparadies mitten in Afrika
wird! Von hier windet sich eine
Asphaltstraße über eine Reihe von
3200 Meter hohen Pässen hinunter
ins Städtchen Mokhotlong, den Ausgangspunkt für den verwegensten
Teil der Strecke: Nur mit 4x4 geht es
über den legendären Sanipass ins
südafrikanische KwaZulu-Natal.

Lesotho Tourism. www.ltdc.org.ls;
Sani Top. www.sanimountain.co.za

Rund um die Drakensberge

Einfach gut!

TOP SPOTS DER MIDLANDS

Karkloof Safari Spa, Lodge & Wildlife Retreat. Außerhalb Pietermaritzburgs. Ihlanze Ranch, Otto's Bluff Rd., Tel. 033/569 13 21, www.karkloofsafarispa.com

St. Ives Hotel. Familiengeführte, schöne Herberge. Old Main Rd., Lions River, Natal Midlands, Tel. 033/234 44 90, www.stives.co.za

Fordoun Hotel & Spa. Inmitten der Midlands Rolling Hills. Nottingham Rd., Tel. 033/266 62 17, www.fordoun.com

Hartford House. Ehemalige Residenz eines Premierministers mit Traumgarten. Hlatikulu Rd., Mooi River, Tel. 033/263 27 13, www.hartford.co.za

Harrow Hill Farm. B&B Country House nahe Howick. 8 Karkloof Rd., Tel. 082/554 36 78, www.harrowhillhowick.co.za

Woodridge Country Hotel & Spa. Reetgedeckte Domizile im Park. R103, Balgowan, Tel. 033/234 44 23, www.woodridge-estate.com

Reserve bei Howick am Midmar-Stausee. In der nahe gelegenen Umgeni Valley Nature Reserve stürzen die Howick Falls hundert Meter in die Tiefe. Am Lions River wurde Nelson Mandela 1962 festgenommen, die ausdrucksstarke Skulptur des Mandela-Monuments erinnert an die Zeit der Apartheid. Eine Fahrt durch das Dargle Valley mit den Örtchen Dargle, Fort Nottingham und Balgowan geht in eine stille Zeit. Immerhin rühmt sich Fort Nottingham, die kleinste Stadthalle Südafrikas zu besitzen!

Landschaft verrückt – der Drachenpark

Das gesamte 243 000 Hektar große Gebirgsareal, das jenseits der Grenze zu Lesotho mit dem höchsten Gipfel des südlichen Afrika, Thaba Ntlenyana (3482 m), seine Fortsetzung findet, bildet mit beeindruckenden Basaltgipfeln den Ukhahlamba Drakensberg Park – und die Kulisse zahlreicher Filme. Nicht nur bei Bergsteigern und Wanderern ist der »Kamm des Drachens« begehrt. Was sich hier zeigt, ist von überirdischer Schönheit. Teil des gewaltigen Gebirgsszenarios ist das berühmte Amphitheatre im Royal Natal National

Drakensberg Hot Spots

Entlang der gesamten Ostgrenze des Gebirgs-
staats Lesotho erstreckt sich das Gebirgsmassiv
des Drakensbergs mit Gipfeln über 3000 Meter.
Wanderer finden auf unzähligen Routen unter-
schiedlicher Schwierigkeitsgrade ihr Eldorado.

🅐 **Royal Natal National Park –** Der im nördlichen
Teil des Drakensbergs liegende Park wurde bereits
1916 ins Leben gerufen. Als höchster Berg Südafrikas thront hier der Mont Aux Sources mit 3282
Metern (www.royalnatal.info).

🅑 **Amphitheater –** Die markanteste Bergskulptur
im Royal Natal National Park ist das sogenannte
Amphitheatre, eine fünf Kilometer lange und bis zu
500 Meter steil abfallende Felsbarriere.

🅒 **Tugela Falls –** Der Tugela River donnert auf
Hunderten Meter Breite als Südafrikas höchster
und spektakulärster Wasserfall über die Felsen des
Amphitheaters.

🅓 **Ukhahlamba Drakensberg Park –** Zerklüftete
Canyons und sattgrüne Rolling Hills bestimmen
das Landschaftsbild des UNESCO-Weltnaturerbes.
Über 600 Rock Art Paintings der San-Buschmänner sind hier in Höhlen zu finden (www.nature-
reserve.co.za).

🅔 **Cathedral Peak Reserve –** Die Kette der Cathedral Range beeindruckt mit vier 3000er-Gipfeln.
Der höchste ist Champagne Castle mit 3377 Metern. Ein Eldorado für Bergsteiger und -wanderer!

🅕 **Giant's Castle Nature Reserve –** Das bildschönes Naturschutzgebiet liegt im Ukhahlamba Drakensberg Park, wurde schon 1903 als Reservat
gegründet und ragt mit seinem Riesen Giant's
Castle 3314 Meter in den Himmel. Über seltenen
Elandantilopen ziehen Bartgeier, Adler und Falken
ihre Runden (www.nature-reserve.co.za).

🅖 **Sanipass –** Eine der atemberaubendsten Fahr-
strecken Südafrikas gehört zu den absoluten Highlights schwindelfreier Offroader, steile Serpentinen
und schroffe Abgründe bieten Fahrspaß ohne
Ende, das »Sani Top Chalet« liegt auf 2874 Metern.

🅗 **Nottingham Road –** Das bildhübsche Dorf im
Herzen der Midlands ist nur 20 Minuten vom Drakensberg entfernt.

245

Oben: Die Howick Falls des Mngeni River rauschen über 100 Meter tief abwärts.
Mitte: Lauschig: die »Didima Lodge« in den Drakensbergen nahe Cathedral Peak
Unten: Mit Wanderstab gut zu Fuß: Zulu-Frau in den Drakensbergen

Park, wo der Tugela River an einer fünf Kilometer langen und 500 Meter hohen Felswand in mehreren Stufen über 800 Meter in die Tiefe stürzt.

Allradfreunde machen sich auf den Weg zum 2895 Meter hohen Sanipass, der auf einer extremen Gebirgsstrecke ins Königreich Lesotho hineinführt und Offroad-Fans ein Fahrabenteuer der besonderen Art garantiert. Eine Serie spektakulärer Haarnadelkurven schraubt die ächzenden Gefährte immer höher hinauf in eine Welt aus Bergen mit Schneehauben, grotesken Schluchten und bedrohlichen Steilabfällen. Bequemer, wenn auch nicht weniger spektakulär, ist das Giant's Castle-Wildreservat zu erreichen.

Bushman's Rock Art

Zwischen Champagne Castle (3374 m), Giant's Castle (3314 m), Cathkin Peak (3148 m) und Cathedral Peak (3004 m) ragen gewaltige Basaltbrocken auf, deren Höhenlinien kaum unter 3000 Meter liegen. Für Bergwanderer ist der Drakensberg die genau richtige Adresse. An die 25 000 Felsmalereien steinzeitlicher San befinden sich in über 500 Höhlen und Felsüberhängen im gesamten Drakensberg-Gebiet. Konzentriert lässt sich der UNESCO-Weltkulturerbe-Schatz im Royal Natal National Park besichtigen, wo zahllose Bushman Paintings aus dem Leben der Jäger und Sammler erzählen, die hier schon vor rund 8000 Jahren mit Blick auf den Dreitausender Giant's Castle lebten. Die schönsten und am leichtesten zugänglichen San-Kunstwerke befinden sich in den Giant's Castle Main Caves unweit der luxuriösen »Giant's Castle Rock Lodge«, die KwaZulu-Natal Wildlife untersteht. Empfehlenswert: das Cave Museum sowie im zentralen Drakensberg das Kamberg Rock Art Centre sowie das San Rock Art Centre in Didima.

Infos und Adressen

ESSEN UND TRINKEN

Café Tatham. Kultureller Treffpunkt in der Tatham Art Gallery mit Coffee Shop (super Cappuccino!) und leichten Mahlzeiten. City Hall, Chief Albert Luthuli Rd., Pietermaritzburg, Tel. 033/342 83 27, www.tatham.org.za

ÜBERNACHTEN

Cleopatra Mountain Farmhouse. Country- und Gourmet-Getaway im Kamberg Valley. Kamberg Rd./Giant's Castle, Tel. 033/267 72 43, www.cleomountain.com

Giant's Castle Rock Lodge. Giant's Castle Game Reserve mitten in den Drakensbergen. Die Lodge gehört zu KwaZulu-Natal Wildlife. www.kznwildlife.com und www.giantscastle.info

Kwaggashoek Game Lodge. Nördlicher Drakensberg im Landschafts- und Wildschutzgebiet. Uthukela, Tel. 082/561 20 01, www.kwaggashoek.co.za

Montusi Mountain Lodge. Wunderschöne Naturlage in den nördlichen Drakensbergen. Bergville, Tel. 036/438 62 43, www.montusi.co.za

Sani Mountain Lodge. 2874 Meter hoch auf dem Sanipass mit Pub und offenem Kaminfeuer. Tel. 078/634 74 96, www.sanimountain.co.za

Schön bunt: exotisches Heuschreckenexemplar im Drakensberg-Gebiet

Oliviershoek-Pass an der Grenze zwischen Freistaat und KwaZulu-Natal

AKTIVITÄTEN

Golfen. Champagne Sports Resort, unter den Top 30 Championship-19-Loch-Plätzen, www.champagnesportsresort.com; Cathedral Peak Golf Course, Neun-Loch in traumhafter Gebirgslage, www.cathedralpeakgolfclub.co.za

Wandern. Der Giants Cup Trail verläuft an den Ausläufern des Drakensbergs vom Sanipass bis Bushman's Neck, gute Kondition ist erforderlich! www.kznwildlife.com

Wildwasser-Rafting. Abenteuer auf dem Ash River am Fuß der Maluti-Berge, einem Gebirgszug der Drakensberge. Clarens Xtreme, Clarens, Tel. 058/256 12 60, www.clarensxtreme.co.za

INFORMATION

Central Drakensberg Information Centre. Info Centre Building, Thokozisa Centre, Gourton Corner, R600 Winterton/Drakensberg, Tel. 036/488 12 07, www.cdic.co.za, www.drakensbergtourism.co.za und www.drakensberg.org

Pietermaritzburg Tourism. Publicity House, 177 Chief Albert Luthuli St., Tel. 033/345 13 48, www.pmbtourism.co.za

47 Zululand
Die Schlachtfelder-Tour

Gekreuzte Säbel kennzeichnen auf der Karte die Orte der übelsten Gemetzel zwischen Zulu und den weißen Eindringlingen in der einst heißblütig umkämpften Region nördlich von Durban. Inmitten grüner Hügellandschaften liegt das Siedlungsgebiet der Zulu, jener stolzen Stammeskrieger, die sich von Anbeginn der Kolonialisierung gegen die europäischen Invasoren stellten.

Hier herrschte der legendäre Zulukönig Shaka, der Anfang des 19. Jahrhunderts versprengte Zulustämme einte und eine straff organisierte Militärmacht aufstellte. Seinen Kultstatus verdankt er dem Untergang seines machtstrotzenden Zulu-Reiches und der schmählichen Niederlage gegen die Buren in der legendären Schlacht am Blood River im Dezember 1838.

Blood River Monument

Zwischen den Städtchen Vryheid und Dundee liegt die Gedenkstätte Blood River Battlefield, das an den Sieg der burischen »Voortrekker« über die Zulu unter der Führung von Andries Pretorius erinnert. Am 16. Dezember 1838 fand die Entscheidungsschlacht statt, bei der 464 Buren gegen 10 000 Zulu kämpften, über 3000 Zulu starben. Der heute heiß verehrte Shaka Zulu, der seine Untertanen immer wieder in Angst und Schrecken versetzte, war da schon nicht mehr dabei: 1828 wurde der blutrünstige Diktator von seinen Halbbrüdern Dingaan und Umhlanga ermordet. Zahlreiche Denkmäler und Ortsbezeichnungen sind dem großen König gewidmet: nördlich von Durban Sha-

Mitte: Auf den Isandlwana Battlefields fand 1879 der erste Zulukrieg statt, dessen Sieg die Übermacht von 20 000 Zulus für sich verbuchte, 2500 Engländer und Zulus verloren ihr Leben.
Unten: Gedenkstätte im Zululand

Infos und Adressen

ka's Rock, von dem es heißt, Shaka habe dort Ungehorsame ins Meer werfen lassen, oder im Städtchen Stanger, wo das Shaka Memorial jene Stelle markiert, an der Shaka erschlagen wurde. Bei Fort Pearson nahe der Mündung des Tugela River erinnert der »Ultimatum Tree« an den Ausbruch der Schlachten zwischen Briten und Zulu. Heute leben viele Zulu in bitterer Armut, was die Glorifizierung des Übervaters Shaka Zulu verständlich macht.

Deutsche im Zululand

Vor allem in der Region zwischen Eshowe und Empangeni breitet sich die einst mächtige Zulukultur in Form bunter Folklore mit idyllisch wirkenden Rundhüttendörfern aus, die pittoresk inmitten weitflächiger Zuckerrohrplantagen liegen. Museumsdörfer transportieren die Geschichte der Zulu und ihres legendären Königs an Besucher aus aller Welt. Was außerdem noch zum Zululand gehört, sind Lüneburg, Wittenberg, Augsburg, Schwarzwald, Glücksstadt und Braunschweig in der »deutschen Provinz« KwaZulu-Natals. Hier leben Nachfahren deutscher Einwanderer, die vor 150 Jahren ins Land kamen und noch heute im luthcrischen Glauben verbunden eine enge Gemeinschaft bilden. Wer deutschsprachige Schulen und Gottesdienste, dazu einen zünftigen deutschen Bläserchor mitten in den Weiten Afrikas erleben will, kann der sogenannten German Pioneer Route zwischen Paulpietersburg und Vryheid folgen, wo zur Adventszeit der Lebkuchen südafrikanischer Sommerhitze standzuhalten versucht. Naturfreunden und Wanderern ist das Wald- und Vogelwunder des Dlinza Forest bei Eshowe zu empfehlen, den der Dlinza Forest Acrial Bordwalk als Baumkronenpfad für Freunde seltener Vogelspezies erschließt, sowie der Prince Dabulamanzi Trail, ein dreitägiger Rundweg durch umliegende Naturschutzgebiete.

ESSEN UND TRINKEN
Sunset Rock Spur. Steakhouse. Eshowe Mall, Osborn Rd./Kangela St., Eshowe, Tel. 035/474 23 23, www.spur.co.za

ÜBERNACHTEN
Babanango Valley Lodge. Privates Schutzgebiet am Nsubeni River, historisches Farmhaus. Eshowe, Tel. 035/835 00 62, www.babanangovalley.co.za

Golf View Lodge. In Melmoth. 33 AF Leitch Drive, Tel. 035/450 77 79, www.golfviewlodge.co.za

Gooderson Leisure Resort. 191, Remainder Koubad Farm, Paulpietersburg, Tel. 034/995 03 00, www.goodersonleisure.co.za

Protea Hotel Simunye. Traditionelle Zuluherberge mit Bienenkorb- und Rundhütten in Melmoth. Tel. 035/450 31 11, www.kznparks.com

The Whistling Duck Farm Cottage. Von Fotograf Nicolas van Ryk persönlich getestet. Bei Lüneburg, Tel. 076/233 98 40, www.whistlingduck.co.za

AKTIVITÄTEN
Dlinza Forest. Baumkronenpfad bei Eshowe. Tel. 035/474 40 29, www.kznwildlife.com

INFORMATION
KwaZulu-Natal Tourism. Ithala Trade Centre, 29 Signal Rd., Durban, Tel. 031/366 75 00, www.zulu.org.za und www.battlefieldsroute.co.za

48 Hluhluwe-iMfolozi
Game Park für Vegetarier

Seit seiner Gründung im Jahr 1895 zählt das Schutzgebiet zu den ältesten Wildparks des Kontinents und ist der viertgrößte in Südafrika. Zwei Stunden nordwestlich von Durban bringen die riesigen Areale der bis 1998 separaten Reservate Hluhluwe und Umfolozi mit 1000 Quadratkilometern die doppelte Fläche des Bodensees auf! Vor allem kommen hier selten gewordene Pflanzenfresser auf ihre Kosten: Spitz- und Breitmaulnashörner.

Naturfreunde finden hier landschaftliche Schönheit pur in einer strotzend grünen Hügellandschaft, deren Täler von zahlreichen Wasserarmen durchzogen sind. Wälder und Dornveld-Ebenen, Hügel und Felskuppen sowie Flussauen mit aufdampfenden Nebelschwaden produzieren Bilder von seltener Schönheit. Wanderfreunde freuen sich über ausgedehnte Walking Safaris, für die der Hluhluwe-iMfolozi-Park bekannt ist. Dazu wurde ein Viertel des gesamten Schutzgebietes ausschließlich für Rhinozerosse und deren Beobachtung reserviert und die Raubtierabteilung abgetrennt, was die Bush Walks erst möglich und das Nashorn-Paradies zu den am meisten besuchten Schutzzonen Südafrikas macht.

Speziell: Walking Safaris

Über die N2 und das Städtchen Hluhluwe gelangt der größte Teil des organisierten Rundreisetourismus über das Memorial Gate in den Ostteil des Parks. Gleich dahinter breiten sich schier endlos bewaldete Hügellandschaften aus, durch die sich der Hluhluwe River und der Black und der White

Mitte/unten: Nashorn-Mutter und »Rhino«-Kind sind im Hluhluwe-iMfolozi Game Park vor Wilderei weitgehend sicher, weil staatliche Ranger Tag und Nacht im Einsatz sind.

Hluhluwe-iMfolozi

Umfolozi River schlängeln. Fruchtbare Täler bringen satte, weite Grassavannen hervor, durchsetzt mit üppiger Buschvegetation, ein wahrhaft ideales Fressparadies für Rhinozerosse. »Operation Rhino« hieß das Schutzprogramm in den 1950er- und 1960er-Jahren, das vor allem die extrem seltenen Breitmaulvertreter, die White Rhinos, vor dem Aussterben bewahrte und die Spitzmaulkollegen, die Black Rhinos, hier zur größten Population in ganz Afrika machte. Zuvor war das Areal Jagdgebiet von Zulukönig Shaka sowie von schießwütigen Wilderern, die auf wertvolles Elfenbein aus waren. Heute brauchen sich Rhinozerosse innerhalb des Schutzgebietes nicht mehr zu viele Sorgen um Horn und Leben zu machen, wenngleich die Statistik der Wilderei wieder kräftig zulegt: Alle acht Stunden verliert ein Rhino in Südafrika aus diesem Grund sein Leben.

Rettet die Nashörner!

Die über 2000 Breitmaul- und um die 500 der besonders seltenen Spitzmaulnashörner stehen im weltgrößten Schutzgebiet für Rhinos unter strenger Aufsicht der Park Ranger. Auf Tuchfühlung kann man an die sensiblen Vegetarier auf den angebotenen Wilderness Trails herankommen, die zu den Höhepunkten im Hluhluwe-iMfolozi zählen: Zu Fuß wird unter sachkundiger Führung von Wildhütern in mehreren Tagen die Savanne erkundet, Übernachtungen finden in einfachen Camps statt. Groß ist dabei die Chance, einen Revierkampf zweier Nashornbullen aus nächster Nähe mitzuerleben, mit prickelnden Momenten, wenn die beiden Kolosse aufeinander zustampfen, die Hörner kreuzen, schieben und drücken, die Köpfe schwenken, um erneut Anlauf zu nehmen. Bis der Schwächere schließlich nachgibt und sich davontrollt, während der Sieger durch kräftige

Geheimtipp

ÜBERNACHTEN IN UBIZANE

Die magnetische Wirkung des Hluhluwe-iMfolozi haben in der näheren Umgebung zahlreich Lodges und kleinere private Schutzgebiete entstehen lassen. Eines davon ist das Ubizane-Wildlife-Reservat mit der romantischen »Zululand Tree Lodge« nur wenige Kilometer vom Memorial Gate des Nationalparks entfernt. Ubizane wird von Selbstfahrern gern als Übernachtungsstation genutzt – in einem tropischen Paradiesgarten mit Unterbringung in Domizilen auf Stelzen oder in stilechten »Rondavels«. Abseits der touristischen Brennpunkte im viel besuchten Nationalpark lässt es sich hier in einem traumhaften Jenseits von Afrika-Ambiente wohnen und gleichwohl mit erfahrenen Rangern auf Jeep-Safari im Hluhluwe-iMfolozi gehen: Die Game-Drive-Fahrten dorthin sind im Ubizane-Übernachtungspreis enthalten.

Ubizane Wildlive Reserve.
www.ubizane.co.za

Stilsicheres Buschdomizil im Ubizane-Reservat: die »Zululand Tree Lodge«

Urinstrahlen oder eine Portion »Rhino Droppings« sein Revier markiert.

Tierschutzmodell Phinda

Nicht weit entfernt hat sich die Phinda Private Game Reserve dem Naturschutz, der Ökologie, besonders aber einem der einheimischen Bevölkerung zugutekommenden Tourismus verpflichtet. Wie viele andere privaten Reservate breitet sich auch das Phinda-Tierparadies auf renaturiertem Farmland aus, das durch Abbau von Zäunen, Wasserspeichern, Gebäuden und so fort wieder zu dem wurde, was es ursprünglich einmal war: Wildnis. Phinda, was in der Sprache der Zulu so viel wie »Rückkehr« bedeutet, versammelt auf seinen 17 000 Hektar Feuchtgebieten, Steppen, Buschland und Wäldern nun wieder die »Big Five« sowie Geparde, Giraffen, Rhinozerosse und zahlreiche andere Wildtierarten, unterstützt durch eine reichhaltige Vogelwelt mit 400 Spezies. Diesen Naturschatz versucht das ökologisch orientierte Wirtschaftsunternehmen mit der Ökonomie und den Buschdomizilen »Phinda's Rock Lodge«, »Vlei Lodge, Mountain Lodge« und »Forest Lodge« auf einen nachhaltigen Nenner zu bringen.

Oben/unten: Wildlife am Lake St. Lucia
Mitte: Die »Malala Lodge« im Dreieck des Hluhluwe-iMfolozi, der Phinda Game Reserve und Lake St. Lucia im Osten

GUT ZU WISSEN

SEIT 1912: MKHUZE

Gleich um die Ecke gibt's viel Federvieh und hungrige Raubkatzen zwischen glitzernden Wetlands, trockenem Buschveld, vegetationsstrotzenden Flusslandschaften und grasbewachsenem Hügelland. 400 Vogelarten bevölkern dieses wenig bekannte Reservat, darunter Spechte, Webervögel, Geier, Störche, Sekretäre, Eulen, Moorhühner, Kingfisher, Hornbills, Falken und Adler. Zu den »Big Five« kommen Krokodile, Flusspferde, Zebras, Gnus und Giraffen dazu.

Infos und Adressen

SEHENSWÜRDIGKEITEN
Kwazulu Cultural Museum. Rund 100 Kilometer westlich von Hluhluwe-Imfolozi bei Ulundi, Tel. 035/870 20 50, www.zulu-museum.co.za

ESSEN UND TRINKEN
The Fig Tree Café & Deli. Familienrestaurant. 1 Ngweni Rd., Hluhluwe, Tel. 082/653 77 77

Zulu Croc Restaurant. In einem Krokodil- und Schlangenpark. R22 Old Sodwana Rd., Hluhluwe, Tel. 081/594 74 42, www.zulucroc.co.za

ÜBERNACHTEN
Hill Top. Komfortables Lodge-Hotel mit Restaurant, Pool, Chalets sowie Hütten im Game Park. Zu buchen über www.kznwildlife.com

Mkuze Falls Private Game Reserve. »Mkuze Falls Lodge« mit *Out of Africa*-Ambiente, Tel. 034/414 10 18, www.mkuzefalls.com

Phinda Private Game Reserve. Luxuriöse Buschdomizile und einfache Camps mit Eimerdusche und Feuerstelle. Spezialität sind Rhino Walking Safaris im Sandveld. Tel. 011/809 43 00, www.andbeyond.com

Hauptgebäude der »Zululand Tree Lodge«, Ubizane Wildlife Reserve

Aussichtsterrasse der »Hill Top Lodge« im Hluhluwe Game Park

Rhino Ridge Lodge. Luxuriöse Busch-Lodge im Hluhluwe-Imfolozi. Auf dem Programm stehen Rhino Walking Safaris. Tel. 035/474 14 73, www.isibindi.co.za

Ubizane Wildlife Reserve. »Zululand Tree Lodge«. 1020 Main St., Hluhluwe, Tel. 035/562 10 20, www.ubizane.co.za

EINKAUFEN
Ilala Weavers. »Wer hier kauft, stärkt die Stellung der einheimischen Frauen«, ist das Konzept der Mitarbeiterinnen von Ilala Weavers. www.ilala.co.za

AKTIVITÄTEN
Dumazulu Lodge & Traditional Village. Lot H29, Bushlands Rd., Hluhluwe, Tel. 035/562 22 60, www.goodersonleisure.co.za /Hotels

INFORMATION
Zululand Tourism. Prince Mangosuthu St., Ulundi Airport, Ulundi, Tel. 035/874 56 07, www.zululandtourism.org.za, www.hluhluwe.info und www.nature-reserve.co.za

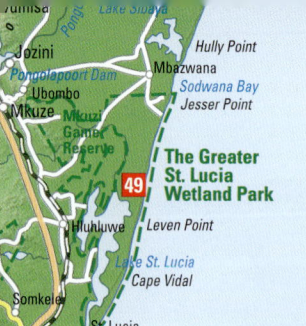

49 Greater St. Lucia
iSimangoliso Wetland Park

Einschließlich seiner Wasserflächen umfasst das 332 000 Hektar große Areal von der sechsfachen Fläche des Bodensees drei Binnenseen, acht ineinandergreifende Ökosysteme, riesige Sumpf- und Mündungsgebiete, 25 000 Jahre alte Sanddünenlandschaften, die bis zu 180 Meter hoch wachsen, sowie weite Wald- und sattgrüne Grasflächen. Kein Wunder, dass iSimangoliso ein Paradies für Krokodile und Nilpferde ist!

Und was für ein Glück für die Menschheit: Auf 280 Kilometern erstreckt sich der iSimangoliso Wetland Park zwischen Cape St. Lucia im Süden und Kosi Bay im Norden. Eine sehr spezielle Portion trägt der frühere St. Lucia Wetland Park mit seinen Feuchtgebieten des Lake St. Lucia zu diesem »Park der Wunder« bei, so die Übersetzung von iSimangoliso. Mindestens ebenso spektakulär ist der Küstenstreifen der Elephant Coast samt Binnenseenlandschaften, der sich bis zur Grenze von Mosambik zieht. Bis zum Fall der Apartheid waren diese Küstenareale ausschließlich Militärs und Meeresbiologen vorbehalten, was die Unberührtheit einer einzigartigen Natur garantierte.

UNESCO-Weltnaturerbe

Aufgrund seiner ökologischen Einzigartigkeit sowie einer besonderen Tierpopulation schaffte es der »Wunderpark« als erstes Schutzgebiet Südafrikas auf die Weltnaturerbeliste der UNESCO. Auf seiner gesamten Längenausdehnung brandet mit durchschnittlich 30 Grad Celsius Wassertemperatur und mit weiß schäumenden Brechern der Indi-

Mitte/unten: Ziemlich aufregend ist eine Safari zu Wasser im St. Lucia Wetland Park, wenn so ein flaches Pontonboot von wütend schnaubenden Hippos zum Schaukeln gebracht wird oder ein grausiges Krokodil gleich daneben ins Wasser gleitet.

sche Ozean an. Verschwiegene Buchten, unberührte Sanddünenwelten, skurrile Baumstammskulpturen, die als Treibholz auf weite Sandflächen geschwemmt werden, bilden ein menschenleeres tropisches Paradies, das im urzeitlichen Zustand verharrt.

Naturperlen ohne Ende

Nicht ohne Stolz zählt die iSimangoliso Wetland Park Authority ökologisch und landschaftlich kostbaren Juwele auf: Kosi Bay, an Südafrikas Nordgrenze zu Mosambik, ist mit vier Seen und einem Netz an Kanälen ein begehrtes Ziel von Schnorchlern und Fischern; Lake Sibaya, Südafrikas größter Süßwassersee, beherbergt KwaZulu-Natals zweitgrößte Population an Krokodilen und Flusspferden; Sodwana Bay gilt als eine der besten Tauchgründe weltweit; Mkhuze, eine Ausstülpung der Wetlands im Landesinneren, gehört Leoparden, Breitmaul- und Spitzmaulnashörnern, Wildhunden, Geparden, Elefanten und Giraffen.

Und dann Lake St. Lucia selbst: Seine 85 Quadratkilometer großen Feuchtgebiete versammeln mit Tausenden Krokodilen und Flusspferden die größte Dichte ihrer Spezies in ganz Südafrika. Dazu bevölkern 526 gelistete Vogelarten die urzeitlichen Landschaften, was Vogelbeobachter und Ornithologen aus aller Welt begeistert. Lake St. Lucia versorgt zahllose Reptilien mit Flamingos, Pelikanen und Wildenten, aber der Speiseplan funktioniert auch rein vegetarisch: Nach Einbruch der Dunkelheit steigen 800 Flusspferde aus den flachen Gewässern, um auf den umliegenden Grasflächen zu weiden, wo die Fleischkolosse allnächtlich tonnenweise frisches Grünzeugs vertilgen. Tagsüber aalen sich die Hippos gern im kühlenden Wasser, das ihre Exkremente dankbar aufnimmt und an Zehntausende Fische in Form von Nährstoffen

Geheimtipp

HIDEAWAY IM ISIMANGALISO

Abseits des Touristenstroms liegen die sechs Suiten der »Makakatana Bay Lodge« am Rande des Uferwaldes mit Blick auf die Ausläufer des St.-Lucia-Sees. Nur maximal zwölf Gäste finden in diesem zauberhaften Buschdomizil mit dem unaussprechlichen Namen Platz. Warzenschweine, Buschböcke, Affen, Flusspferde und Büffel machen sich zum gelegentlichen Platschen abtauchender Krokodile zu jeder Zeit bemerkbar sowie eine mehr als 347 Arten umfassende Vogelwelt, darunter der seltene Seeadler mit seinem markanten Schrei. Inmitten dieses Naturparadieses betreiben Leigh-Ann und Hugh Morrison, deren schottische Vorfahren 1918 hierher kamen, die einzige Privatunterkunft innerhalb des iSimangaliso Wetland Park.

Makakatana Bay Lodge. iSimangaliso Wetland Park, Tel. 030/550 41 89, www.makakatana.co.za

weitergibt, was wiederum die rund 2000 bis zu sechs Meter langen Nilkrokodile sehr erfreut.

Die Hauptstadt der Wetlands

St. Lucia fungiert als zivilisatorischer Kulminations-punkt: B & Bs, Hotels und Lodges bringen Tausende Gästebetten auf die Beine sowie Restaurants, Knei-pen, Cafés, Souvenirshops und Supermärkte. Veran-stalter haben Walbeobachtung, Hochseeangeln, Nilpferd- und Krokodil-Kreuzfahrten, Öko- und Schildkrötentouren im Programm. Outdoor- und Safariausrüster teilen sich die Kundschaft mit Käu-fern von Zulu-Kunsthandwerk, wenn die nicht ge-rade auf einem der beiden bildschönen Golfplätze in der Nähe St. Lucias den Abschlag zwischen Kro-kodilen und Hippos üben.

Ein Riesenspektakel findet jeden Juli vor der Küste St. Lucias statt beim »sardine run«, wenn Millio-nen Sardinen in dichten Schwärmen auftauchen, verfolgt von Kamerateams und Raubfischen, die mit offenem Maul durch das reich gedeckte Fress-Buffet hindurchpflügen. Vor den feinen Sand-stränden kreuzen Weiße Haie, Buckelwale, Südli-che Glattwale, Delfine und die selten gewordenen Dinosaurier der Meere – die Quastenflosser.

Oben: Unberechenbare Hippos verteidigen sich mit mächtigen Hauern, wenn sie sich gereizt fühlen, was blitzschnell passiert. **Mitte/unten:** St. Lucias Feucht-gebiete zählen zu den Top Spots für Vogelbeobachter.

GUT ZU WISSEN

UNESCO-PERLE ISIMANGOLISO

Der St. Lucia Wetland Park sei der einzige Ort auf dem Globus, erklärte Nelson Mandela, »wo sich das älteste Landsäugetier und das größte ein Ökosystem teilen mit dem ältesten Fisch und dem größten Säugetier der Meere.« Gemeint waren Nashorn, Elefant, Quas-tenflosser und Wal. Das gruseligste Reptil und der dickste Fleischklops, nämlich Krokodile und Flusspfer-de, hat er bei seiner Aufzählung glatt vergessen.

Infos und Adressen

ESSEN UND TRINKEN

Alfredo's. Gutes italienisches Restaurant mit Pizza & Pasta. Mckenzie St., Tel. 035/590 11 50

Ocean Basket. Erstklassiges Seafood-Restaurant mit top Preis-Leistungs-Verhältnis und gutem Service. Shop 12, 73 Mc Kenzie St., Tel. 035/ 590 12 41, www.oceanbasket.com

ÜBERNACHTEN

African Ambience. Gästehaus in einem ruhigen tropischen Garten. 124 Pelican St., Tel. 035/590 12 12, www.africanambience.com

Bhangazi Lodge. Gästehaus unter deutscher Leitung. 36 Hornbill St., Tel. 035/590 12 58, www.bhangazi-lodge.com

Serene-Estate Boutique Guest House. Design-Herberge. 119 Hornbill St., St. Lucia Estuaray, Tel. 072/365 24 50, www.serene-estate.com

St. Lucia Kingfisher Lodge. Gästehaus im Kolonialstil mit herrlichem Garten. 187 Mackenzie Rd., Tel. 035/590 10 15, www.stluciakingfisherlodge.co.za

Gemütliches Zimmer in »African Ambience«

Whalesong Guest House. Moderne B & B-Herberge mit Pool. 119 Kingfisher St., Tel. 035/590 15 61, www.whalesongstlucia.co.za

AKTIVITÄTEN

Bhangazi Horse Safaris. Tel. 083/792 78 99, www.horsesafari.co.za

Bootsafaris. Advantage Tours and Charters, Lake St. Lucia, Tel. 035/590 12 59, www.advantagetours.co.za

Kayaksafaris. St. Lucia Kayak Safaris, Tel. 035/590 12 33, www.kayaksafaris.co.za

Landsafaris. St. Lucia Safaris, Tel. 035/590 13 63, www.stluciasafaris.com

Vogelbeobachtung. Birdwatching Safaris des »Elephant Lake Hotel«. Mc Kenzie St., Tel. 035/590 10 01, www.elephantlakestlucia.co.za

INFORMATION

iSimangaliso Wetland Park Authority. The Dredger Harbour, Tel. 035/590 16 33, www.isimangaliso.com

»African Ambience« in St. Lucia

50 Elephant Coast
Die Küste der Wunder

Von Cape St. Lucia bis zum Maputaland an der Grenze zu Mosambik zieht sich die naturbelassene Traumküste des Indischen Ozeans hin, die als ungeschliffener Diamant in der Schatzkiste Südafrikas liegt. Gehoben wird das Juwel nördlich St. Lucias beinahe ausschließlich von Südafrikanern, die um die seltenen Naturschönheiten – und den Weg dorthin – wissen. Kosi Bay, Rocktail Bay, Sodwana Bay und Lake Sibaya stehen auf der kostbaren Inventarliste.

Versteckt und schwer zugänglich liegt das Kosi-Bay-Naturreservat mit den vier Seen Sifungwe, Mpungwini, Nhlange und Amanzimnyama dort oben im letzten Zipfel des Grenzgebiets. Die unaussprechlichen aquatischen Perlen sind nur durch einen schmalen Dünengürtel vom Indischen Ozean getrennt. Von hier bis hinunter nach Sodwana Bay erstrecken sich die südlichsten Korallenriffe der Welt.

Aquatische Wunder

Unter der Wasseroberfläche ist der Teufel los: Der Northern Reef Complex vor Kosi Bay zieht Taucher aus aller Welt an. White Sands Canyon, Seven Mile Reef, Diepgat Canyon, Red Sands Reef heißen einige der farbschillernden Korallenriffe, die sich bis ins südliche Cape St. Lucia ziehen. Wer hier abtaucht, findet keine anderen Taucher in den Riffen, nur Unterwasserwelten vom Allerfeinsten, in denen Nemo und seine Freunde wie im Film durch bunte Korallengärten gleiten. Schildkröten paddeln in Zeitlupe vorüber, Muränen lugen aus Felslöchern – nicht umsonst heißt

Mitte: Endlos und naturbelassen: die wilde Küste der Elephant Coast
Unten: Badevergnügen pur an den einsamen Stränden von Rocktail Bay

einer der besten Tauchplätze vor Kosi Mouth »Aquarium«. Nach Kosi Bay gelangt man nur mit 4x4-Antrieb, für Wanderfreunde bietet die 44 Kilometer lange Route des Kosi Bay Trail an Feigenwäldern und Palmenhainen entlang eine Herausforderung.

Nemos große Freunde

Sodwana Bay besteht aus einem Einschnitt der Küste und verheißt aufgrund seiner schwierigen Zufahrt vor allem Abgeschiedenheit. Südafrikanische Taucher und Sportfischer, die gut ausgerüstet in schweren Geländewagen mit Bootsanhängern anrücken, lassen sich davon nicht abhalten und sind im wenig frequentierten Sodwana-Zipfel, dem weltweit besten Platz für Barrakuda, Marlin und Königsmakrele, meist unter sich. Ebenso wie große Weiße Haie, die gerade hier keine Seltenheit sind. Während die Hauptbadestrände Kwa/Zulu-Natals mit Netzen gesichert und von ausgebildeten Life Guards bewacht sind, herrscht an den urzeitlichen Bilderbuchstränden der Elephant Coast die naturbelassene Wildnis, und (hoffentlich) größte Vorsicht: Nicht nur Schwimmer, sondern auch Brandungswanderer, die sich zu weit ins Wasser wagen, füllen die Statistik von Haiangriffen.

Während der Ferienzeiten kann es auch im entlegensten Naturparadies schon mal enger werden, wenn zunehmend Städter aus Durban und Johannesburg herkommen, um sich vom Leben der anstrengenden Millionenmetropolen zu erholen. Ein halbes Dutzend Herbergen sorgt für komfortable Unterkünfte wie das Buschcamp von Coral Divers oder die »Sodwana Lodge«. Nördlich von Sodwana Bay liegt mit Lake Sibaya der größte natürliche Süßwassersee des Landes, an dessen Ufern sich Krokodile, Flusspferde, Schakale, Riedböcke und

Geheimtipp

THONGA BEACH

Es ist ein Privileg, mitten im iSimangoliso-Wunderland den Zuschlag einer privaten Konzession zu ergattern, um eine Luxus-Strandlodge in Traumlage bauen zu dürfen: Lake Sibaya im Rücken, die tosende Brandung des Indischen Ozeans vor menschenleeren Stränden, Sanddünen und farbschillernden Riffe in Reichweite. Der Deal: 68 Prozent Gemeindeanteil am Lodge-Betrieb, 80 Prozent an der Belegschaft, 100 Prozent an Grund und Boden. »Unser Dorf verdient mit«, lautet das Credo des Mabibi Trust, der die Einnahmen der Mabibi-Gemeinde verwaltet. Schulspeisung, Brunnenbau, Solarenergie u.v.m. stehen auf der gemeinnützigen Ausgabenliste der Fünf-Sterne-Lodge und Schnorcheln, Rifftauchen, Hochseeangeln und nächtliche Schildkrötenbeobachtung auf der Liste der Aktivitäten.

Thonga Beach Lodge. Mabibi Beach, Elephant Coast, Tel. 035/474 14 73, www.isibindi.co.za

Maritimes Paradies: Thonga Beach vor dem gleichnamigen Strand

Hunderte von Vogelarten ihre animalische Vorstellung geben.

On the Rocks

Rocktail Bay zählt zu den besten Plätzen der Welt, um Meeresschildkröten bei der Eiablage und beim spektakulären Ereignis des Schlüpfens zu beobachten. Dazu braucht es Strände, viel Sonne und einen lauwarmen Ozean. Die Kombination bietet Rocktail Bay im Überfluss, und dazu Einsamkeit zwischen urtümlichen Dünen bis zum Horizont. Zwischen Black Rock, Lala Nek und Island Rock findet man keine Spuren im Sand, nur menschenleere Buchten, in die der Indische Ozean mit gewaltigen Brechern einläuft. In den 1960er-Jahren wurde das aufgewühlte Meer dem Fischtrawler »The Rocktail« zum Verhängnis – sein Wrack ist bei Ebbe noch immer zu sehen! Was es heißt, gegen die Urgewalt des Ozeans anzukämpfen, wissen die Spezialisten vom Rocktail Bay Diving Centre zu berichten. Zwei fette 85-PS-Yamaha-Außenborder sind nötig, um das Tauchboot durch die Brandung zu bekommen. Dafür wartet draußen mit 14 renommierten Tauchgebieten eines der exklusivsten Unterwasserparadiese.

GUT ZU WISSEN

URFISCH »COELACANTH«

Auch Wissenschaftler des Max-Planck-Instituts kurvten hier schon mit einem Tauchboot durch die Tiefen, um dem lange Zeit als ausgestorben geltenden Quastenflosser auf die Spur zu kommen. Das Alter dieses lebenden Fossils wird auf 410 Millionen Jahre geschätzt, 1938 wurde zum ersten Mal ein Exemplar im Indischen Ozean entdeckt. Inzwischen ließen sich an die 200 dieser urfischartigen Unterwasserwesen an verschiedenen Orten der Welt einfangen.

Oben: Schwimmer und Angler in Rocktail Bay
Miite/unten: Die maritime Welt der Elephant Coast lockt Taucher, Schnorchler und – Haie!
Seite 264/265: Prägnant und unverwechselbar: die Silhouette des Tafelbergs gleich hinter der City

Infos und Adressen

ÜBERNACHTEN

Kosi Bay Lodge. Romantische Garten- und Strand-Lodge. Kosi Bay Nature Reserve, Tel. 035/592 95 61, www.kosibaylodge.co.za

Kosi Forest Lodge. Ökologisch orientierte Herberge. Kosi Bay Nature Reserve, Tel. 035/474 14 73, www.isibindi.co.za

Mabibi Beach Camp. Traumlage: neun Campingparzellen mit Grill und Wasseranschluss. Mbazwane, Mseleni-Abzweig zur Coastal Forest Reserve, nur 4x4-Zufahrt. Tel. 035/474 15 04, www.mabibicampsite.co.za

Mseni Lodge. Tolle Lage im Sodwana Bay National Park. Mbazwana, Tel. 035/571 02 84, www.mseni.co.za

Rocktail Camp. Luxus-Lodge des Safariunternehmens Wilderness Safaris im Coastal Forest über dem Indischen Ozean. Tel. 011/807 18 00 und Tel. 021/702 75 00, www.rocktailbay.com

Utshwayelo Lodge and Camp. Kleine Herberge mit Campingplatz, Bar und Pool. Kosi Bay Nature Reserve, Tel. 082/909 31 13, www.kosimouth.co.za

AKTIVITÄTEN

Coral Divers. Tauchschule, Übernachtung in Zelten und Hütten. Camp F, Mbazwana, Sodwana Bay, Tel. 035/571 02 90, www.coraldivers.co.za

Extreme Nature Tours & Travel. Tauchreisen, Rundfahrten und Safaris in die abgelegenen Gebiete von Kosi Bay, Rocktail Bay und Sodwana Bay. Tel. 082/257 56 12 und Tel. 035/590 11 27, www.extremenaturetours.co.za

Sodwana Bay Lodge. Lodge mit Tauchschule. Sodwana Bay Main Rd., Shazibe, Tel. 035/571 60 00 und Tel. 035/571 01 17, www.sodwanabaylodge.com und www.sodwanadiving.co.za

Tembe Elephant Park. Vor allem Vögel und natürlich Elefanten gibt es in dem Park 55 Kilometer von Kosi Bay Nature Reserve entfernt. Kwangwanase, Tel. 031/267 01 44, www.tembe.co.za

INFORMATION

iSimangaliso Wetland Park Authority. The Dredger Harbour, Tel. 035/590 16 33, www.isimangaliso.com

Ein Bild für die Götter: Das Naturspiel des Kosi River Mouth lockt Insider von überallher.

RETTET DIE
Schildkröten

Die Unterwasserwelt der Elephant Coast lässt für Taucher und Schnorchler kaum Wünsche offen.

Inmitten der naturbelassenen Idylle von Maputalands Rocktail Bay hat das südafrikanische Lodge-Unternehmen Wilderness Safaris in enger Zusammenarbeit mit südafrikanischen Parkbehörden, Naturschützern und der Mqobela-Volksgemeinschaft ein Joint Venture des Tierschutzes auf die Beine gebracht, weshalb Schildkröten das Hauptthema in Rocktail Bay sind. Weltweit gibt es nur noch sieben Meeresschildkrötenarten.

Auf die Fahnen hatten sich die Öko-pioniere die Rettung der Schildkröten geschrieben, die im immer warmen Indischen Ozean vor den Küsten KwaZulu-Natals zu Hause sind. Vor allem die Lederschildkröte (*Dermochelys coriacea*), die Karettschildkröte (*Eretmochelys imbricata*) und die Grüne Meeresschildkröte oder Suppenschildkröte (*Chelonia mydas*) nutzen die abgelegenen Sandstrände zur Eiablage.

Joint Venture und Tierschutz

Ohne Beteiligung ortsansässiger Gemeinschaften schien ein Erfolg nicht möglich, schließlich war es normal, Schildkröten für den Suppentopf sowie zur Herstellung profitabler Produkte aus ihrem Leder zu fangen und die Eier zu verkaufen. Erst nach Bildungsprogrammen auf Grundlage des Konzepts »Community Based Tourism« setzte bei den Einheimischen ein Umdenken ein – was sie heute von den lebenden Schildkröten profitieren lässt. Das seit 1963 funktionierende Projekt ist heute so notwendig wie damals: Schätzungen gehen davon aus, dass jährlich rund 250 000 Schildkröten (ungewollt) in Fangnetzen von Fischtrawlern verenden. Was ein Grund mehr dafür ist, Artenschutz und nachhaltigen Tourismus unter Einbindung der Bevölkerung zu verbinden. Das Natur-

spektakel der Eiablage zwischen November und April bietet dafür die beste Gelegenheit. Dann krabbeln die bis zu 750 Kilogramm schweren Meeresschildkröten an Land, um am Strand Löcher für ihre Eier in den warmen Sand zu buddeln. Erst recht bewegend ist der Moment, wenn die Kleinen nach zwei Monaten aus ihren Schalen schlüpfen, um gleich danach ihr noch wackeliges Rennen zum vermeintlich rettenden Wasser zu beginnen. Aber Feinde warten überall, zu Lande und zu Wasser, weshalb nur ein geringer Prozentsatz der jungen Panzerträger überlebt.

Nachhaltiger Tourismus

Ein Highlight der Einbindung von Lodge-Gästen zum Erhalt der bedrohten Tiere war beim Rocktail Bay's Turtle Monitoring Project die »Adoption« einer Schildkröte. Von den Spenden wurden »Turtle Scouts« bezahlt, die während der Brutzeit Strand und Gelege bewachten, sowie Satellitensender, die den Weg der Schildkröten verfolgen, auch wenn die Tiere bis zu 900 Meter tief im Ozean abtauchen. Wann immer eine der adoptierten Schildkröten gesichtet wurde, erhielten die »Eltern« eine E-Mail zum Standort. Näher kommen kann man den faszinierenden Tieren auch heute noch durch nächtliche »Turtle Drives« (www.wilderness-safaris.com).

REISEINFOS

Südafrika von A bis Z

Anreise, Autofahren und Mietwagen, Automobilklub, Computicket, Diplomatische Vertretungen, Elektrizität, Feiertage, Gesundheit, Internet, Jugendherbergen, Kalender, Kinder, Klima, Kriminalität, Medizinische Versorgung, Mehrwertsteuer, Nationalparks und Schutzgebiete, Notrufnummern, Öffnungszeiten, Reisegepäck, Reisen mit Behinderung, Schlangen, Schulferien, Sonnenschutz, Souvenirs, Sprache, Telefonieren, Touristische Information, Übernachten, Unterwegs im Land, Versicherungen, Visum, Webseiten, Zahlungsmittel, Zeitverschiebung, Zoll **266**

Südafrika für Kinder und Familien **280**

Anreise

SAA South African Airways (www.fly-saa.com) und Lufthansa (www.lufthansa.com) fliegen täglich ab Frankfurt nach Johannesburg, die SAA täglich ab München, die Swiss ab Zürich (www.swiss.com) und Etihad Airways sowie Emirates von mehreren deutschen Städten sowie von Zürich und Wien via Abu Dhabi bzw. Dubai. Lufthansa und SAA fliegen mehrmals wöchentlich zwischen München und Kapstadt, die Condor im Winter und die Lufthansa ganz regulär dreimal wöchentlich zwischen Frankfurt und Kapstadt (www.condor.com). Die reinen Flugzeiten von Deutschland nach Südafrika betragen zehn Stunden (Johannesburg) bzw. elfeinhalb Stunden (Kapstadt).

Stylische Capetonians in Kapstadt, das sich während der letzten Jahre zu einer echt hippen Metropole entwickelt hat.

Autofahren / Mietwagen

Verlangt werden Reisepass, Führerschein und Internationaler Führerschein sowie eine Kreditkarte für die Kaution. Das Straßennetz ist hervorragend, selbst ungeteerte Straßen sind in der Regel gut befahrbar. Es herrscht Linksverkehr, viele Tankstellen bieten 24-Stunden-Service, nicht alle nehmen Kreditkarten! Geschwindigkeitsbegrenzungen auf Schnellstraßen 120 km/h, auf Landstraßen 100 km/h, in Stadtgebieten 60 km/h. Übertretungen können sehr teuer werden, auch hinsichtlich Gurtpflicht, Alkohol und Handys. An den Flughäfen sind große internationale Autovermieter wie Avis, Budget, Europcar und Hertz vertreten wie auch südafrikanische Vermieter.

Automobilklub

Mitglieder von Automobilklubs aus aller Welt können die Dienste der Automobile Association of South Africa (AA) kostenlos in Anspruch nehmen, andere müssen eine Gebühr entrichten. Der AA bietet Autoverleih (Avis), internationale Pannenhilfe, Straßenkarten sowie Straßenzustands- und Wetterberichte. Notfallnummern: Tel. 083/843 22 und 0800/01 01 01, www.aa.co.za

Computicket

Computicket bietet Tickets zu über 40 000 Veranstaltungen wie Theater, Kino, Sport- und Musikevents und Festivals aller Art landesweit an, u.a. auch Busfahrten (www.computicket.com).

Shopping-Paradies Victoria & Alfred Waterfront vor der beeindruckenden Kulisse des Table Mountain

Diplomatische Vertretungen

In Deutschland
Botschaft der Republik Südafrika
Tiergartenstr. 18, 10785 Berlin,
Tel. 030/22 07 30, www.suedafrika.org
Generalkonsulat der Republik Südafrika
Sendlinger-Tor-Platz 5, 80336 München,
Tel. 089/231 16 30
In Österreich
Botschaft der Republik Südafrika
Sandgasse 33, 1190 Wien,
Tel. 0043/(0)1/320 64 93,
www.dirco.gov.za/vienna
In der Schweiz
Botschaft der Republik Südafrika
Alpenstr. 29, 3006 Bern,
Tel. 0041/(0)31/350 13 13,
www.southafrica.ch
In Südafrika
Deutsche Botschaft in Pretoria
201 Florence Ribeiro Ave., Groenkloof,

Pretoria, Tel. 012/427 89 00,
www.pretoria.diplo.de
Deutsches Generalkonsulat in Kapstadt
Roeland Park (District Six), 4 Stirling St.,
Zonnebloem, Kapstadt,
Tel. 021/405 30 00,
www.kapstadt.diplo.de
Österreichische Botschaft in Pretoria
454 A Fehrsen St. (Eingang William St.),
Brooklyn, Pretoria, Tel. 012/452 91 55,
www.bmaa.gv.at

Schmucker Oldtimer in Cape Towns Bokaap

Schweizer Botschaft in Pretoria
225 Veale St., Parc Nouveau, New Muckleneuk, Pretoria, Tel. 012/452 06 60,
www.eda.admin.ch/pretoria

Elektrizität

Für elektrische Geräte (220/230 V Wechselstrom) benötigt man einen Adapter, den man am besten in einem Elektrogeschäft oder Kaufhaus vor Ort kauft.

Feiertage

1. Januar: Neujahr
21. März: Tag der Menschenrechte
Karfreitag
Ostermontag
27. April: Tag der Verfassung/ Freiheitstag
1. Mai: Tag der Arbeit
16. Juni: Tag der Jugend
9. August: Nationaler Frauentag
24. September: Tag des Erbes
16. Dezember: Tag der Versöhnung
26. Dezember: Weihnachten

Lebensfreude pur: wahrhaftige Beautys in Johannesburg

Gesundheit

Es werden keine Impfungen bei der Einreise aus der EU und der Schweiz gefordert, die Gelbfieberimpfung nur bei Einreisenden aus einer Gelbfieberzone. Zu empfehlen sind Impfungen gegen Tetanus, Diphtherie, Typhus sowie Hepatitis A und B. Eine Malaria-Prophylaxe ist je nach Jahreszeit allen Besuchern der nördlichen Provinzen, des Kruger National Park und der Küste von KwaZulu-Natal anzuraten.

Der effektivste Schutz gegen Moskitostiche sind bedeckte Körperteile vor Einbruch der Dunkelheit (Achtung auf Knöchel und Füße beim Tragen von Sandalen!), intakte Moskitonetze sowie der Gebrauch eines Insektenschutzmittels. Vorsicht gilt auch bei den südafrikanischen Zecken, die im hohen Gras lauern. Bilharziose kommt in fast allen Binnengewässern der Limpopo Province vor sowie in Mpumalanga, KwaZulu-Natal und Eastern Cape (außer in hoch gelegenen oder schnell fließenden Gewässern). Folglich langsam fließende, stehende und flache Gewässer meiden. Achtung: HIV ist weitverbreitet! Apotheken heißen in Südafrika Chemists oder Apteek und haben in den Städten einen Notdienst, die meisten sind gleichzeitig auch Drogerien.

Internet

Die meisten Ortschaften und Städte haben Internet-Cafés oder Cyber Shops mit schnellem und preiswertem Inter-

Beeindruckend: Kunstsammlung im exklusiven »Ellerman House Boutique Hotel« in Kapstadt

netzugang. Kostenfreies WLAN ist in vielen Hotels Standard.

Jugendherbergen

In beliebten Feriengebieten und in Städten sind Backpacker- und Jugendherbergen zu finden, Informationen im Netz unter www.hostelworld.com und www.coasttocoast.co.za

Kinder

Seit 2015 müssen Reisende unter 18 Jahren bei der Ein- und Ausreise eine Geburtsurkunde vorweisen. Das Auswärtige Amt empfiehlt, internationale Geburtsurkunden bzw. beglaubigte englische Übersetzungen mitzuführen: www.auswaertiges-amt.de und

www.dein-suedafrika.de/informationen/reisen-nach-suedafrika/einreise/
Achtung: Bei einem alleinreisenden Elternteil mit minderjährigem Kind muss die Einverständniserklärung des zweiten Elternteils vorliegen.

Slangkop Point Lighthouse bei Kommetjie hat das Baujahr 1919 und ist mit seinen 34 Metern Höhe ein Ungetüm.

»Müll-Art«: Tonne in Prince Albert

JANUAR

Cape Town Minstrel Carnival. Am 30. und 31. Dezember sowie am 1. Januar wird es in Kapstadt bunt und lebendig, wenn die Kapkarnevalisten zu Tausenden mit Musik, Tanz und Gesang durch die Straßen ziehen: ein großes Spektakel und Neujahrsfest, dessen Ursprung bis ins 19. Jahrhundert zurückreicht und das auch als »Coon Carnival« bekannt ist (www.capetown-minstrels.co.za).

FEBRUAR

The Johannesburg International Mozart Festival. Neben zahllosen Musikveranstaltungen findet das feinfühlige und sehr besondere Klassikfestival ab Ende Januar und über den gesamten Februar verteilt statt und lockt mit einer einzigartigen Mischung aus musikalischen Vorträgen und verschiedenen Musikprojekten für Kinder, Klassikbegeisterte sowie Musiker eine sehr spezielle Kulturklientel an (www.join-mozart-festival.org).

MÄRZ

Cape Town Jazz Festival. Aus aller Welt reisen die Teilnehmer dieses Jazz-Marathons an, um 48 Stunden lang nonstop ihr Musikgenre zu zelebrieren. Weitere Events im März sind der reguläre Cape Town Carnival sowie das Kulturspektakel Cape Town Festival (www.capetownjazzfest.com, www.capetowncarnival.com und www.capetownfestival.co.za).

MÄRZ/APRIL

Kapstadts Two Oceans Marathon. Seit 1970 wird dieser Lauf veranstaltet, der Tausende auf die Beine bringt und eines der bedeutendsten Sportevents Südafrikas ist. Die Hauptstrecke ist ein 56 Kilometer langer Ultramarathon über die Kap-Halbinsel mit satten Steigungen, speziell auf dem Streckenabschnitt Chapmans Peak (www.twooceansmarathn.org.za).

MAI

Indaba Durban – Africa's Top Travel Show. Eine der größten Tourismusmessen der Welt findet alljährlich in Durbans Albert Luthuli Convention Centre statt mit zahllosen Einzelveranstaltungen und über 13 000 Teilnehmern aus allen Ecken des Globus (www.indaba-southafrica.co.za).

JUNI

Grahamstown National Arts Festival. Als Festival-Hauptstadt hat das viktorianische Bilderbuchstädtchen ein Dutzend und mehr Events jährlich zu bieten. Höhepunkt ist das National Arts Festival Ende Juni/Anfang Juli: Eine halbe Million Musik-, Kunst- und Theaterbegeisterte aus allen Teilen des Landes und Ecken der Welt finden sich hier ein, die Logenplätze sind schon lange im Voraus ausgebucht (www.nationalartsfestival.co.za).

JULI

Knysna Oyster Festival. Am schönsten Ende der Welt zehn Tage lang qualitätsstarke Austern zu schlürfen, das hat was! Gastronomisches Großspektakel, Austernliebhaber können aus 200 000 Austern aller Art und Form wählen, dazu gibt's musikalische und sportliche Events wie das Knysna Wine Festival & den Night Market (www.oysterfestival.co.za).

AUGUST

OppiKoppi Bushveld Festival. Auf Afrikaans bedeutet Oppikoppi »auf dem Berg« und ist so etwas wie Klein-Woodstock auf Südafrikanisch: Vier Tage (und Nächte) lang gibt's eine Menge Musik auf

drei Bühnen, Dutzende internationale und südafrikanische Bands spielen Rock, Jazz, House und
Accoustic Open Air auf dem Gelände der OppiKoppi Bushveld Farm in der Nähe von Northam (Limpopo) speziell für junge Leute
(www.oppikoppi.co.za).

SEPTEMBER.
Hermanus Whale Festival. Die Ankunft der
prachtvollen Southern Right Whales an der Südküste Südafrikas wird in Hermanus Ende September, Anfang Oktober mit viel Musik, Theater, Sport
und Vorführungen aller Art von etwa 100 000 Besuchern alljährlich gefeiert
(www.whalefestival.co.za).

OKTOBER
Rocking the Daisies. Das größte Musikfestival
der Provinz Western Cape findet auf dem Gelände
des Cloof Wine Estate in Darling statt, auf acht
Bühnen mit lokalen Bands, DJs und Comedy
(www.rockingthedaisies.com).

NOVEMBER
Synergy Live & Cape Town Festival of Beer.
Über 80 Musikgruppen spielen Anfang November
live auf dem Boschendal-Weingut bei Franschhoek, etwa eine Fahrstunde von Kapstadt entfernt
(www.synergylive.co.za); Ende November können
sich Weinverächter mit den Produkten von Welt-
klassebierbrauern sowie lokalen Kleinbrauereien
auf dem Cape Town Festival of Beer befassen
(www.capetownfestivalofbeer.co.za).

DEZEMBER
Summer Concerts Kirstenbosch Gardens.
Ab Dezember bis April finden jeden Sonntag die
Sommerkonzerte im Kirstenbosch Botanical Garden in Kapstadt statt. Der perfekte Tag, um mit
guter Musik, wunderschöner Kulisse am Tafelberg
und leckerem Picknick einen entspannten Tag zu
verbringen (www.sanbi.org/gardens/kirstenbosch/
summer-concerts).

Wenn der Regen in Trockengebiete kommt, gehen schlummernde Samenkapseln auf und für kurze Zeit
zeigt sich die Blütenpracht.

Klima

Die Klimazonen Südafrikas sind vielfältig. Für die Ostküste gilt: tropisch heißes Wetter im südafrikanischen Sommer mit hoher Luftfeuchtigkeit vor allem zwischen Dezember und Februar, im Winter dagegen trocken und mit bis zu 24 Grad und teils frischen Winden an der See angenehm mild. Die Kapregion ist das ganze Jahr über unberechenbar und im Durchschnitt gemäßigt bis zu 25 Grad warm. Im südafrikanischen Winter muss mit Wind und Regenwetter gerechnet werden. Die Wüstenregionen des Inlands können im südafrikanischen Winter nachts bitterkalt werden ebenso wie das hoch gelegene Johannesburg, tagsüber aber mit schönen Sommertagen über 20 Grad angenehm überraschen. Heißen

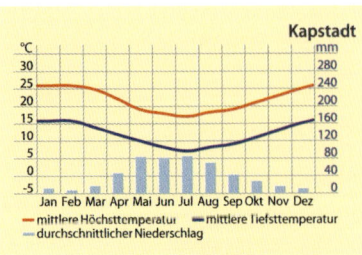

Regionen wie der Kalahari im südafrikanischen Sommer lieber fernbleiben, wenn die Temperaturen das vertrocknete Land auf 40 bis 50 Grad aufbacken!

Kriminalität

Kriminalität lässt sich keinesfalls nur den Großstädten zuordnen. Allerdings besonders dort sowie in und in der Nähe von Townships ist große Vorsicht geboten. Ansonsten sollte man Maßnahmen wie überall in der Welt ergreifen, z.B. beim Tanken das Auto nicht offen und ohne Aufsicht lassen, keine Wertsachen zur Schau stellen und nicht nach Einbruch der Dunkelheit unterwegs sein. In Großstädten sollten stets Fenster, Türen und Heckklappe des Wagens verschlossen sein und bei Exkursionen Schmuck, Bargeld und Dokumente im Hotelsafe bleiben.

Medizinische Versorgung

Medizinische Einrichtungen erreichen europäische Standards, selbst kleinere Städte verfügen über Krankenhäuser. Arztrechnungen sind sofort zu bezahlen, der Abschluss einer Auslandskrankenversicherung ist vor Reisebeginn ratsam.

Berühmt für großartige Felsskulpturen, geschaffen wie von Künstlerhand: die Cedar-Berge

Die meisten Hotels führen Ärztelisten, siehe auch im Telefonbuch unter »Medical«.

Mehrwertsteuer

Die Mehrwertsteuer (VAT) in Höhe von 14 % wird jedem Besucher bei der Ausreise im VAT Office des Flughafens zurückerstattet, wenn er Waren im Wert von mehr als 250 Rand gekauft hat und die Belege (beim Kauf nach Quittungen zur Rückerstattung der VAT fragen) zusammen mit dem Reisepass vorweisen kann. Wer Pech hat, sieht sich an den VAT-Schaltern der Flughäfen mit langen Warteschlangen konfrontiert, und verzichtet.

Nationalparks und Schutzgebiete

Insgesamt verfügt Südafrika über rund 600 Schutzgebiete, davon sind über 20 staatliche Nationalparks, mehr als 400 Wild-, Marine- und Naturschutzgebiete, an die 500 Private Game Reserves. Nationalparks lassen sich auf festen Pisten im eigenen Pkw durchfahren, die meisten bieten Unterkünfte für Selbstversorger in einfachen Hütten, komfortablen Chalets und auch luxuriösen Lodge-Herbergen an (www.sanparks.org), in KwaZulu-Natal (www.kznwildlife.com).

Notrufnummern

Polizei: 101 11
Ambulanz, Feuerwehr: 101 77 oder 08 29 11

Schwimmbad am schönsten Ende der Welt: der beliebte Sea Point Pool in Kapstadt

Notruf vom Handy: 112
Seenotrettung: Tel. 021/449 35 00
SATSA Tourism Safety:
Tel. 086/187 4 9 11
Tourism Safety and Support:
Tel. 082/554 20 10
Nationale Touristeninformation:
Tel. 083/123 23 45
Kreditkartensperrnummer in Deutschland: Tel. 0049/116 116, www.sperr-notruf.de

Liebespaar am schönsten Ende der Welt

Öffnungszeiten

Restaurants, Bars und Cafés sowie Museen, Tourist Offices und andere Einrichtungen kreieren individuelle Betriebszeiten, die sich nicht selten saisonabhängig gestalten; aktuelle Infos am besten per Telefon kurz vorher erfragen oder auf der betreffenden Webseite abrufen.

Reisegepäck

Bei Fly-In-Safaris mit kleinen Maschinen werden nicht selten Softpacks verlangt, was bei der Gepäckplanung daheim berücksichtigt werden sollte.

Reisen mit Behinderung

In den staatlichen Camps von South African National Parks existieren behindertengerechte Unterkünfte. Darüber hinaus Infos unter www.disabledtravel.co.za

Mitten aus der City direkt an den Atlantik: Stadtbahn von Kapstadt nach Simonstown

Kontakt: Disabled People of South Africa, PO Box 3467 Kapstadt 8001 bzw. 6th Floor Dumbarton House, 1 Church St., Kapstadt 8000, Tel. 021/422 03 57, info@dpsa.org.za, www.dpsa.org.za

Schlangen

Schlangenbisse sind selten. Die meisten der sehr scheuen Tiere flüchten bei Erschütterung außer der Puffotter, die merkwürdige Geräusche von sich gibt und liegen bleibt. Eine Begegnung kann dann lebensgefährlich werden. Bei aktiven Bissen gilt: Viele sind sogenannte Trockenbisse, die als Warnung gemeint sind – keine der Schlangen mag unnötig ihr überlebenswichtiges Gift vergeuden. Im Ernstfall Panik vermeiden und schnell medizinische Hilfe herbeirufen. Ein Handy mit südafrikanischer Simkarte und abgespeicherten Notfallnummern kann jetzt sehr wichtig sein. Tipps zur Vermeidung: Besonders in felsenreichen Gegenden und bei krassen Temperaturunterschieden zwischen heißen Tagen und kalten Nächten Zelte/Zimmer verschlossen halten sowie kontrollieren und nicht unbedacht in Stiefel und Schuhe schlüpfen, es könnte ein Skorpion drin sein.

Schulferien

Die südafrikanischen Provinzen vergeben jeweils eigenständige Termine für ihre Ferienzeiten. Generell liegen die zwischen Anfang Dezember bis Mitte Januar (Sommerferien), März und April (Osterferien), Juni und Juli (Winterferien) sowie September und Oktober (Früh-

Auf Kapstadts Greenmarket Square, der schon 1710 im Herzen der City entstand, zeigen sich auf dem täglichen Flohmarkt ausdrucksstarke südafrikanische Gesichter.

lingsferien). Dann sind viele Südafrikaner unterwegs und Unterkünfte wie Campingplätze vielfach ausgebucht oder zumindest ziemlich voll.

Sonnenschutz

Sonnenbrille, Sonnenhut und Sonnencreme mit hohem Lichtschutzfaktor sind unerlässlich. Wer zudem in feuchtheißen Zonen wie KwaZulu-Natal unterwegs ist, könnte über einen Sonnenschirm nachdenken, denn die hohe Luftfeuchtigkeit macht den Gebrauch von Hüten und Kappen zur schweißtreibenden Tortur.

Souvenirs

Südafrikanische Mitbringsel kauft man am besten auf lokalen Märkten, wo sich ordentlich handeln lässt. Beim Kauf von Diamanten und Gold und/oder Schmuck ist Vorsicht geboten, am besten nur in Fachgeschäften kaufen.

Sprache

Englisch und Afrikaans sind Südafrikas Verkehrssprachen.

Telefonieren

Telefonieren funktioniert entweder von öffentlichen Telefonzellen über Telefonkarten, die in Postämtern, Supermärkten und Flughäfen erhältlich sind, besser noch mobil mittels einer südafrikanischen SIM-Karte von Vodacom oder MTN, die es gleich an den Flughäfen zu kaufen gibt.

Internationale Vorwahlen
Deutschland: 0049
Österreich: 0043
Schweiz: 0041
Südafrika: 0027

Touristische Information

Fremdenverkehrsamt in Deutschland:
South African Tourism, Friedensstr. 6–10,
60311 Frankfurt, Tel. 0800/118 91 18,
www.dein-suedafrika.de

Übernachten

Brauchbare Informationen über südafrikanische Unterkünfte gibt die Webseite
Webseite www.sa-venues.co.za sowie die
deutsche Webseite von South Africa

Abenteuer für Off-Road-Fahrer

Tourism (www.dein-suedafrika.de). Das
Angebot reicht von der Jugendherberge
über Backpacker Hostels bis hin zu Fünf-
Sterne-Häusern und Luxus-Lodges, meist
herrlich gelegene Gästefarmen sowie
Pensionen und Guesthouses an den
schönsten Stellen des Landes. Einen hilf-
reichen Überblick bietet auch das Portal
www.portfoliocollection.com.

In den staatlichen Naturschutzgebieten
stehen staatliche Camps zur Verfügung,
die vom Zeltplatz bis zu Bungalow/Ho-
telunterkunft verschiedene Kategorien
anbieten. Sie sollten frühzeitig im Voraus gebucht werden. Hinsichtlich des
Preis-Leistungs-Verhältnisses sollte bei
der Buchung höherpreisiger Wilderness
Lodges im Vergleich zu normalen Hotels
bedacht werden, dass in den oft abgelegenen Gebieten Vollpension, Tea Time
mit Kuchen & Snacks, personal- und
fahrzeugtechnisch aufwendige Safari-
und Pirschfahrten zur Wildbeobachtung
sowie die obligatorischen Sundowner-
Picknicks inklusive (alkoholischer) Getränke nach Wahl im Preis enthalten
sind.

Unterwegs im Land

Mit dem Flugzeug
Inlandsflüge innerhalb Südafrikas und
zu den Nachbarländern: SAA-Air-Link
(www.saairlink.co.za), British Airways
(www.britishairways.com), South African
Airlines (www.flysaa.com) sowie zahlreiche andere Linien.

Mit der Bahn
Passagierzüge verkehren zwischen den

Luxus pur in der »Garden Lodge« der Grootbos Nature Reserve – mit Blick auf die Bucht der Wale

größeren Städten. Um günstig zu reisen, sollte man sich vorher über spezielle Preisangebote informieren. Fernverbindungen zwischen den großen Städten bedienen die Züge Shosholoza Meyl (www.shosholozameyl.co.za) und Premiere Classe. Die Luxuszüge Blue Train (www.bluetrain.co.za), Rovos Rail (www.rovos.com) und Shongololo Safari Express (www.shongololo.com) verkehren auf den für Besucher attraktivsten Strecken (www.bahnreisensuedafrika.com und www.southafricanrailways.co.za).

Mit dem Bus
Greyhound (www.greyhound.co.za), Intercape Mainliner (www.intercape.co.za), Translux Express (www.translux.co.za) und Baz Bus (www.bazbus.com) für Backpacker bieten attraktive Verbindungen an.

Versicherungen

Eine Auslandskrankenversicherung mit Rücktransport im absoluten Notfall soll-

Pausenstopp an der legendären »Route 62« bei Barrydale

te abgeschlossen sein. Behandlungs- und Krankenhauskosten sind gleich vor Ort zu bezahlen, also die Kreditkarte im Krankheitsfall parat haben. Die ärztliche Versorgung wie auch die Krankenhäuser in Südafrika haben europäisches Niveau, Botschaften und Hotels vermitteln entsprechende Kliniken und auf Wunsch deutschsprachige Ärzte.

Visum

Für Besucher aus der EU und der Schweiz herrscht keine Visumspflicht, der Reisepass muss aber noch mindestens drei Monate nach Rückkehr aus Südafrika gültig sein. Infos unter www.suedafrika.org

Webseiten

www.sanparks.org (Nationalparkbehörde), www.suedafrika-guide.de, www.suedafrikatour.de, www.southafrica-travel.net, www.sa-reise.de, www.suedafrika.net, www.dein-suedafrika.de, www.capepointroute.co.za, www.capetownmagazine.com, www.showme.co.za, www.modernoverland.com

Zahlungsmittel

Die Währungseinheit in Südafrika ist der Rand = 100 Cent, der ebenso in den benachbarten Ländern Lesotho, Namibia, Swasiland und Botswana als Zahlungsmittel akzeptiert wird.

Traumblick Blick über die waldreiche Landschaft rings um Tzaneen, das vor allem von Teeanbau, Obst und Südfrüchten lebt

Nicht nur bei Kids beliebt: Pinguine gibt es in Scharen auf der Boulders Beach bei Simonstown.

Geldwechsel und Banken: Reiseschecks (Euro oder US-Dollar) sind das sicherste Zahlungsmittel. Größere Bargeldsummen sollten nicht mitgeführt werden.

In Städten und touristischen Gebieten stehen Bankautomaten für EC-Karte mit dem Maestro-Zeichen und der persönlichen Geheimkennzahl zur Verfügung. Visa Card, Master Card, American-Express- sowie Diners-Club-Kreditkarten werden von den meisten Hotels, Geschäften, Restaurants und Reiseunternehmen akzeptiert, nicht immer von Tankstellen!

Zeitverschiebung

Im Sommer besteht kein Unterschied, im Winter gehen die Uhren in Südafrika eine Stunde vor.

Zoll

Einreise: Persönliche Gebrauchsgegenstände wie Kleidung, Schmuck, Sportgeräte oder Fotoapparat sind zollfrei. Bis zu 5000 Rand können ein- und ausgeführt werden. Frei sind 200 Zigaretten, Personen unter 18 Jahren dürfen keinen Alkohol und keine Tabakprodukte einführen.

Ausreise: Achtung beim Souvenirkauf: Die Ausfuhr von Trophäen ist nur mit Sondergenehmigung möglich! Die Ausfuhr von gefährdeten Pflanzen sowie Produkten aus Tieren, Elfenbein und dem Horn des Nashorns ist nach dem Washingtoner Artenschutzabkommen verboten, es muss der Nachweis erbracht werden, dass es sich nicht um gefährdete Arten handelt. Deshalb vor dem Kauf nachfragen.

SÜDAFRIKA
für Kinder und Familien

Strände bietet die Kap-Metropole wahrhaftig satt: hier der Traumstrand von Clifton. Aber Achtung: atlantisches Wasser ist frisch.

Ohne Zweifel ist das Land am Kap ein ideales Reiseziel für Familien mit Kindern. Herzliche, kinderliebe Menschen, moderate Temperaturen, keine Zeitverschiebung, eine gute Infrastruktur mit einer Versorgungslage, vergleichbar mit europäischen Standards, denn Apotheken, Ärzte, Kliniken und Notfalldienste sorgen für entspanntes Reisen in einem spannenden, abenteuerlichen und vielfältigen Land.

Kinder bis 6 Jahre

Südafrika ist ein Land riesiger Dimensionen, auch was Entfernungen und klimatische Zonen betrifft, weshalb die Auswahl der Touren je nach Alter der mitreisenden Kinder entsprechend erfolgen sollte. Beispiel: Kalahari und Richtersveld im jahreszeitenverkehrten südafrikanischen Sommer bieten 50 Grad Celsius (!), von Kapstadt aus einmal zur Garden Route und zurück macht mindestens 1500 Fahrkilometer. Besonders mit noch sehr kleinen Kindern und Babys sollten hier kürzere Etappen eingeplant werden.

Kinder bis 10 Jahre

Wenn es um Wildnis und Safari geht, stellen Mütter speziell bei noch sehr jungen und unerfahrenen Sprösslingen gleich die verständliche Frage nach giftigen Schlangen und wie hoch das Malariarisiko ist. Letzteres lässt sich komplett vermeiden in Südafrikas malariafreier Kapregion, die zahlreiche Wildschutzgebiete anbieten kann, wie auch die Waterberg-Region, die Madikwe Game Reserve und Pilanesberg nordwestlich von Johannesburg. Die statistische Chance, einer Giftschlange zu begegnen, ist gering, und lässt sich durch den edukativen Besuch einer der vielen Reptilienabteilungen südafrikanischer Tierparks minimieren. Bester Lehrmeister aber ist die Wildnis selbst: Wenn die Klei-

nen einen »Kiddies Game Drive« absolvieren, wissen sie, wie Elefanten, Büffel, Nashörner, Raubkatzen und Flusspferde ticken, natürlich auch Schlangen, sofern man überhaupt eine zu Gesicht bekommt.

Kinder bis 14 Jahre

Welche Kids und Jugendliche träumen nicht davon, Löwen, Elefanten und Giraffen in freier Wildbahn zu begegnen, im Allradgeländewagen über staubige Pisten und Pässe zu kurven oder an tosender Brandung entlangzubiken oder -zureiten? Für ausreichend Badespaß und Wassersport wirft das Land zwischen den Ozeanen Tausende Küstenkilometer in die Waagschale der Aktivitäten, mit für Kinder und Jugendliche geeigneten und als gesichert gekennzeichneten Stränden. Hainetze schützen vor unliebsamen Begegnungen und Rettungsschwimmer vor gefährlichen Strömungen.

Nemo und seine Freunde im Two Oceans Aquarium, Kapstadt

Tipps für Kinder und Familien

○○○ Wildnis

Spezialisiert auf Kinder und Jugendliche jeden Alters haben sich **Jaci's Lodge** in der Madikwe Game Reserve und **Ant's Nest** in den Waterbergen. Jaci's mit einem »Kiddies Game Drive« und Kursen im Spurenlesen, bei Ant's geht es per Fahrrad, zu Fuß oder auf dem Pferd nahe an Giraffen und Nashörner heran: edukativ für Kinder, entspannend für Eltern, www.madikwe.com und www.waterberg.net (s. S. 178 ff., 182 ff.).

○○○ Township

Ein Bildungsprogramm, das keine Schule vermitteln kann! Emzini Tours in **Knysna** wird von Frauen der Township durchgeführt, im Rahmen der Tour besucht die Gruppe einen kleinen Shop, eine Friseurin, eine Bibliothek und eine Vorschule, in der die Kinder eine Sing- und Tanzaufführung vortragen. Dazu gibt es linguistische Übungen in der Klicklautsprache der Xhosa, www.emzinitours.co.za (s. S. 92 ff.).

Für Kids zu empfehlen: das Two Oceans Aquarium in Kapstadt

○○○ Oudtshoorn

Die Straußenstadt bietet ein unerschöpfliches Abenteuerprogramm an: a) mit den **Cango Caves**, deren unterirdische Höhlenlabyrinthe für Kids eine besondere Herausforderung sind, b) mit Show-Farmen, die Straußenreiten, Wasserrutschen, im Käfig ins Krokodilbecken tauchen, Gokart-Rennen etc. veranstalten (s. S. 128 ff.).

○○○ Garden Route

Nicht ohne Grund ist **Plettenberg** der beliebteste Badeort südafrikanischer Familienurlauber: weil »Plett« rundum durch Life Guards abgesichert ist und flach ins Wasser laufende Strände mit weiten Sandflächen hat und mit seinem Hinterland The Crags zahlreiche kindgerechte und spannende Adventure-Unternehmungen bietet (s. S. 96 ff.).

○○○ Abenteuer Ozean

Delfine, Pinguine, Robben und Wale auf einer Bootsfahrt zu den Dyer Islands hautnah zu erleben, ist toll. »Marine Life« heißt das Schlüsselwort der Ökologen beim Thema Ozeane, und wo wäre das besser als bei der nachwachsenden Generation aufgehoben? Anschauungsunterricht gibt die **African Penguin & Seabird Sanctuary**, wo verletzte und kranke Pinguine wieder aufgepäppelt werden (s. S. 68 ff.; African Penguin & Seabird Sanctuary, Perlemoen St., Kleinbaai, Tel. 082/907 56 07).

○○○ Spiel- und Badespaß

Eine der kinder- und familienfreundlichsten Spots ist der Großraum Durban

Die riesig große Exoten-Spezies weckt besonders das Interesse der ganz Kleinen.

mit seinen zahlreichen **Adventure- und Playground-Parks** am immer warmen Indischen Ozean. Auf Hunderte Kilometer erstreckt sich nord- und südwärts der Metropole eine Ferieninfrastruktur, die speziell für Familien mit Kindern geeignete Bade- und Spielparadiese bietet (s. S. 234 ff., 240 f.).

○○○ Sun City & Lost City

Die größte Herausforderung für Kinder dürfte das Spaß-Eldorado nordwestlich von **Johannesburg** sein, das mit zahlreichen Möglichkeiten lockt, sich richtig auszutoben: »Adventure Mountain«, »Valley of the Waves«, »Kwena Crocodile Gardens« und Kindertreff »Kamp Kwena« heißen die unschlagbaren Abenteuerareale für die Kleinen (s. S. 170 ff.).

Familienfreundliche Planung

Tipps pauschal
Deutsche Reiseveranstalter mit Familienprogrammen:
www.djoserjunior.de
www.diamir-reisen.de
www.diamir.de/start/reisearten/familienreise.html
www.dertour.de
www.dertour.de/familienurlaub
www.explorer.de

Tipps individuell
Mietwagen: Am besten in Deutschland buchen, Kosten für Kindersitze und Versicherungen vorher klären.
Übernachten: Gästehäuser und -farmen bieten häufig Familienzimmer an und sind über folgende Plattformen online buchbar:
www.sa-venues.com
www.sa-venues.com/south-africa-family-friendly.htm
www.bedandbreakfast.co.za
www.portfoliocollection.com
www.portfoliocollection.com/portfolio/family-fun

Private Wildreservate
Manche Anbieter nehmen Kinder aus Sicherheitsgründen erst ab zwölf Jahren auf, weshalb die Altergrenze unbedingt vorab geklärt werden sollte. Einige Nationalparks bieten hingegen spezielle Programme für Kinder an. Infos: www.capenature.co.za/care-for-nature/kid-zone/

Register

Register

Südafrikas Landschaft zieht
jeden in seinen Bann.

Impressum

Verantwortlich: Katrin Pommer, Alina Gillen, Ullrich Jahn
Lektorat: Dr. Barbara Münch-Kienast
Korrektorat: Anke Höhne
Layout: Elke Mader
Bildauswahl: Charlotte von Schelling
Repro: Repro Ludwig
Kartografie: Huber Kartographie
Herstellung: Bettina Schippel
Printed in Slovenia by Florjancic

Sind Sie mit diesem Titel zufrieden? Dann würden wir uns über Ihre Weiterempfehlung freuen.

Erzählen Sie es im Freundeskreis, berichten Sie Ihrem Buchhändler, oder bewerten Sie bei Onlinekauf.

Und wenn Sie Kritik, Korrekturen oder Aktualisierungen haben, freuen wir uns über Ihre Nachricht an Bruckmann Verlag, Postfach 40 02 09, D-80702 München oder per E-Mail an lektorat@verlagshaus.de.

Unser komplettes Programm finden Sie unter

 www.bruckmann.de

Alle Angaben dieses Werkes wurden von den Autoren sorgfältig recherchiert und auf den neuesten Stand gebracht sowie vom Verlag geprüft. Für die Richtigkeit der Angaben kann jedoch keine Haftung übernommen werden.

Bildnachweis:
Alle Bilder des Innenteils und des Umschlags stammen von Nicolas van Ryk, außer:
Roland F. Karl: S. 6 o., 17 u., 34, 40, 41, 43, 53, 62, 68 u., 69, 70, 71, 72 o., 76 o., 76 u., 77, 95 u., 104 o., 105, 110, 120 o., 125, 126, 127 o., 182, 183, 184, 185, 197, 198, 199 o., 202, 206, 221, 251, 253 u., 254 u., 255, 258, 259, 260; Frank Voigt: S. 8, 82 o., 232, 234 u., 239 o., 250 u., 252 u.; Shutterstock: S. 16 (tusharkoley), 57 (Marisa Estivill), 68 o. (Natursports), 98 (LMspencer), 103 (WitR), 104 m. (orangecrush), 106 o. (Diriye Amey), 106 u. (LMspencer), 138 u. (Grobler du Preez), 143 (Grobler du Preez), 144 o. (Grobler du Preez), 152 (Africanmoose), 154 u. (Anneke Swanepoel), 155 (Nataly Reinch), 168 m. (Veebee Design), 172 u. (Paul Banton), 217 (Oleg Znamenskiy), 220 o. (Pichugin Dmitry), 262 (Shane Myers Photography); Look Fotos: S. 167 (age fotostock / Lookphotos); Picture Alliance: S. 87 (picture alliance / Westend61); Mauritius Images: S. 149 (mauritius images / Grobler du Preez / Alamy), 195 (mauritius images / David Hammant / Alamy), 196 (mauritius images / Richard Croft / Alamy), 200 o. (mauritius images / AfriPics.com / Alamy), 215 u. (mauritius images / Peter Horree / Alamy), 230 u. (mauritius images / imageBROKER / Guenter Fischer); Royal Malewane Private Game Lodge: S. 200 u.; zafaris.co.za: S. 240 u.; David Rogers: S. 252

Umschlag:
Vorderseite: Detailbild: Die Königsprotea
Poträt: Afrikanische Frauen strahlen um die Wette
Hauptmotiv: Strand von Camps Bay mit den 12 Aposteln des Tafelbergs im Hintergrund (Franz Marc Frei / LOOK-foto)
Das sollten Sie sich nicht entgehen lassen: Der Schienenverkehr spielt eine große Rolle in der Entwicklung Südafrikas
Rückseite:
Rechts: Der afrikanische Elefant gehört zu den Big Five
Links: Die Zwölf Apostel-Bergkette bei Kapstadt.

Die Deutsche Nationalbibliothek verzeichnet diese Publikation in der Deutschen Nationalbibliografie; detaillierte bibliografische Daten sind im Internet über http://dnb.d-nb.de abrufbar.

© 2017 Bruckmann Verlag GmbH, München
ISBN 978-3-7654-8509-1